高等职业技术教育精品教材——铁道机车类

交流电力机车检修

主编　王连森　熊红康
主审　王子宾　韩明春

本书课件

西南交通大学出版社
·成　都·

内容提要

本书设两篇共计七章。第一篇为交流电力机车检修基础部分，用两章篇幅介绍电力机车检修基础知识，分别是交流电力机车检修基本概念和交流电力机车检修工艺基础两个部分。第二篇为电力机车检修工艺部分，用五章介绍电力机车车体的车钩及缓冲装置、转向架、牵引电机、关键电器装置、制动系统等主要零部件的检修规程、检修工艺，最后介绍了电力机车调试与试验的内容。全书内容充实，检修理论知识实用性强，检修工艺知识典型性强，表述简明易懂。

本书为高职高专铁道机车专业教材，也可作为中等职业学校、职工培训教育教材，还可供机车检修相关人员、机车车辆检修技术人员、工人和高等学校相关专业师生参考。

图书在版编目（CIP）数据

交流电力机车检修 / 王连森，熊红康主编. -- 成都：西南交通大学出版社，2025.1. -- ISBN 978-7-5774-0331-1

Ⅰ. U264.2

中国国家版本馆 CIP 数据核字第 20251YB700 号

Jiaoliu Dianli Jiche Jianxiu
交流电力机车检修

主编	王连森　熊红康
策划编辑	黄淑文
责任编辑	黄淑文
封面设计	曹天擎
出版发行	西南交通大学出版社 （四川省成都市金牛区二环路北一段 111 号 西南交通大学创新大厦 21 楼）
邮政编码	610031
发行部电话	028-87600564　028-87600533
官网	https://www.xnjdcbs.com
印刷	四川森林印务有限责任公司
成品尺寸	185 mm × 260 mm
印张	12.75
字数	317 千
版次	2025 年 1 月第 1 版
印次	2025 年 1 月第 1 次
定价	45.00 元
书号	ISBN 978-7-5774-0331-1

课件咨询电话：028-81435775
图书如有印装质量问题　本社负责退换
版权所有　盗版必究　举报电话：028-87600562

前　言

高等职业教育领域的铁道机车专业，其培养目标是培养机车运用和检修方面的高端技能型专门人才。也就是说，该专业一个重要的职业面向及就业岗位是从事机车检修工作。培养学生机车检修高级技能，是本专业的核心任务之一。为此，"铁道机车专业培养方案及课程标准"规定，本专业须开设"机车检修"方面课程。我们依据"铁道机车专业培养方案"编写了此教材。本书系统地介绍了交流电力机车检修基础理论知识、交流电力机车检修过程和机车典型零部件检修工艺。内容简明扼要，突出实用性。

本教材的教学目标是：培养具有扎实检修理论知识，具有较强分析、解决问题和操作技能的交流电力机车检修应用型人才。本书设两篇共计七章。首先介绍了电力机车检修基础理论知识，分别讲授交流电力机车检修基本概念和交流电力机车检修工艺基础；其次介绍了交流电力机车检修工艺，讲授了交流电力机车车体的车钩及缓冲装置、转向架、牵引电机、关键电器装置、制动系统等主要零部件的检修规程、检修工艺；最后介绍了交流电力机车调试与试验的内容。

在编写过程中，我们查阅了大量的参考资料，多次到铁路电力机车检修现场调研，多次进行专题交流与研讨。在编排的内容上，注意适用性、理论与实践相结合，突出分析、解决问题和实作能力的培养。教材中介绍的工艺方法，基本取自国内铁路交流电力机车检修现场的实际情况；在内容的组织上，注意逻辑性、系统性和层次分明；在文字表述上，注意准确、精炼、通俗易懂；在技术发展上，尽量反映目前本领域最新的技术、工艺、装备。每章有总结，指导学生掌握学习重点；每章附有复习题，供学生巩固学得的知识。

本书由辽宁轨道交通职业学院王连森教授、中国铁路武汉集团公司江岸机务段高级工程师熊红康任主编，广州铁路职业技术学校李瑞荣教授、天津铁道职业技术学院林桂清教授、锦州铁道职业学院陈友伟教授、辽宁轨道交通职业学院王斌参编。具体分工如下：王连森负责绪论和第一章的编写；熊红康负责第三章的编写；李瑞荣负责第二章的编写；王斌负责第四章、第五章的编写；林桂清负责第六章的编写；陈友伟负责第七章的编写。全书由苏家屯机务段高级工程师王子宾，沈阳机务段高级工程师韩明春主审。在编写过程中还查阅了国外机车检修领域的相关资料。

在编写过程中，得到了全国机车专业高职高专教学指导委员会的大力支持，得到了沈阳局集团有限公司苏家屯机务段和沈阳机务段的大力帮助，在此一并致谢。

编　者
2024 年 10 月

目 录

绪 论 1

第一篇　交流电力机车检修基础

第一章　交流电力机车检修基本概念 4
　　第一节　交流电力机车故障 4
　　第二节　交流电力机车维修制度 10
　　第三节　交流电力机车检修限度 19
　　第四节　交流电力机车维修组织 20
　　第五节　交流电力机车检修经济技术分析 23
　　总　结 25
　　复习思考题 26

第二章　交流电力机车检修工艺基础 27
　　第一节　交流电力机车零件的损伤 27
　　第二节　交流电力机车检修工艺过程 43
　　第三节　交流电力机车分解、组装及清洗 46
　　第四节　交流电力机车零件的检验 51
　　第五节　交流电力机车零件的修复 66
　　总　结 82
　　复习思考题 82

第二篇　交流电力机车检修工艺

第三章　交流电力机车车体及转向架检修 84
　　第一节　车钩及缓冲装置检修工艺 84
　　第二节　轴箱检修工艺 88
　　第三节　轮对装置检修工艺 96
　　第四节　构架、悬挂装置、牵引装置和基础制动装置检修工艺 100
　　第五节　转向架组装工艺 104
　　总　结 108
　　复习思考题 108

第四章 三相交流异步电机检修 ... 109
- 第一节 三相异步电机主要故障 ... 109
- 第二节 三相异步电机解体与组装 ... 112
- 第三节 三相异步电机的试验 ... 115
- 第四节 三相异步电机绕组浸漆和机械部分的修复方法 ... 116
- 第五节 HXD3D 型交流电力机车牵引电机 C5 级修检修工艺 ... 120
- 第六节 HXD3B 型交流电力机车牵引电机 C5 级修检修工艺 ... 120
- 总　结 ... 134
- 复习思考题 ... 134

第五章 交流电力机车关键电器装置检修 ... 135
- 第一节 受电弓检修 ... 135
- 第二节 真空断路器检修 ... 141
- 第三节 牵引变压器检修 ... 145
- 第四节 主变流器检修 ... 149
- 第五节 司机控制器的检修 ... 153
- 第六节 有触点电器检修 ... 156
- 第七节 电空阀检修 ... 158
- 总　结 ... 160
- 复习思考题 ... 161

第六章 制动系统检修 ... 162
- 第一节 主压缩机检修 ... 162
- 第二节 CCBⅡ制动机电控制动控制单元检修 ... 167
- 第三节 升弓模块和停放制动控制装置检修 ... 174
- 总　结 ... 175
- 复习思考题 ... 176

第七章 电力机车调试与试验 ... 177
- 第一节 电力机车调试与试验基本知识 ... 177
- 第二节 HXD3D 型电力机车调试与试验 ... 178
- 第三节 机车线路试运行调试与试验 ... 192
- 总　结 ... 196
- 复习思考题 ... 196

参 考 文 献 ... 197

绪　论

一、交流电力机车检修的重要性

在我国社会经济发展中，铁路运输起着极其重要的作用。铁路运营部门需要机车能够多拉、快跑。功率大、可靠性高、维修工作量少的交流电力机车是我国铁路发展的需要。

早期的电力机车为交-直电传动方式的电力机车，采用脉流牵引电机，与交流传动电力机车相比，直流传动电力机车有其自身无法克服的缺点。今天，随着电力电子技术和计算机控制技术的发展，功率半导体电力变换技术得到迅速发展，电传动及控制技术进入了交流传动和网络控制的时代。

交流电力机车检修工作必须适应交流电力机车新技术新设备进步发展的需要。

交流电力机车经过一段时间的运用后，各零部件必然会有一定程度的损伤，如机械部分会发生零件的磨损、连接件的松动、密封件的失效等，电气部分会出现器件接触不良、绝缘老化等。所以必须适时地对其进行维护、保养、检修，及时发现故障并予以消除和恢复零部件及交流电力机车的技术状态。

机车检修工作必须保证交流电力机车的高效及可靠运用，提高运输生产效率。

我国目前制定了交流电力机车六级修程（C1～C6）的定期检修制度。为了保证交流电力机车高效及可靠运用，必须对其进行定期检修。那么，如何确定检修时机呢？过早，则浪费了交流电力机车的运用能力，经济性差；过晚，则引起零部件损伤加剧，甚至零部件损坏，不能进行修复。所以必须根据零件的损伤规律，结合它的使用寿命，予以确定。所以需要形成一种检修制度。这种检修应该是"防患于未然"的，具有鲜明的预防性，它不是等到零件损坏后，而是在零件损伤达到一定限度时即进行，以起到预防交流电力机车及零部件发生事故性损坏的作用，这种检修制度称为交流电力机车的"计划预防修理制度"。本书"检修"的含义，即基于此。

检修，对于一个部件，它是一个过程，包含分解、清洗、检查（检测）、修复、组装、调整、试验几个环节；对于一个零件，主要指检查和修复。

总之，交流电力机车检修是铁路运输工作的重要组成部分。科学、合理地实施交流电力机车检修工作，可以为铁路运输提供质量可靠、数量充足的交流电力机车，保证铁路运输生产顺利进行。

铁路行车安全是铁路运输各项工作的重中之重。高质量地检修交流电力机车，可使检修后的交流电力机车技术状态良好，从而避免因设备不良引起行车事故，造成人员伤亡和重大经济损失。

二、交流电力机车检修工作现状及发展

我国交流电力机车检修经历了一个较快的发展过程。目前，全国铁路已形成了由修理工厂、检修基地和机务段组成的完整交流电力机车检修体系。

在生产组织方面，交流电力机车检修厂承担六级修检修任务；检修基地承担五级修修程的检修任务；交流电力机车机务段负责一级、二级、三级和四级修修程的检修任务。这些检修单位都设置了完整的检修机构和完善的管理制度，并严格地按各项规定（检修技术规程、检修范围、工艺、技术要求）检修交流电力机车。

在检修质量方面，中国铁路集团总公司制定了完善的交流电力机车各级修技术规程，规范了交流电力机车检修和验收标准，使交流电力机车维护与检修工作在标准化方面达到了一定水平。

在检修制度方面，采用"计划预防修理"制度。计划预防修理是对交流电力机车进行预防性的、有计划性的定期检修。这种检修制度是根据交流电力机车走行公里或运行时间来确定修程，并未考虑交流电力机车不同线路的地理状况，可能出现有些交流电力机车按其实际技术状态需要检修，但仍在运行的情况；有些交流电力机车按其实际状态仍可运行，却进行了检修，造成了不必要的浪费。

未来交流电力机车检修发展趋势主要有两方面。一是在检修策略上加大状态修的成分。状态修是国内外倡导推行的先进、科学、经济效益高的一种检修制度。它是一种预知性的维修制度，通过对机车状态进行监测和技术诊断，随时掌握设备技术状态的变化及工作情况，能根据设备工作状态的情况，确定是否需要维修以及合理的维修时间和维修所需要的人员、设备等，技术状态良好的则免维修，避免了维修中的盲目性。二是按以可靠性为中心的维修思想建立维修体系。它是以可靠性理论为基础，以状态修方式的扩大使用以及逻辑分析决断法的使用为标志的。主要实现如下目标：

（1）建立统一的检修基础数据管理体系，实现基础数据的标准化和数字化，提高数据质量。

（2）建立统一的检修系统，实现机车及大部件全生命周期管理。

（3）实现以可靠性为中心的数据化管理，实现从粗放的整车计划定期修，向数据化精准修管理的转变，避免过度修，提高机车及部件的使用率，保证可靠性，降低检修成本。

三、交流电力机车检修工作的任务

交流电力机车检修工作的主要任务是：消除零部件损伤，恢复其工作性能，使交流电力机车保持良好的技术状态，以满足铁路运输生产的需要。

交流电力机车检修课程研究的主要内容是：

（1）系统地研究、分析交流电力机车零件的损伤规律；

（2）确定可行的检修制度，确定各修程和检修范围；

（3）合理地确定交流电力机车检修的技术条件和质量要求；

（4）选择与研究先进的检修方法和技术，大力推广检修新技术、新装备、新工艺。

四、课程性质、学习目的、学习方法和学习指南图

目前在铁道机车专业教育领域，还没有一本比较完整且系统地介绍交流电力机车检修基本理论和检修工艺的教材。在此背景下，本书应运而生，它依据"理论够用，突出实践性和应用性"的原则编写而成。

（一）课程性质

"交流电力机车检修"是铁道机车专业重要的核心专业课程之一，是研究交流电力机车检修理论和交流电力机车零部件检修工艺的一门综合性课程。

（二）学习目的与学习方法

学习本课程的目的是掌握交流电力机车检修的基本理论知识和基本的实际操作技能，为从事交流电力机车检修工作打下坚实基础。

"交流电力机车检修"是一门与生产实践紧密联系的课程，学习本课程必须采用理论与实际相结合的方法，明确理论的用途及对生产的指导意义。学习具体零件的检修工艺和方法时，应加强现场教学，做到理论与实践融会贯通，在教学过程中应加强动手能力训练。教师应关注、跟踪交流电力机车检修现场技术的发展，及时更新与充实教学内容。

（三）学习指南图

第一章　交流电力机车检修基本概念 → 交流电力机车检修基础理论知识。

第二章　交流电力机车检修工艺基础 → 针对零件的损伤介绍交流电力机车检修一般性检修手段。

第三章　交流电力机车车体及转向架检修→车钩及缓冲装置、轴箱、轮对装置、构架、悬挂装置、牵引装置、基础制动装置和转向架组装检修工艺过程。

第四章　三相异步电机检修→三相异步电机主要故障、电机解体与组装、电机浸漆与机械部分检修、HXD3D 型机车牵引电机检修工艺过程和 HXD3B 型机车牵引电机检修工艺过程。

第五章　交流电力机车电气装置检修→受电弓检修工艺过程、真空断路器、牵引变压器、牵引变流器、司机控制器、有触点电器和电控阀的检修工艺过程。

第六章　制动系统检修→空气压缩机组、电控控制单元、升弓模块和停放制动装置检修工艺过程。

第七章　机车调试与试验→机车调试与试验基本知识和 HXD3D 机车调试与试验工艺过程。

第一篇 交流电力机车检修基础

第一章 交流电力机车检修基本概念

【本章内容提要】

（1）交流电力机车故障：概念、类型、变化规律；
（2）交流电力机车维修制度：概念、作用和组成要素；
（3）交流电力机车检修限度：控制零部件检修质量的技术标准；
（4）交流电力机车维修组织：检修工作组织实施的原则、程序和方式；
（5）交流电力机车检修经济技术分析：检修成本与检修质量二者平衡的原则和方法。

本章内容涉及故障分析、计划制订的知识与技能，在教学过程中要加强学生工作责任感、认真踏实精细素质的养成。

第一节 交流电力机车故障

一、交流电力机车故障及其分类

（一）交流电力机车故障的概念

交流电力机车是目前世界铁路技术先进、性能优良的现代电力牵引设备，其最主要的技术特点是用交-直-交传动技术取代交-直技术，并且全面应用微机网络控制技术。

产品失去规定功能的事件称为故障。交流电力机车故障是指交流电力机车整车或其零部件的某项或多项技术经济指标偏离了它的正常状态，在规定的使用条件下已不能完成规定功能的状态。如某零件及配件的损伤、部件的损坏导致功能不正常或性能下降；电机功率降低；机车牵引力下降；传动系统平稳变差、振动噪声增大等。

研究故障的目的是诊断故障、预报故障、研究故障机理、排除故障和改进设计，以减少或消除故障的发生，提高交流电力机车运用的可靠性和有效利用率。

对于产品，一般可分为可修复产品和不可修复产品两大类。不可修复产品是指产品发生损伤后不进行维修而报废的产品，其中包括有的在技术上不便进行维修的产品，一旦产生故障只有报废，如照明装置；有的是价格低廉的消耗品产品，维修很不经济，在交流电力机车中属于这类产品的有轴承、油封、电容器及其他电气元器件等。交流电力机车和其他机械设备大多属于可修复产品，在使用过程中都是通过修复或者更换新的零件或部件以恢复原来的使用性能。

交流电力机车在运用过程中，其技术状态随着走行公里数的增加而逐渐变差，继而达不到预定的工作性能，即可认为交流电力机车产生了故障。

有下述现象之一，认为交流电力机车产生了故障：

（1）动力性能下降——交流电力机车不能发出预定的功率，牵引力下降。

（2）经济性能下降——工作效率降低，如齿轮传动效率降低等。

（3）可靠性能下降——如电气部分绝缘老化、击穿，造成短路，导致动作失误，影响正常行车；再如机械部分配合间隙加大，连接松动，产生冲击振动、噪声，可能引起零件的断裂，甚至危及行车安全。

（二）交流电力机车故障的分类

交流电力机车故障可从不同的角度进行分类。

1. 根据故障的性质划分

（1）间歇性故障：设备只是短期内失去某些功能，稍加检查处理，设备功能就能恢复的故障。

（2）永久性故障：由于设备零部件的损坏，需要更换或修复，设备功能才能得以恢复的故障。

2. 根据故障发生的快慢程度划分

（1）突发性故障：不能通过试验或测试手段来预测的故障。

（2）渐进性故障：能够通过试验或测试手段来预测的故障。

3. 根据故障的发生规律划分

（1）随机性故障：故障的发生时间是随机的，如轴类零件的断裂。

（2）规则性故障：故障的发生随时间有一定规律性，如轴承的磨损。

故障产生的原因是零件发生了损伤或失效。零件损伤通常有磨损、断裂、变形、腐蚀、电气损伤等几种损伤形式。

（三）交流电力机车与机件的故障规律

1. 故障率的概念

机械产品的技术状况总是随着使用时间的延长而逐渐恶化的，其使用寿命总是有限的，其产生故障的可能性也总是随着使用时间的延长而增大，因而它是时间的函数。同时，机械故障的发生具有随机性，因此机械发生故障的情况只能用故障率来表示。

故障率：产品在 t 时刻后的单位时间内发生故障的产品数，相对于 t 时还在工作的产品数的百分比值，称为产品在该时刻的瞬时故障率 $\lambda(t)$，习惯上称为故障率。

故障率 $\lambda(t)$ 反映了 t 时刻后单位时间内产品发生故障的概率。因此，也可以把故障率称为故障强度。

在实际工程中，经常使用平均故障率 λ。平均故障率表示为产品在某段时间内的故障数与此段时间内的总工作时间之比，即

$$\lambda = \frac{某段时间内的故障数}{此段时间内的总工作时间}$$

故障率的单位：1/h、%/h 或 %/1 000 h（单位时间内产品发生故障的百分数）；开关类间歇工作的产品用 1/动作数；交流电力机车也可用 1/km 或 1/1 000 km 作单位。

2. 交流电力机车平均故障率的表示

交流电力机车平均故障率常采用机破率和临修率来表示。

（1）机破率。

机破率是指在规定的走行公里或时间内，交流电力机车发生的机破事故次数。

根据《铁路行车事故处理规则》中规定，机破事故是指交流电力机车车辆破损故障造成列车在区间内非正常停车，或在车站内非正常停车时间超过一定时间，或由于车钩破损而造成列车分离的事故。

我国铁路部门常用每十万千米的机破事故次数来作为平均故障率指标。英、德、法、日、俄等国普遍使用每百万千米的机破事故次数作为平均故障率指标。

（2）临修率。

临修是指交流电力机车发生故障需要临时进行的修理。临修率是指在规定的走行公里或时间内，交流电力机车发生的临修次数。我国铁路部门常用每十万千米的临修次数来作为临修率指标。

3. 交流电力机车与机件的故障规律

交流电力机车与机件的故障规律是指交流电力机车产品、零部件在使用寿命期内故障的发展变化规律。机车及大多数产品、零部件的故障率是时间的函数，如图 1.1 所示。故障率曲线像浴盆的断面，因此，也叫"浴盆曲线"。故障率的高低随时间的变化可划分为三个阶段：早期故障期、偶然故障期和耗损故障期。

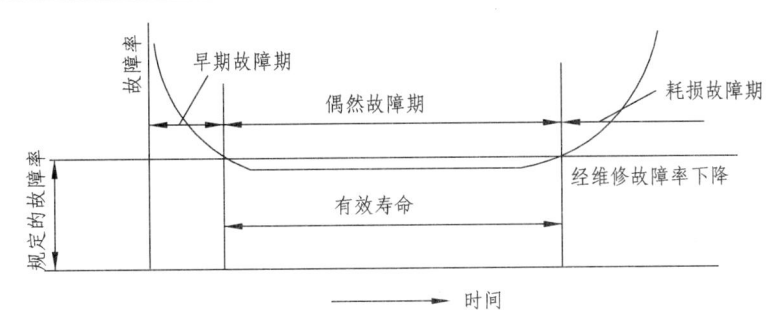

图 1.1 故障率曲线

1）早期故障期

早期故障期是产品开始工作的那段时间，它的特点是故障率较高，且故障率随时间增加而迅速下降。故障往往是设计、制造的缺陷或修理工艺不严，质量不佳等原因引起的，例如使用材料不合格、装配不当、质量检验不认真等。对于刚修理过的产品来说，装配不当是发生故障的主要原因。对于新出厂或大修过的产品，可以在出厂前或投入使用初期较短的一段时间内进行磨合或调试，以便减少或排除这类故障，使产品进入偶然故障期。因此，一般不认为早期故障是使用中总故障的一个重要部分。

2）偶然故障期

偶然故障期是产品最良好的工作阶段，也叫有效寿命期或使用寿命期。它的特点是故障率低而稳定，近似为常数。在这一阶段，故障是随机性的。突发故障是由偶然因素引起的，如材料缺陷、操作错误以及环境因素等造成的。偶然故障不能通过延长磨合期来消除，也不能由定期更换产品、零部件来预防。一般来说，再好的维修工作也不能消除偶然故障，偶然故障什么时候发生是难以预测的。但是，人们希望在有效寿命期内故障率尽可能低，并且持续的时间尽可能长。因此，提高运用与管理水平，适时维修，以减少故障率，延长有效寿命期。

3）耗损故障期

耗损故障期是指产品使用后期的那段时间。其特点是故障率随时间的增加而明显增加，这是产品长期使用后由产品磨损、疲劳、腐蚀、老化等造成的。防止耗损故障的唯一办法就是在产品进入耗损期前及时进行维修，把上升的故障率降下来。如果产品故障太多，修理费用太高，即不经济，则只好报废。可见，准确掌握产品何时进入耗损故障期，对维修工作具有重要意义。

以上三个故障期是就一般情况而言的，并不是所有产品都有这三个故障阶段，有的产品只有其中一个或两个故障期，甚至有些质量低劣的产品在早期故障期后就进入了耗损故障期。

二、交流电力机车的可靠性

1. 可靠性的概念

产品设备的可用性、可靠性和维修性是产品固有的三大特性。产品设备的可靠性具有三个要素：一是条件，包括产品的储存、运输、使用安装现场和操作与运用环境等条件；二是时间，是指产品使用的期限或时间区间；三是功能，即产品规定的功能。

因此，可靠性定义为：系统（产品设备）在规定条件下和规定的期间内完成规定功能的能力。

2. 可靠性的数值度量

可靠性可用可靠度进行数值度量，可靠度是可靠性的基本数量指标之一。可靠度的最大值为 1，称为 100% 的可靠；最小值为 0，称为完全不可靠。即：0≤可靠度≤1。

可靠度：产品在规定条件下和规定时间内，完成规定功能的概率。

从产品的故障规律"浴盆曲线"中可知，偶然故障期正是产品可靠的使用寿命期，其故障类型属于恒定型。在这个阶段，产品的寿命分布服从指数分布。对于交流电力机车产品，当其进入耗损故障期前就应进行检修，恢复其功能。因此，不论是可修复产品还是不可修复产品的可靠性研究，指数分布是常用的一种分布形式，具有与数理统计学中正态分布同等的地位。

对于要求具有高可靠性的交流电力机车产品，恒定型偶然故障期是可靠性研究的主要对象。因为交流电力机车产品、零部件的有效寿命是维修决策的重要依据。其在此期间的故障率 $\lambda(t) = \lambda$（λ 为大于零的常数）。

3. 可靠性设计概述

可靠性设计是在产品性能设计和结构设计阶段，针对系统、产品和零部件，应用可靠性手段，降低产品失效率，提高产品的可靠性，保证产品质量的一种设计。可靠性设计包括：可靠性论证、可靠性结构设计、可靠性试验。在可靠性论证中，主要是确定系统、产品和零部件的可靠性指标并进行可靠性预计、分配及可靠性指标的平衡。

交流电力机车等机械产品系统是由若干个单元部件子系统构成，根据产品结构图纸可以作出装配系统图。参照装配系统图可进一步作出系统与所有构成单元部件子系统之间，以及各部件与各级分组件、零件之间的可靠性逻辑图，这个逻辑图反映了它们之间的可靠性功能关系。利用这种逻辑关系建立数学模型，对系统的可靠性指标进行预计、分配和平衡。

三、交流电力机车的维修性

产品的寿命周期是指产品从研制、生产、销售、使用，直至报废为止的整个时期。交流电力机车的维修贯穿于其整个寿命周期。维修不仅是运行检修部门研究的课题，也是产品设计、研制、生产部门研究的课题。做好维修需要三个条件，又称为维修的三要素：

① 机械设备的维修性；

② 维修技术人员、管理人员及工人的素质和水平；

③ 维修保障系统，包括维修基地、维修技术、检修检测设备、机具、备件与材料供应系统。

1. 交流电力机车的维修性

维修性是指在规定的条件下使用的产品设备，在规定的时间内，按规定的程序和方法进行维修时，保持或恢复到能完成规定功能的能力。维修性是产品设备的一个重要性能参数。它表示维修的难易程度，是机械产品在研制生产出来后所固有的设计特征。维修性与维修的关系十分密切，它反映产品是否具备适应维修的能力。如应检测的机件应具有相应的测试点或相应的传感器；应检查的机件外露性、可达性好；需换件维修的零部件应拆卸和装配方便。维修性还集中体现在能以最短的维修时间、以最少的维修费用和其他资源的消耗，维持和保障产品设备达到完好的技术状态，以提高产品的有效利用率。

交流电力机车的维修性，指可修性、易修性和维护保养性。具体包括结构简单，零部件组合合理，故障部位容易发现；维修时拆装容易、通用化、单元模块化、标准化高，互换性强；维修材料和备件供应来源充足，等等。

2. 交流电力机车的维修度

维修度是指在规定条件下使用的产品，在规定的维修时间内，按规定的程序和方法进行维修时，保持或恢复到能完成规定功能的概率。

维修度最大值为 1，最小值为 0，即：0≤维修度≤1。

若在一定的维修定额时间 t 内，维修度越大，说明维修的速度越快，实际耗费维修时间 τ 越少，也说明产品设备的维修性越好。因此，维修度是产品维修性的一种度量。当对于相同的产品设备进行同级修程的维修时，当产品的维修性水平一定时，维修度也可以用来对维修三要素中的另外两个要素，即维修企业的管理水平和技术水平以及维修保障系统进行评定。

3. 交流电力机车的维修性结构设计

维修性是产品设备的一项固有的设计特性。因此，在产品的设计研制阶段应同时进行维修性设计。维修性设计的主要内容包括：维修性结构设计和维修性指标分配、维修周期设计、维修技术保障设计以及在样机完成后进行维修性验证。维修周期设计在后面的章节进行论述。

维修性结构设计的指导性准则，可归纳为如下几个方面：

① 设备的总体布局和结构设计，应使设备的部件总成易于检查，便于更换、修理和维护。

② 良好的可达性。可达性是指在维修时，能迅速准确方便地进入和容易看到所需维修的部位，并能用手或工具直接操作的性能。对于易损零部件更应具有较好的可达性。在考虑可达性时有两条原则：一是要设置便于维修操作（如检查、测试、更换等）的通道，如开设窗口等；二是要有合适的维修操作空间。

③ 单元部件和连接件特别是在日常维修中要拆卸更换的部件要易拆易装，如交流电力机车中的轮对、转向架等。

④ 简化维修作业。减少产品维修的复杂性，使结构简化轻型化；减少需要维修的项目，使单元部件方便换件维修；提高易损件的寿命，以减少维修次数。

⑤ 配置检测点和监测装置。这是现代产品设备的突出特点，也是交流电力机车车辆产品安全运输的迫切要求。设置检测点、配备传感器和测试监控输出参数的仪器仪表，采用自检

和诊断技术,以便对故障进行预报。这是维修设计的重大课题,必须精心设计。

⑥ 零部件的无维修设计。机械产品目前流行的不需维修的零部件主要有:不需润滑,如固定关节、预封轴承、自润滑合金轴承和塑料轴承等;不需调整,如利用弹簧张力或液压自动制动闸等。可将零部件设计为具有一定的寿命,到时则予以报废。

结构设计时采用标准化、互换性和通用化的零部件、模块化整体式安装单元;部件单元之间的连接设置定位装置识别标志;配备专用快速的拆装随机工具与检测装置等,都有利于该目标的实现。

第二节　交流电力机车维修制度

一、维修思想、维修方式与维修制度

（一）维修思想

用于指导维修活动的思想观念或理论称之为维修思想。

1. 事后维修为主的维修思想

事后维修为主的维修思想是以机械设备出现功能性故障为基础的,是当机械设备出现无法继续运转、有明显的经济损失、严重威胁设备或人身安全等功能性故障时,才去设法修理的维修思想。在产业革命时期,是以此作为维修的指导思想,并且与其对应的是事后维修方式。当时的工厂规模小、设备简陋,设备操作工兼管设备维修,谁用谁修,设备坏了再修。随着产业革命的深入、科学技术的发展,机械维修才逐渐形成一个独立的工种,事后维修的思想已不能促进生产的发展。

2. 以预防为主的维修思想

以预防为主的维修思想是以机件的磨损规律为基础,以故障率"浴盆曲线"中耗损故障期的始点来确定修理时间界限的维修思想。

由于把机件的磨损或故障作为时间的函数,因此,其对应的维修方式就是定期维修方式。机件的磨损程度主要靠人的直观检查和尺寸计量来确定,所以,拆卸解体检查维修就成为预防维修的主要方法。同时,必须经常检查、定期维修,并且认为预防工作做得越多,设备也就越可靠。而检查和修理的周期长短则是控制其可靠性的重要因素,从这一观点出发,以预防为主的维修思想的实质是根据量变到质变的发展规律,把故障消灭在萌芽状态,防患于未然。通过对故障的预防,使设备经常处于良好的技术状态。实践证明,近几十年来,以预防为主的维修思想及其相应的维修制度基本处于主导地位,在保证各种机械设备包括交流电力机车车辆发挥其效能以及在设备维修学科的建设中起到了积极的作用。

随着科学技术的发展,产生一种维修方式——视情维修(状态维修),这种维修也是一种预防式维修。其主要特点是：通过仪器诊断检测，在设备不解体的情况下，确定设备技术状态，确定维修时机。

但是科学技术和维修实践本身的发展对以预防为主的维修思想产生了巨大冲击，也迫使维修行业不得不去寻求一种更加符合新的客观实际的科学而经济的维修途径。

3. 以可靠性为中心的维修思想

以可靠性为中心的维修思想是以可靠性理论为基础的，其形成是以视情维修方式的扩大使用以及逻辑分析决断法的诞生为标志的。

以可靠性为中心的维修就是以最低的费用实现机械设备固有的可靠性水平。换言之，即充分利用机械设备固有可靠性的维修方式，其基本要点是：

（1）机械设备的固有可靠性是由设计制造决定的。因此，要提高其可靠性，必须从机械设备研制开始做起。维修的责任是控制影响设备可靠性下降的各种因素，以保持和恢复其固有可靠性。已定型但可靠性低的设备，必须通过改造才能改善其可靠性。

（2）以可靠性为中心的维修思想强调设备寿命的全过程管理，简称寿命管理。产品设备的整个寿命全过程是指产品设备从市场调研、开发设计、研制、制造、选购、安装调试、使用、维修、改造更新与报废的整个过程。任何机械设备的问题既有先天性的又有后天性的。机械设备的可靠性与维修性是其固有的设计制造特性，是先天性的，与运用维修之间应建立一套完整的信息反馈管理系统。

（3）频繁的维修或维修不当会导致可靠性下降。所以要尽量少做那些不必要的过剩维修，要有科学分析、有针对性地预防故障，使维修工作做得更有效、更经济。

以可靠性为中心的维修思想不仅用于指导预防故障的技术范畴，同时也用于指导维修管理范畴。如确定维修方针、制订维修规程、选择维修方式、建立维修制度、改进维修体制、实施质量控制、组织备件供应、建立反馈系统等，这样就把机械设备维修的各个环节，连成一个维修系统，围绕着以可靠性为中心来开展各自的工作，从而互相制约、互相促进。

以可靠性为中心的维修思想目前在我国维修界还处于探索、消化和开始应用阶段。但是，确立以可靠性为中心的维修思想来指导维修实践，是人们对机械设备维修在认识上的一个发展，是掌握机械设备维修规律的科学途径，是维修思想的一种发展趋势。

实际应用中，应根据对机件本身的可靠性分析，加以区别对待。对那些故障发生与工作时间的增长有密切关联且无法视情或监测的机件，采用定时维修方式；故障的发生能以参数标准进行状态检测并有视情条件的机件，采用视情维修或状态维修；故障的发生不危及安全，且通过连续监控可以在故障发生后再进行维修的机件，或有可靠性设计冗余度的设备及机件，采用事后维修。

4. 用系统工程的观点研究维修工作与设备综合经营管理的思想

尝试用成熟的专业交通运输设备检修软件实现交流电力机车检修管理。整个系统按照以可靠性为中心的检修制度和全面生产管理的理念设计，建立以设备为核心的完整的检修数据模型和检修管控流程,实现交流电力机车产品的全生命周期管理,覆盖机车及大部件的构型、检修履历、修程修制、检修工艺、检修计划、检修执行、质检管理、故障管理等业务环节,为可靠性管理和全生命周期成本管理提供数据基础。

(二) 维修方式

维修方式是实现维修思想的具体途径和手段,是对交流电力机车维修时机的控制。目前的维修方式有三种:定期维修、视情维修和事后维修。

1. 定期维修

定期维修又称时间预防维修方式,它以使用时间或运行里程作为维修期限。只要设备使用到预先规定的时间,不管其技术状态如何,都要进行规定的维修工作,这是一种带强制性的预防维修方式。

定期维修的依据是机件的磨损规律,长期以来的实践使我们认识到机件只要工作就必然磨损,磨损严重就会形成故障,进而会影响使用和安全。定期维修的关键问题是如何确定维修周期或维修的时机。

定期维修的实施是由计划修理周期、修理级别和检修范围以及有关的检修工作条例来保证的。交流电力机车的修程和检修周期应根据其构造特点、运用条件、实际技术状态和一定时期的生产技术水平来确定,以保证交流电力机车安全可靠地运用。

下面介绍定期维修的修程、检修周期、检修范围及要求。

1)修程

修程是指交流电力机车修理的级别。

和谐型交流传动机车在修程上设置了 C1、C2、C3、C4、C5、C6 修六个等级,其中 C1—C4 修为段级修程,C5、C6 修为高等级修程。

C1—C6 修,读作 1 级修—6 级修,其中 "C" 是取英文单词 "Class" 首个字母,含义为 "等级","C" 也是取 "中国" 和 "中国铁路总公司" 的英文 "CHINA" 和 "CR" 首个字母,代表 C1—C6 修修程设置是中国铁路自主知识产权。

2)检修周期

检修周期是指相同修程之间的间隔时间或使用期限,修程级别越高,检修周期越长。各级修程的周期,应由该修程不足以恢复其基本技术状态的交流电力机车零部件,在两次修程间保证安全运行的最短期限确定。

和谐型交流传动电力机车各修程周期为:

C6 修:$240 \times (1 \pm 10\%)$ 万公里,或不超过 16 年;

C5 修:$120 \times (1 \pm 10\%)$ 万公里,或不超过 8 年;

C4 修:$60 \times (1 \pm 10\%)$ 万公里,或不超过 4 年;

C3 修:$25 \times (1 \pm 10\%)$ 万公里,或不超过 1 年;

C2 修:$13 \times (1 \pm 10\%)$ 万公里,或不超过 6 个月;

C1 修:$7 \times (1 \pm 10\%)$ 万公里,或不超过 3 个月。

3）修程检修范围及要求

C6 修：机车全面分解检修，全面性能参数测试，恢复基本性能，可同时进行机车或主要部件的技术提升。

C5 修：机车主要部件分解检修，性能参数测试，恢复机车可靠质量状态。

C4 修：机车主要部件检查，性能参数测试，修复不良状态部件，恢复机车可靠质量状态。

C3 修、C2 修：机车关键部件重点检查维修，有针对性地恢复机车运行可靠性。

C1 修：机车例行检查和保养，利用机车自检系统进行故障诊断，按状态修理。

定期维修方式适用于以下情况：

（1）故障机制带有明显的时间相关性。

（2）在设备使用期限内，机件出现预期的耗损故障期，这样可以依据其磨损规律，预测即将发生故障的时间，在此时期故障率将迅速增高。

（3）对于一些重要的机件很难检查和判断其技术状况时，定期维修方式是一种有效的办法。

定期维修方式的优点是容易掌握维修时间，维修计划、组织管理工作也较简单、明确，同时这种方式有较好的预防故障作用。我国交流电力机车以往和目前还是主要采用这种方式，在保证正常、安全运行方面起了积极作用。

其缺点是对磨损以外的其他故障模式，如疲劳、锈蚀以及机件材质或因使用维修条件等方面影响而造成的故障未能考虑在内。不能针对设备的实际技术状况进行维修，预防工作采用"一刀切"的大拆大卸方针，使拆卸次数增多，不利于充分发挥机件的固有可靠性，甚至导致故障的增加。因此，对于难以更换的部件，这种维修方式并不理想，因为结构越复杂，故障模式则越不能具有明显的时间相关性。另外，复杂机件，不管是更换还是修理，都很费时、费钱，这样的设备采用状态监测维修方式，效果会更好。

2. 视情维修

视情维修又称为状态维修方式，这种维修方式是根据设备实际情况（技术状态）来确定维修时机。它不对机件规定固定的拆卸分解范围和维修期限，而是在检查、测试其技术状况的基础上确定各机件的最佳维修时机。

这种维修方式是靠不断定量分析监测机件的某些参数或性能的视情资料，决定维修时间和项目。视情资料指的是通过诊断或监测表征机件技术状态参数的资料。

视情维修适用于下列情况：

（1）属于耗损故障的机件，而且有缓慢发展的特点（如磨损），能估计出量变到质变的时间。

（2）能定出评价机件技术状态的标准，如极限状态的参数标准等。

（3）视情维修对于那些机件故障会直接危及安全，而且有极限参数可以监测的机件才是有效的。

（4）除了眼睛观察及设备本身的测试装置外，还要有适当的监控或诊断手段。

显然，视情维修方式可以充分发挥机件的潜力，提高机件预防维修的有效性，减少维修工作量和人为差错。不过这种维修方式费用高，要求具备一定的诊断条件，哪些机件采用、哪些项目采用，都要根据实际需要和可能来决定。

3. 事后维修

事后维修方式也称故障维修，它不控制维修时期，是在机件发生故障之后才进行修理。实践证明，有些机件即便产生了故障，也不会造成严重后果或影响安全，对这类机件和一些偶然故障，没有必要进行预防维修，可以在故障发生之后再加以修理或更换。这样，这些机件就可以得到充分利用，可以减少预防维修的范围和项目，避免这类机件因不必要的拆卸、检查、保养而不能继续使用，造成损失浪费。

事后维修适合下列情况：

（1）机件发生故障，但不影响总体和系统的安全性。

（2）故障属于偶然性的，故障规律不清楚，或者虽属耗损型故障但用事后维修方式更经济。另一方面，随着新技术在机械设备上的广泛应用，使维修对象的固有可靠性达到一定的程度，可靠性技术冗余度很大，故障密度很疏，出现故障的可能性很小，即使出现了故障也不致影响任务和安全，这时也可以采用事后维修。

维修方式的选择应该从发生故障后机械设备的安全性、经济性和有关技术政策法令来综合考虑进行选择。

由上述三种维修方式的特点可以看出，定期维修和视情维修均属于预防性的，可以预防渐进性故障的发生。事后维修则是非预防性的维修，多用在偶然故障或用预防维修不经济、不影响安全运用或具有可靠性冗余度的机件。定期维修的判据是按时间标准送修，而视情维修是按实际状况标准，而事后维修则不控制维修时间。从这个意义上分析，上述三种维修方式本身并没有先进落后之分，各有一定的运用范围。然而应用是否恰当，则有优劣之分。不过维修方式的发展趋势，是从事后维修逐步走向定期的预防维修，再从定期的预防维修走向有计划的定期检查，并按检查的结果，安排近期的计划维修。对交流电力机车等重要的铁路技术装备，则随状态监测技术和故障诊断技术的发展，逐步走向视情维修。不过，在同一系统或设备上，往往这三种维修方式可以根据具体情况综合选用。

（三）维修制度

维修制度是指在什么情况下对交流电力机车进行维修及维修达到什么状态的技术规定。具体为：在一定的维修思想指导下，制订出的一整套规定，包括维修计划、维修类别或等级、维修方式、维修组织、维修考核指标体系等。它直接关系到交流电力机车的技术状态、可靠性、有效度、使用寿命和运行维修费用。

目前世界上维修理论和制度可分为两大体系，一个是在预防为主的维修思想指导下以磨损理论为基础的计划预防维修制；另一个是在以可靠性为中心的维修思想指导下，以故障统计理论为基础的预防维修制。两种制度在一定时期内将同时并存,计划预防维修制较适合于机械设备维修的宏观管理,而以可靠性为中心的维修较适合于机械设备维修的微观管理。

1. 计划预防维修制度

计划预防维修制,是在掌握机械设备磨损和损伤规律的基础上,根据各种零件的磨损速度和使用极限,贯彻防重于治的原则,相应地组织保养和修理,以避免零件的过早磨损,防止或减少故障,延长使用寿命,从而能较好地发挥设备的使用效能和降低使用成本。

计划预防修理制的具体实施可概括为定期检查、按时保养、计划修理。

实现计划预防修理制,需要具备以下条件:

① 通过统计、测定、试验研究,确定总成、主要零部件的修理周期;
② 根据总成、主要零部件的修理周期,又考虑到基础零件的修理,合理地划分修理类别等级或修程;
③ 制定一套相应的修理技术定额标准;
④ 具备按职能分工、合理布局的修理基地。

前面三项是必不可少的条件,也只有具备了这些条件,计划预防修理制的贯彻才能取得实际的效果。所以说计划预防修理制的基础是一套定额标准,其核心是修理周期结构。

2. 以可靠性为中心的维修制度

以可靠性为中心的维修制是以可靠性理论为基础的,鉴于一些复杂设备如交流电力机车、飞机等一般只有早期和偶然故障期,而不考虑耗损期。因为,定期维修对许多故障是无效的,现代机械设备的设计,只使少数项目的故障对安全有危害,因而应按各部分机件的功能、功能故障、故障原因和故障后果来确定需做的维修工作。20世纪60年代,美国联合航空公司提出了"逻辑分析决断法",对重要维修项目逐项分析其可靠性特点及发生功能性故障的影响,来确定采用相应的维修方式。

实行以可靠性为中心的维修制度应具备的条件:

① 要有充分的可靠性试验数据、资料作为判别机件状态的依据;
② 要求产品设计制造部门和维修部门密切配合制定产品的维修大纲、维修指导书等;
③ 要具备必要的检测手段、仪器设备和标准,其核心是以状态监测和故障诊断为基础。

(四)我国交流电力机车采用的检修制度

目前我国铁路交流电力机车采用的是计划预防检修制度。交流电力机车实行计划性的预防检修,检修分为6个等级,即C1—C6修的定期检修。

我国交流电力机车检修采用预防性检修和事后检修,主要为预防性检修,具体框架如图1.2所示。

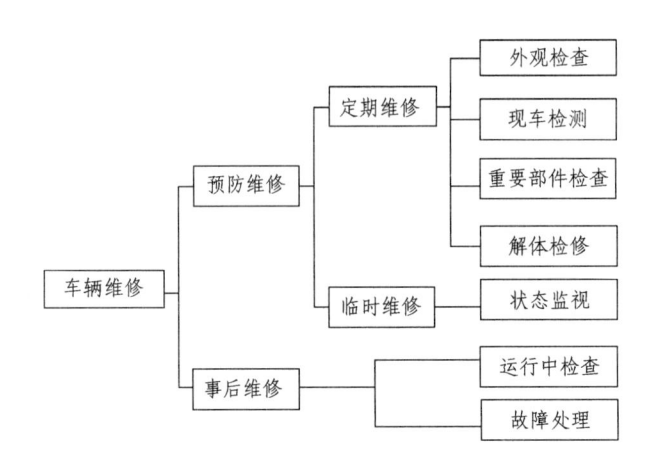

图 1.2 我国交流电力机车修制基本框架

二、制定检修周期的基本方法

确定各种修程的检修周期是关系交流电力机车能否处于良好技术状态的主要因素。零部件使用期限是制定检修周期的主要依据。

1. 确定交流电力机车极限技术状态的依据

交流电力机车在运行过程中，其技术状态随着走行公里数的增加而逐渐变差，继而达不到预定的工作性能，就认为交流电力机车产生了故障。当故障已严重地影响了交流电力机车的正常运行，而必须对其进行修理才能够使交流电力机车恢复运行时，此时交流电力机车的技术状况，即交流电力机车极限技术状态。

交流电力机车极限技术状态，可综合下面各种情况进行确定：

① 动力性能下降，在各工况下交流电力机车发出的功率偏差较大；

② 经济性能下降，传动效率低；

③ 运行可靠性下降，零件断裂、连接松动、振动增强、电气动作失误等发生的频率高，需进行经常临修。

2. 零件的使用期限

我们知道，交流电力机车故障产生的原因是零件发生了损伤。制定具体的检修制度时，必须知道零件发生了不能再继续使用的极限损伤及从开始使用到发生了极限损伤的期限。下面讲述零件使用期限的确定等内容。

零件在使用过程中，随着工作时间的增长，不可避免地会产生各种损伤，使配合关系遭到破坏，工作效率降低，最终导致工作失效，不得不进行修理。零件从投入使用，直到因各种极限损伤而必须修理的全部时间称作零件的使用期限。通过修理，零件恢复或基本恢复了使用要求，又可投入工作，直到下一个使用期限。零件从投入使用，中间经过若干个使用期限，直到不能修复或不值得修理的全部时间，称作零件的使用寿命。到了这个时候，零件即应做报废处理。工作中零部件配合关系的好坏，取决于配合件中任何一个组成零件的质量。当组成零件中任何一个零件出现极限损伤，应进行修理或更换时，该配合达到使用寿命。组成零件中其他零件如没有出现极限损伤，一般情况下仍可继续使用。所以，配合的使用寿命不能等同于零件的使用寿命。配合从投入使用，直到配合件中任一组成零件达到使用期限或使用寿命时，该配合无法再按技术要求进行工作的全部时间，称作配合的使用寿命。

3. 确定使用期限与使用寿命的依据

零件或配合件的使用期限取决于零件或配合件的极限损伤情况。对于某个零件来讲，它的极限损伤，可能是极限磨损量，也可能是极限腐蚀深度。此外，诸如机械损伤、疲劳、裂纹等使零件必须进行修理的各种损伤，都可能成为该零件的极限损伤。对某一配合而言，它的极限间隙就是极限损伤。通常认为有下述四种情况之一，则零件达到使用期限或配合达到使用寿命：

（1）零件损伤程度在短时间内将要急剧发展。零件或者配合的工作条件不同，所受主要损伤也不同，不管是哪种损伤，当发现在短时间内该种损伤的程度发展急剧且明显影响其工作质量时，该零件或配合就可以认为达到了使用期限或使用寿命。

损伤急剧发展的表现也是多方面的，这里仅以轴承的配合来说明。轴承在工作中因种种原因，磨损总是难以避免的，磨损后，配合间隙会逐渐增大，当配合间隙增大到一定限度后，会出现噪声、振动加大、轴承温度提高。由于配合间隙的增大使冲击功迅速增大，冲击功至极限值时，冲击载荷促使润滑油过热，使磨损加剧。另外，振动增大后也会影响到其他机件的正常工作。由此可以判断，当极限冲击功值出现时，其相应的配合间隙应为极限配合间隙。通过测其配合间隙即可确定该配合的使用寿命。

（2）出现零件工作能力过分消减或丧失的状况。零件的工作能力主要是指零件本身在强度、刚度和其他机械性能上达到要求的能力。设计时应根据零件的材质、工作条件、机加工水平或者适当的表面处理来满足使用要求。但是经过使用和多次维修后，零件从多方面都降低了工作能力，而不能再满足使用要求，如轴颈变细、弹簧弹力下降等。零件工作能力的消减，会直接影响其配合件的工作，如电气动作不及时等。因此在检修过程中，对每个零件的基本尺寸都会按照不同的修程规定相对应的尺寸限度要求，可以根据测量结果判定其使用期限是否已到。

（3）根据经济指标来确定。交流电力机车运用根据某些工作介质消耗量（如润滑油）、维护检修费用、易耗件消耗量的增加情况来确定。从日积月累的数字上可以看出交流电力机车整体质量的优劣及变化。如果损失增大到经济上不合算的程度，即使零件还没完全丧失工作能力，也不能再继续使用。

（4）根据工作质量、工作安全性来确定。机件工作不平稳、电气误动作、交流电力机车振动增加等，均说明交流电力机车工作质量下降，有些质量问题直接影响到交流电力机车的安全运行。如车轮踏面及轮缘的不均匀磨损，会破坏和钢轨的耦合，根据磨损规律，轮缘部分越磨越尖，踏面也会失去原有型面，在高速运行时，可能掉轨，甚至在过道岔时会将道岔挤坏，发生严重事故。所以从安全与质量的多重因素考虑，当踏面磨损到一定限度时，必须进行检修，以保证轮缘、踏面的形状正确。因此，当某些零部件因损伤而危及运行安全时，可判定该损伤已到极限，应进行维修或更换。

4. 确定使用期限的方法

通常确定配合或零件使用期限的方法有以下几种：

（1）调查统计法。调查统计法是根据交流电力机车长期运用所积累的经验和实践资料加以整理、加工，用数学统计方法总结出零件和配合的损伤规律，以此确定其使用极限。这种方法的特点是需要积累大量的材料才能得到比较可靠的结果。

（2）运用试验法。运用试验法是指交流电力机车在正常运用条件下，对某些零件和配合做长期的系统观察和测量，根据观察和测量的结果并经分析和研究，从而确定零件和配合的使用期限。这种方法的特点是结果具有很高的可靠性，但试验时间较长。

（3）实验室研究法。实验室研究法是在实验室的条件下，对零件和配合进行模拟实验和研究，以总结其损伤规律并确定其使用期限。这种方法的特点是花费时间少，但由于对零件和配合的工作条件被理想化了，试验结果与实际情况往往不相符。

（4）计算分析法。计算分析法是在运用条件下，影响零件损伤规律的各种因素之间的关系用公式表示出来，通过计算分析来确定其使用期限。这种方法的特点是由于各种因素的影响在计算公式中不能完全反映，计算可靠性不易保证。

总之，上述四种方法各有优缺点，但它们不是相互排斥的，而是相互补充的，在实际工作中，往往是综合使用的。

5. 零件使用寿命的确定

零件的使用寿命与配合的使用寿命是两个不同的概念。有些情况下，零件与配合的使用寿命相符合；多数情况下，零件的使用寿命要比它所组成的配合使用寿命长得多。如图 1.3 所示，轴类零件的原形尺寸为 D_0，运行 K_1 km 后因配合间隙达到极限而达到使用期限，进行修理后轴径由 D_0 变为 D_1，配以等级轴瓦后恢复原配合使用要求，又投入使用。虽然第一次配合使用寿命已到，但其自身的使用寿命未到，因此在修理后仍可以使用。通过一次次的使用期限修理，轴颈由 D_0 逐渐减小到 D_1、D_2、$\cdots$、D_n，当 D_n 到达允许最小值 D_{min}（极限）时，这根轴才完成了使命，达到使用寿命。

所以，零件的使用寿命取决于它自己的强度、刚度等所允许的尺寸限度的极限值。

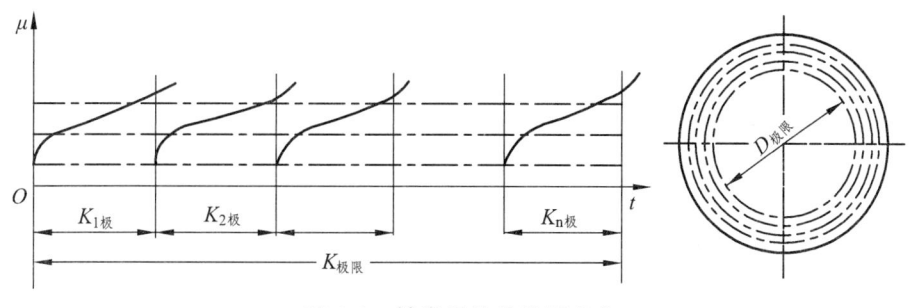

图 1.3　轴类零件的使用寿命

第三节　交流电力机车检修限度

交流电力机车检修限度是指交流电力机车在检查与修理时，对零部件允许存在的损伤程度的规定限度，如车轮这个零件，HXD3D 机车同轴两车轮直径差原形限度为≤0.5 mm，C4 修为 1 mm，禁用限度为 2 mm；这是对 HXD3D 交流电力机车该项目 C4 检修出口质量的规定。它是一种极为重要的交流电力机车规章制度。交流电力机车检修限度制订得合理与否，不仅直接影响机车的技术状态和行车安全，而且影响机车的检修成本、经济效果和检修周期。因此合理地制订检修限度标准，对完成铁路运输任务有着重要意义。

由于影响交流电力机车零部件的损伤和使用期限的因素十分复杂，用理论计算的方法，往往不能充分反映客观实际条件的各种影响。因此，通常是对零部件从理论上和实际运用情况进行全面调查、分析来确定交流电力机车检修限度。

一、交流电力机车检修限度的种类

在交流电力机车检修限度中，交流电力机车零件的损伤程度多以尺寸的变化来表示，因此检修限度大部分是尺寸限度，即通过对零件某些尺寸的限制，以控制其损伤程度，作为检修要求的依据。同时与交流电力机车检修制度相适应，把交流电力机车检修限度分为：

（1）原形尺寸：各零件的原形尺寸及配合原始间隙是指交流电力机车各零部件的设计尺寸和制造允许公差，组装时的允许间隙。

（2）禁止使用限度：交流电力机车各零部件的尺寸及配合间隙，超过此限度时，不经修理或更换不允许再继续使用。

（3）C6 修限度：C6 级检修是交流电力机车的最大修程。它是指交流电力机车在此修程时，有关零部件的尺寸（或配合）不允许超过的界限，超过则须予以修理或更换。在此修程时，原则上将各尺寸恢复到原形尺寸。

（4）C5 修限度：交流电力机车进行 C5 修程时（按轻大修掌握），有关零部件的尺寸（或配合）不允许超过的界限，超过则须予以修理或更换。

（5）C4 修限度：交流电力机车进行此修程时，有关零部件的尺寸（或配合）不允许超过的界限，超过则须予以修理或更换。

（6）C1、C2 修限度：交流电力机车进行 C1 和 C2 修程时，有关零部件的尺寸（或配合）不允许超过的界限，超过则须予以修理或更换。

表 1.1 为 HXD3D 型交流电力机车轮对（部分项目）C4 修检修限度。

表 1.1　HXD3D 型机车轮对 C4 修检修限度表

序号	名称	原形	C4 修限度	禁用限度
1	轮对			
1.1	滚动圆直径/mm	1250		≤1150
1.2	轮缘高度/mm	28_{-1}^{+0}		<27
1.3	轮缘厚度/mm	34		<23
1.4	轮辋宽度/mm	140_{-0}^{+3}	≥136	
1.5	同一轴轮径差/mm	≤1	≤1	>2
1.6	同一转向架架轮径差/mm	≤2	≤5	>10
1.7	同一机车轮径差/mm	≤4	≤10	>20
1.8	轮对内侧距/mm	$1353_{-1}^{+0.5}$	1353±3	≤1350 或>1356

二、确定检修限度的原则

（1）原形尺寸：设计交流电力机车时，根据交流电力机车的性能要求、零件的材质、加工工艺条件、使用条件等因素而制定的。

（2）禁止使用限度：实际上就是所谓零件或配合的使用期限。本章前面已有叙述。

（3）中间检修限度：即 C1、C2、C3、C4 检修限度。

确定中间检修限度的基本原则：当零件或配合的磨损损伤程度在这个限度内时，磨损表面尚有足够的磨损余量来保证继续安全使用到下一个规定修程。

C5 和 C6 级检修限度，按上述原则是将零件和配合恢复到原始设计尺寸。其他中间限度也按上述原则确定。

第四节　交流电力机车维修组织

交流电力机车大量采用新技术、新设备、新材料，造价昂贵，因此交流电力机车应该保持较高的利用率。必须制订合理的整备、维修方式和合理的修程，提高整备、维修的效率，减少其非运用时间。

一、检修作业方式

交流电力机车检修时有一个非常重要的目标，即在确保其检修质量的前提下，提高检修的作业效率，最大限度地压缩检修停时，以提高交流电力机车的使用效率和效益。为此采取以下作业方式：

（1）换件修。无论低级修程，还是中、高级修程，对在检修中出现故障的零部件，采取更换同样零部件的方式进行维修。拆下的部件可送到制造工厂或其设立的派出机构进行检修，修竣并经检验合格后继续装车使用。

（2）集中修。交流电力机车的定期检修都集中安排在检修基地或检修工厂进行。

（3）状态修。交流电力机车一些设备采用状态修方式，随检随修，始终保持其技术状态良好。对于部分设备或部件，按照使用寿命的界定，在不能适应使用要求的情况下，在其发生故障前予以更换。

（4）均衡修。为减少大修检修停时，通过换件的方式将部分部件安排在运用过程中或其他较低级修程中进行检修，减少大修时的工作量，尽可能压缩交流电力机车在修时间。

二、交流电力机车检修生产组织

交流电力机车检修生产过程是从技术准备到修竣交流电力机车的全过程。生产过程需要进行合理的组织，对修车过程的人员、工具、检修对象、工序等进行合理安排，使其形成一个协调的系统，目标是优质、高效、低费用地检修交流电力机车。

（一）交流电力机车检修过程

（1）基本生产过程。它是交流电力机车检修的主体工作，即零部件的分解、检测、修复、组装等工序构成的工作过程。

（2）生产技术准备过程。这是产品生产前所进行的全部生产技术准备工作过程。对交流电力机车检修，主要包括工艺路线（过程）设计，工艺规程等工艺文件的制订，工艺装备的配置，材料消耗定额和工时消耗定额的制订等。

（3）辅助生产过程。它是指为保证基本生产过程正常进行所从事的各种辅助生产过程，如检修前的调车作业等。

（4）生产服务过程。它是指为基本生产、辅助生产服务的工作过程，如准备材料及备品工具、运输等。

（二）交流电力机车检修组织架构

1. 主要职能部门

交流电力机车检修包括生产技术准备、基本生产、辅助生产和生产服务等4个过程，为实现这些过程，需要分别建立相应的部门。每个部门根据业务流程的需要，又可建立生产车间，生产车间又可分为若干工段或班组。

（1）生产技术准备部门。这是为基本生产过程进行技术准备的工作部门，如技术室、综合室。技术室主要负责交流电力机车检修工艺设计及其他技术支援、技术服务。技术室可按专业分工，如电机工程室、转向架工程室、控制系统工程室等。综合室可设计划统计工程师、成本核算和备品备件管理技术人员。

（2）基本生产部门。这是直接实现交流电力机车检修过程的生产部门，负责交流电力机车各级修程的检修工作。如检修车间，在车间内部又设置若干班组及生产调度部门。

（3）辅助生产部门。它是对交流电力机车检修设备、厂房进行检修，加工自制配件，为基本生产过程提供工程服务的部门，如设备车间。

（4）生产服务部门。它是为基本生产和辅助生产提供服务的部门。如培训部、运输车队、材料仓库、标准计量室、油水化验室等。

上述部门构成了铁路机车检修单位的检修组织结构。在确定各部门结构时，要考虑交流电力机车检修的规模和特点，以及生产专业化水平与委外协作关系，随着经济发展和技术进步，不断重组业务流程和进行组织架构的调整。

2. 基本生产部门架构

交流电力机车检修组织设计主要围绕基本生产过程进行安排，而检修生产班组是完成基本生产过程的最基层单位，是交流电力机车检修生产行政分级管理的最基层的管理组织。生产班组的组建原则和形式如下：

（1）工艺专业化原则。

工艺专业化原则就是按工艺相同的工序或工艺阶段组建生产班组。在这种生产单位内集中了同类型的设备，同工种的工人，用相同的工艺方法对不同类型产品进行加工或修理。

按工艺专业化原则组建班组，由于同工种工人集中，有利于技术的交流，提高检修技术水平。同类设备集中，可减少设备数量，便于安排生产任务。但缺点是交流电力机车零部件种类繁多，各部件的修理在不同生产班组内进行，使零部件流动运输路程增加，检修单位之间联系复杂，增加了管理的难度。

对于工艺过程较为复杂、品种多、数量小的生产过程，适宜采用工艺专业化原则组建生产班组。

（2）对象专业化原则。

对象专业化原则就是将产品按大部分工艺过程集中起来，组建一个生产班组，在生产班组内，工人种类不同，使用设备不同，工艺方法不同，但加工对象相同。这种生产单位的优点是内部联系简单，便于管理。缺点是设备故障或人员缺勤时会造成生产中断。

（3）综合原则。

综合原则又分两种，一种是在对象专业化车间或工段内，按工艺原则组织班组。若一个车间负责生产几种产品，这些产品结构、工艺相似，加工方法和顺序大致相同，则可以将加工工艺相同的设备集中在一个班组。另一种是在工艺专业化车间内，按对象专业化的原则建立班组，每个班组只完成同一产品加工。

（4）生产组织分工与协作。

组建生产部门和生产班组主要考虑的是分工要求。分工越细，责任越明确，有利于建立岗位责任制。但分工太细，会造成工人负荷不均，降低劳动生产率。因此，在检修组织设计时，各生产车间和生产班组又不宜分得太细，在分工的前提下加强各车间和班组协作，实行合理的分工与密切的协作，这对于提高检修效率、减少交流电力机车检修停车时间，具有重要意义。

（三）检修生产控制

检修生产控制就是使交流电力机车检修活动能按预定计划实施，使其达到预定目标的管理活动。交流电力机车检修管理的目标是高质量、高效率、低成本，生产控制的目的在于使检修实施过程符合上述目标，这就要求在检修作业实施各个阶段，进行有效安排，并及时监督、检查，发现偏差，及时采取措施进行纠偏，以保证计划的实现。

实现交流电力机车检修生产作业有效控制应抓好生产调度和生产进度两个环节。

第五节　交流电力机车检修经济技术分析

一、交流电力机车寿命周期费用的经济性

现代交流电力机车用户对交流电力机车的要求是：在使用期内安全、可靠和易于维修。是否购买某种交流电力机车，不仅受其购置费用的影响，而且还取决于它在使用期内用户必须承担的运用和维修费用。为了使用户满意，交流电力机车制造厂家必须设计出可靠且在费用上有竞争力的产品。这里所说的费用，不只是装备的购置费用，还包括装备的运用维修费用等。这种费用的理念应当贯穿于产品从设计直至报废的整个寿命周期当中，这就是最佳寿命周期费用（LCC）的概念。

寿命周期费用分析是对产品的购置和运用维修总费用进行评估的经济分析方法，这种方法最基本的目标，是在满足产品性能、RAMS（可靠性、可用性、维修性和安全性）和其他要求的基础上，评价和优化其寿命周期费用。

（一）LCC 基本概念

1. 寿命周期

产品的寿命周期是从论证开始到报废为止所经历的全部时间。按照国家标准 GB6992 的

规定，寿命周期分为五个阶段，即定义与概念、设计与研制、制造与安装、使用与维修和处理阶段。

2. 寿命周期费用（LCC）

根据国家军用标准 GJB/Z 91—1997 的规定，寿命周期费用的定义是在装备寿命周期内用于研制、生产、使用与保障以及退役所消耗的一切费用之和。即上述寿命周期各个阶段所发生的费用总和。

上述寿命周期各个阶段所发生的费用可以分为两大部分，即购置费和运用维修费。购置费通常发生于装备投入运用以前的阶段（包括论证、设计和开发、生产、安装等阶段），这是用户和制造商都非常关心的费用项目。运用维修费用是装备投入运用以后的阶段（包括运用、维修和报废等阶段）发生的费用，这是用户最关心的费用项目。因此，制造厂家对运用维修费也逐渐重视起来。

3. 寿命周期各个阶段对 LCC 的影响

寿命周期的各个阶段对 LCC 的影响是不一样的，越是前面的阶段对 LCC 的影响越大。实际上，装备的 LCC 在生产之前就已经决定了，已经由装备的论证、研制先天决定了。到了使用阶段，各种性能（包括可靠性和维修性）和结构已基本定型。如图 1.4 所示为装备寿命周期各阶段活动对 LCC 的影响。由图可知，装备论证、研制阶段对 LCC 影响就已在 80% 以上，因此虽然使用维修费用占 LCC 很大的比例，但其大部分却是由前期论证、研制阶段中的各种决策所决定的。因此从装备的整个 LCC 来看，越早应用 LCC 方法越好，应用得越早，花费越小，LCC 降低得越多。

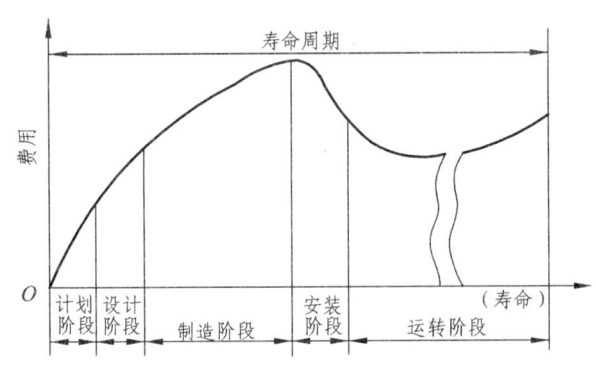

图 1.4 产品寿命周期的费用

4. RAMS 与 LCC 的关系

产品的 RAMS（可靠性、可用性、维修性和安全性）对寿命周期费用 LCC 有着重要的影响。较高的购置费可以使产品具有较好的可靠性和维修性，也就是说，在产品的设计研制阶段，为了保证在今后的运用中具有较低的故障率和维修成本，而采用维修性和可靠性高的设计方案，虽然表面上看是提高了研制费用，使用户增加了购置费，但实质上是降低了 LCC。

（二）LCC 分析的目的和意义

（1）LCC 是衡量装备经济性最合理的指标，在进行装备系统的各种权衡分析时，只有 LCC 才能真实地反映装备的经济性；只有当 LCC 最小时装备才是最经济的。在装备的一生（整个寿命周期）中的耗费，购置费只占较小的比重，运用维修费用则占较大的比例。而且两者间是彼此密切相关的。因此，如果用户在交流电力机车采购或研制时只注重交流电力机车的性能和购置费，而对影响 LCC 的运用维修费重视不够，则会使采购或研制出来的交流电力机车运用维修费用昂贵，效能却不高。

（2）LCC 是产品寿命周期各个阶段进行决策的重要依据。LCC 分析为产品设计、开发、运用维修及其他过程的各种决策提供重要依据，涉及的主要决策有：

① 比较和评价不同的设计方案；
② 产品或项目的经济可行性评估；
③ 对费用起主导作用的因素进行鉴别，并对投资效应进行改进；
④ 对产品不同的运用、维修、试验、检查等方法进行比较和评价；
⑤ 对产品延长寿命或报废方案进行比较和评价。

（3）LCC 分析是制造厂家优化产品质量、控制装运费用、参与市场竞争的有力武器。制造厂家可以应用 LCC 分析和性能分析比较对产品进行设计优化，实施费用设计。

（4）LCC 分析是用户谋求最佳经济效益的有力保证。用户在购置装备时不再像过去那样，不但注重装备的性能和购置费，而且还要对装备进行 LCC 分析。在购置合同中要求供货商对产品作出承诺，规定出 LCC 的具体指标，并在产品交付使用后进行验证。这样就保证了用户在使用维修中能够取得最佳的经济效益。另外，还可以通过 LCC 分析，对产品的运用维修方案进行比较评估，对产品运用维修阶段内的技术决策和资源配置进行优化。

二、交流电力机车的经济寿命

（1）物质寿命：设备开始使用到报废所经过的时间。搞好维修工作能有效延长设备的物质寿命。

（2）技术寿命：设备从开始使用到因技术落后而淘汰所经历的时间。它取决于科学技术的发展速度。适时的技术改造可延长设备的技术寿命。

（3）经济寿命：设备从开始使用到继续使用经济效益变差所经过的时间。适时的改造也可延长设备的经济寿命。

以上三个寿命长短一般不一样。在科技高速发展的时代，技术、经济寿命大大短于物质寿命。

总　结

交流电力机车检修基本概念是交流电力机车检修理论的基础。对于从事检修管理工作人员来说，交流电力机车故障、检修制度、检修限度、检修组织和检修经济技术分析，这些基本知识是必须掌握的，他们在制订检修计划及实施组织和控制过中程，可以进行有质量、高效率、节约成本的管理；对于研究工作，这些知识本身就是其研究的范围及内容；对于检修操作性人员，这些知识也是不可或缺的。交流电力机车故障，必然伴随机车的运用而产生；检修制度是进行机车检修，保证恢复其技术状态的制度体系；检修限度是保证机车恢复良好技术状态的最重要的技术标准；机车维修组织工作是实施检修的保证；经济技术分析可以有效地进行检修质量和检修成本的平衡。

复习思考题

1.1 试述交流电力机车故障的概念。交流电力机车出现故障的现象有哪些？
1.2 试述交流电力机车故障的类型。
1.3 什么是故障率？试述交流电力机车与机件故障的发展规律。
1.4 试述交流电力机车可靠性的概念、影响可靠性的三个因素及可靠性的度量。
1.5 可靠性设计包含哪些内容？
1.6 试述产品寿命周期的概念、产品维修性的概念、维修性三要素及可靠性的度量。
1.7 如何进行交流电力机车维修性结构设计？
1.8 简述交流电力机车的几种维修思想。
1.9 试述交流电力机车各基本维修方式的概念。
1.10 什么是交流电力机车定期检修的修程、检修周期？
1.11 试述和谐交流电力机车定期检修的修程、检修周期、检修范围及要求。
1.12 试述交流电力机车维修制度的概念及两大检修制度的内容。
1.13 试述交流电力机车检修周期的制定方法。
1.14 什么是交流电力机车的检修限度？有哪些类型？
1.15 什么是产品寿命周期？寿命周期费用LCC？分析的目的是什么？
1.16 试述寿命周期各阶段对LCC的影响及RAMS对LCC影响。

第二章　交流电力机车检修工艺基础

【本章内容提要】

（1）交流电力机车零件损伤：零件损伤的形式、机理和减轻措施；
（2）交流电力机车检修工艺过程：工艺过程的概念及构成、工艺过程的两种方式；
（3）交流电力机车分解、组装及清洗：工序的要求、方法；
（4）交流电力机车零件的检验：零件检验的内容、方法；
（5）交流电力机车零件的修复：修复方法及选择。

本章内容较多涉及检修工艺的基本理论知识和技能，在教学过程中要加强学生开放能力、创造能力的培养。

第一节　交流电力机车零件的损伤

设备出现故障的原因是零件产生了损伤。零件损伤的形式主要有：磨损、变形、腐蚀、断裂、电气损伤。在机械设备中，磨损是最主要的损伤形式，断裂是最危险的损伤形式。本章主要介绍零件各种损伤的形貌特征、产生机理、防止及减轻措施。

一、零件的磨损

大量统计分析表明，机械设备产生故障的主要原因是摩擦副的磨损。交流电力机车机械零件检修与更换主要是由磨损引起的，因此研究磨损、提高零件的耐磨性，对于提高交流电力机车工作的可靠性、延长交流电力机车零件的使用寿命、节省检修费用都具有重要意义。

磨损是指互相接触的零部件做相对运动时，工作表面的材料逐渐损耗的现象。磨损的快慢以磨损速度或磨损强度来衡量。磨损速度是指单位时间的磨损量，磨损量可以用零件的几何尺寸或零件质量的变化量来表示。工程上常以单位工作时间内，垂直于摩擦表面的尺寸减小量来计算。交流电力机车零件磨损通常以在单位运行里程中零部件尺寸的变化量来表示。磨损带来的后果一是材料组织结构及性能的破坏，二是形状及表面质量（如粗糙度）的变化。

（一）摩擦与磨损

1. 摩 擦

物体间的摩擦会产生磨损，摩擦形式直接影响磨损的程度。根据零件摩擦表面的状态，摩擦可分为干摩擦、液体摩擦、边界摩擦和混合摩擦 4 种形式。

1）干摩擦

摩擦表面之间没有润滑剂，固体直接接触的摩擦称为干摩擦。如轮箍与钢轨的摩擦、制动时闸瓦与轮箍踏面的摩擦。干摩擦时，摩擦系数高达 0.1~0.7，带来的磨损是极其严重的。

2）液体摩擦

液体摩擦是指摩擦表面之间完全被连续的润滑油膜所隔开，载荷的传递是通过油膜实现的摩擦。如各种形式的流体动力润滑轴承（滑动轴承、止推轴承），再如有润滑的齿轮啮合副，都属于液体摩擦。液体摩擦时摩擦系数很小，通常为 0.001~0.01，几乎不产生磨损。形成液体摩擦的关键是要形成油膜。

形成油膜需具备三个条件：零件表面有油楔的几何形状；供应充足的具有一定黏度的润滑油；两零件有相对运动，其运动方向驱使机油从油楔大端流向小端。同时油膜厚度最小值大于两工作表面圆柱度、圆度及微观不平波峰之和。油膜的厚度与机油的黏度、相对运动速度、载荷有关系。一般运动速度高、机油黏度大易形成油膜，载荷大时则不易形成油膜。

3）边界摩擦

边界摩擦是两摩擦表面之间仅由一层极薄的油膜（通常厚度在 0.1 μm 以下）所隔开的摩擦。它一般是由于载荷突然增大或相对运动速度突然下降，或者由于润滑油温度过高、黏度下降等原因所致。

边界摩擦是一种过渡状态，很不稳定。边界摩擦时，金属表面凸起部分相互接触，由于润滑油具有较强的吸附能力，会在它们之间形成极薄的吸附油膜，从而防止了两金属的直接接触，使摩擦力大为减少，但可能会引起凸起部分的变形及吸附油膜被划破。

4）混合摩擦

在摩擦表面上液体摩擦、边界摩擦、干摩擦三种形态混合存在的摩擦称为混合摩擦。在机件运行中，这种摩擦形式广泛存在。它有两种情况：一是半液体摩擦，即同时存在边界摩擦和液体摩擦的情况；二是半干摩擦，即同时存在边界摩擦和干摩擦的情况。摩擦引起的磨损量由边界摩擦与干摩擦所占比例而定。

各种形式的摩擦系数如图 2.1 所示。

在上述各种摩擦形式中，干摩擦由于金属

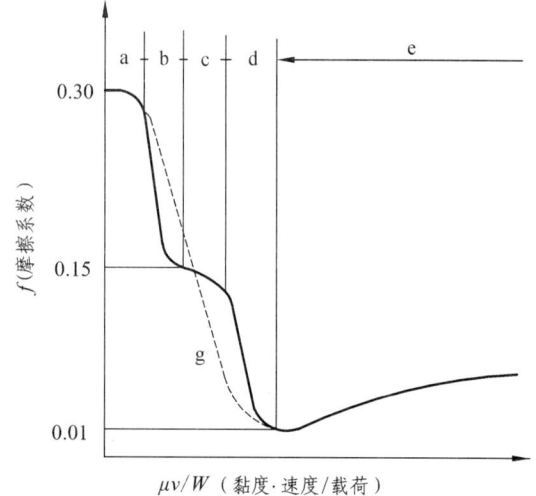

a—干摩擦；b—干摩擦与边界摩擦；c—边界摩擦；
d—边界摩擦与液体摩擦；e—液体摩擦；g—混合摩擦。

图 2.1 各种摩擦形式的摩擦系数

直接接触，因此零件表面的磨损是相当剧烈的。边界摩擦由于金属不直接接触，不会产生磨损，但必须指出，在高温或重载下吸附油膜会失去结合力或被划破，导致金属直接接触而引起磨损。液体摩擦不会引起磨损，但在实际工作中，液体摩擦只能在高速运转时形成。任何机器总有启动、停车及冲击振动的情况，这时液体摩擦存在的条件即被破坏，边界摩擦、混合摩擦势必发生，从而产生磨损。

2. 磨损机理

摩擦时引起的磨损是一个很复杂的问题，它是一系列物理、化学、机械性能现象的综合。就磨损过程而言，一般认为包含三个过程：一是摩擦表面的相互作用；二是摩擦表面层性质的变化；三是表层被破坏。

关于磨损机理，一般认为产生磨损主要是由于表层金属的直接接触而产生机械作用和分子作用。由于摩擦表面存在一定的粗糙度，受正压力 F 后，表面凹凸部分互相嵌入，如图 2.2 所示。各凸起部分的强度、高度、方向是不相同的，嵌入的深浅也不同。当表面相对切向产生位移时，嵌入浅的发生弹性挤压，嵌入深的发生塑性挤压，这样经多次重复后，塑性变形的金属向滑动方向伸长，造成晶格扭曲、晶体滑移和破碎，使部分金属强化或冷作硬化成脆性物质从表层脱落。

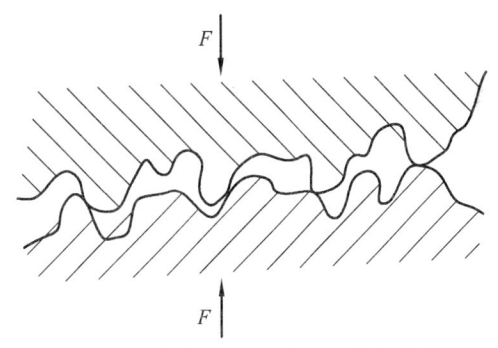

图 2.2 摩擦表面受压时互相嵌入的情况

表面凹凸部分互相嵌入的同时，还产生分子的相互作用。当两个固体表面紧密接触时，分子之间的距离极其接近，便会出现分子吸引力，使表面互相吸引。当分子互相作用力很大，接触点又没有任何覆盖膜时，接触点上的金属原子进入原子晶格以内，互相扩散成为像固溶体一样，两点好像焊接了起来，这些点在压紧时，经塑性变形而形成冷作硬化，材料的强度比基体的还高，因此相对移动时就发生深层撕扯现象。在摩擦表面的直接接触区产生大量的热。温度过高时，材料在滑移方向会产生塑性流动，甚至使接触部位的金属软化，相互熔合在一起，增强了它们的分子相互作用力。

（二）磨损形式

磨损是一个相当复杂的过程，上述的各种作用可能同时发生。但在一定条件下，磨损过程通常只有一至二种因素起主导作用，从而形成相应的磨损形式。

1. 磨料磨损

零件表面与磨料（粒）互相摩擦，而引起表层材料损失的现象，称为磨料磨损。磨料磨损是最为常见的一种磨损，也是磨损强度较高的一种磨损。

1) 磨料磨损的分类

（1）两体磨料磨损，指机件直接与磨料接触发生的磨损，如挖掘机斗齿的磨损。

（2）三体磨料磨损，指硬质颗粒进入两表面之间形成的磨损，如灰尘、磨粒进入齿轮副的磨损。

（3）微凸体磨料磨损，指坚硬的、粗糙表面上的微凸体在零件表面上滑动形成的磨损，如淬火齿轮对软齿面带来的磨损。

2) 磨料磨损的影响因素

（1）金属材料的硬度。一般情况下，金属材料的硬度越高，耐磨性越好。金属材料的硬度与合金成分和热处理有关。

（2）磨料性质。经研究发现，磨粒粒度对材料的磨损强度影响有一个临界值。小于临界值时，粒度增加，磨损加剧；大于临界值时，磨损强度不随粒度增加而增加。磨损粒度的临界值为 60~100 μm。

3) 减少磨料磨损的措施

对于机械设备中三体磨料磨损的摩擦副，如滚动轴承、轴颈与轴瓦等，应设法阻止外界磨料进入摩擦副，及时清除摩擦过程中产生的磨削和微凸体产生的磨削。具体措施是对润滑油进行良好过滤，注意密封，经常维护，清洗换油。

2. 黏附磨损

两个做相对滑动的表面，在局部发生相互焊合，使一个表面的材料转移到另一个表面所引起的磨损，称为黏附磨损。

黏附磨损的产生机理是：当摩擦表面实际接触面积很小、应力很大时，接触点处金属产生塑性变形，使氧化膜破坏，呈现纯净金属面，摩擦表层彼此黏接。黏接部位在相对运动中被撕裂、强化，常常把强度较小的金属表层撕走，黏附到另一摩擦表面上。在被撕走金属的部位易产生应力集中现象，逐渐形成显微裂纹，从而引起疲劳破坏。

黏附磨损常发生在压力大、润滑条件差、相对速度高的情况下。黏附磨损会使摩擦表面产生严重的磨损，磨损加剧还会导致零件互相咬死，如抱轴现象。

减轻的措施：合理润滑，建立可靠的润滑油膜，把两表面隔开；选择互溶性小的材料配对，如铅、锡等的合金抗黏着性能好，易做轴瓦材料；金属与非金属配对，如钢与石墨，也有较好的效果；适当的表面处理，如表面淬火、磷化处理渗氮等。

3. 疲劳磨损

疲劳磨损一般产生于载荷较大的滚动摩擦副中，主要是由于接触疲劳所引起的，是一种表层脱落或剥离现象。如常见的滚动轴承滚动体、外圈产生的麻点，齿面和轮箍踏面的剥离现象。

影响疲劳磨损强度的因素有：接触表面的压力、载荷循环次数、零件表面抵抗挤压变形的能力、强化层的厚度、疲劳强度极限等。

减轻措施：减少材料中的脆性夹杂物；提高表面的加工质量，降低表面粗糙度和形状误差;进行表面处理,如渗氮、表面滚压处理、喷丸处理等。

4. 氧化磨损

在摩擦过程中,氧吸附在摩擦表面上并向表层内扩散,与发生显微塑性变形的金属接触形成氧化膜。氧化膜能防止黏附磨损,抗磨性好,但是当氧化膜较厚时,则易被撕碎从表面脱落,形成氧化磨损。氧化磨损的磨损速度最小,与压力大小有密切关系,压力越大,氧化磨损越严重。有振动载荷时,氧化膜易被破坏,从而使磨损加速。相对速度较高时,氧化磨损将转变为以摩擦为主的黏附磨损。

在以上4种磨损形式中,氧化磨损可以认为是容许的磨损形式。而其他磨损形式均有磨损速度大、摩擦系数高、表面出现粗糙条纹等特点,是非正常磨损,应该设法避免。

(三)交流电力机车零件与配合的磨损规律

磨损是摩擦的产物,不同的摩擦形式会产生不同的磨损量。尽管总希望零部件摩擦是液体摩擦,但这在交流电力机车实际运用中是做不到的。交流电力机车工作时,总要经历启动和停车两个过程,零部件就不可避免地要经历由干摩擦到其他摩擦形式的转换过程,从而产生磨损。

实践表明,交流电力机车上各零部件在润滑状态比较良好的情况下,由于启动—运转—停车过程的影响(且不计其他因素的影响),其磨损规律如图2.3所示。零部件的磨损量 μ 随时间 t 的变化规律称为零部件的磨损特性,由此形成的曲线称为磨损曲线。图中:

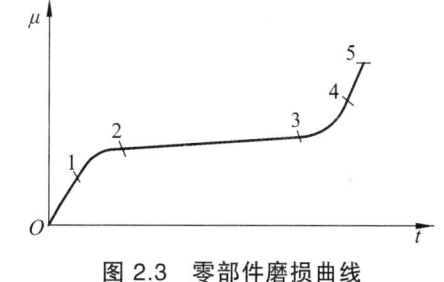

曲线 0—2 段为启动阶段,其中 0—1 段为干摩擦阶段,1—2 段转入混合摩擦阶段;

图 2.3 零部件磨损曲线
(启动—运转—停车三个阶段)

曲线 2—3 段为运转阶段,零部件处于液体摩擦状态;

曲线 3—5 段为停车阶段,其中 3—4 段转入混合摩擦阶段,4—5 段为干摩擦阶段。

在交流电力机车整个运用过程中,由于各零部件的启动—运转—停车的过程是多次发生的,因此零部件在交流电力机车整个运用过程中的磨损曲线将由许多如图2.3所示那样的曲线所组成。如图2.4所示为零部件在交流电力机车整个运用过程中的磨损曲线。从图2.4中可以看出,零部件的磨损—损坏过程有三个明显阶段。

第一阶段(曲线 AB):零部件处于刚开始运转的较短时间内,由于零部件表面经过加工后,总存在表面粗糙度,此时摩擦系数 f 值也较大,因而发生较强烈的磨损。图上曲线 AB 段的仰角较大,表明磨损速度较快。在这一阶段内,零部件工作表面经过一段时间的磨损,相互之间的配合间隙由制造时的原始状态

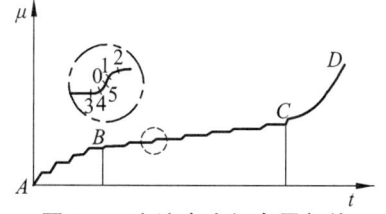

图 2.4 交流电力机车零部件在整个运用过程中的磨损曲线

过渡到比较稳定的状态（此时的间隙即达到所谓的设计间隙），因而磨损速度也逐渐下降。零部件的磨损量由 A 值增至 B 值，曲线逐渐平坦，转入第二阶段。通常这一阶段称为零部件的磨合阶段。

第二阶段（曲线 BC）：零部件经过第一阶段磨合后，零部件的磨损开始比较缓慢，在相当长的时间内磨损量增加的速度也比较慢。此时磨损均匀增加。这一阶段称为零部件正常磨损阶段，其磨损属于正常磨损。

第三阶段（曲线 CD）：零部件在正常工作阶段不断磨损，当磨损量逐渐增大到 C 点时，即发生一个由量变到质变的突变过程，造成配合间隙过大，引起较大的冲击和振动；同时，零部件的润滑条件也变得恶化，最后促使零部件的磨损速度急剧增加，直至导致零部件破坏。因此 C 点称为零部件的极限磨损（此时配合副的间隙达到极限间隙）。

图 2.4 的磨损量 μ 也可用配合间隙 S 来代替，运用时间可用交流电力机车走行公里数 K 来代替，并画成平滑曲线，改制成如图 2.5 所示的曲线。图中 Oa 为制造间隙，Ob 为设计间隙，Oc 为极限间隙；而 Oc' 则为极限走行公里。

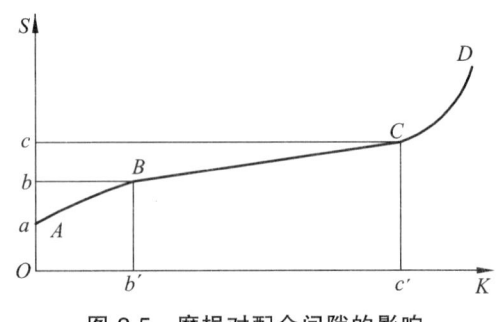

图 2.5 磨损对配合间隙的影响

（四）影响磨损的主要因素

以上无论哪一种磨损形式，影响磨损速度的因素有以下三个主要方面：

1. 工作条件

它是决定磨损形式和磨损速度的基本因素，包括摩擦类型、相对速度和载荷三个方面。

（1）摩擦类型。摩擦类型对表层的塑性变形特性有直接影响。滚动摩擦引起疲劳磨损；滑动摩擦倾向引起黏附磨损。

（2）速度。当摩擦条件一定时，摩擦表面的温度随速度增高而增高。当温度达到 150～200 °C 时，摩擦表面油膜遭到破坏，摩擦类型变为干摩擦。

（3）载荷。只要载荷增加了，都将使磨损速度增加，当载荷增加到一定值时，磨损会突然变成黏附磨损。此外，冲击载荷也会使磨损加剧。

2. 表面间介质

两表面之间包含的物质包括润滑油、磨料和气体等。润滑油能使摩擦表面不产生干摩擦，同时还有散热和排除异物的作用。润滑油的性质对磨损过程有很大影响，它应具有适当的黏度、油性或化学稳定性，不含酸类和机械杂质。

3. 表面情况

表面情况包括加工质量、金属材质、表面硬度和热稳定性等。加工质量良好，能加速磨合过程，减少磨合时的磨损量，从而减少摩擦副的初间隙，延长配合寿命。下面以表面粗糙度和加工精度来说明。

表面粗糙度：表面粗糙度与零件耐磨性之间有一定的关系，零件表面粗糙度过低或过高，均会使磨损速度上升。每一种载荷下有一个最合适的粗糙度，其磨损量最小。表面粗糙度过低反而使磨损速度上升的原因：工作表面过分光滑不能很好地贮油和形成油膜。

加工精度：精度过低会使摩擦面上载荷不均匀或产生冲击，引起不正常磨损，造成磨损速度过快。如轴颈圆度、圆柱度不符合要求，造成轴颈与轴瓦接触不均。

金属材质与表面硬度对磨损也有十分重要的影响。零件的表面硬度越高，耐磨性越好。

（五）降低磨损速度的主要措施

（1）提高摩擦表面硬度。

对于承受冲击载荷的零件，为使其既有较高的硬度又有较好的冲击韧性，一般采用表面处理的方法来降低磨损速度，如渗碳、渗氮、淬火、滚压、喷丸强化等。

（2）恰当地选择耐磨材料。

在摩擦副的机件中，对较复杂、昂贵的机件一般应选择优质和耐磨的材料制造，对与其相配合的机件应选用软质耐磨材料，即减摩材料制造，如轴颈与轴瓦。另外，在零件表面覆盖一层耐磨金属也是常用的减磨措施，覆盖的方法可以是电镀或喷涂等，如镀铬，硬度可达HRC60—68不仅可以提高耐磨性，还可以恢复零件表面的尺寸和形状。

（3）合理采用润滑剂。

条件允许时，应尽量使零件处于液体摩擦状态。为保证液体摩擦的条件，要注意润滑油的质量、密封条件及供油的压力。

（4）保证零件表面的低粗糙度和高精度。

零件新制或修理时，要使表面粗糙度和精度达到技术要求，互相配合的零件要使间隙符合技术要求。

二、零件的腐蚀

金属和周围介质发生化学作用或电化学作用而造成的损伤，叫做腐蚀。腐蚀的结果，使金属表面材料损耗、表面质量劣化、内部晶体结构破坏，最终导致零件的使用期限缩短。

腐蚀按其机理可以分为两类：化学腐蚀和电化学腐蚀。

（一）零件的化学腐蚀

化学腐蚀是金属和周围的干燥气体或非电解液体中的有害成分直接发生化学作用，形成的腐蚀层（膜）。化学腐蚀的基本特点是不产生电流，同时腐蚀产物生成于反应表面。如与空气中的氧、二氧化硫及润滑剂中的某些腐蚀性物质的反应。

化学腐蚀的程度取决于腐蚀后在金属表面形成的膜的性质，不同金属形成的膜是不同的。

如钢、铁被腐蚀后，形成一层疏松的膜，腐蚀介质能缓慢地渗透疏松的膜，继续腐蚀金属；又如铝、不锈钢等金属被腐蚀后，会产生一层致密坚硬的膜，把介质隔开，使腐蚀停止。

单一的化学腐蚀是很少的，因为零件的工作环境总有水分存在，会溶解腐蚀性物质，形成电解质溶液，继而产生电化学腐蚀。

（二）电化学腐蚀

电化学腐蚀是金属和电解液起电化学作用的损伤过程。电化学腐蚀有电流产生，阳极金属被腐蚀，同时腐蚀产物并不完全覆盖于零件表面。

电化学腐蚀远比化学腐蚀来得普遍和严重。电化学腐蚀机理实质是原电池作用原理。如图 2.6 所示，将一块锌板和一块铜板插入稀硫酸溶液中，如果用导线在溶液外部把两金属板连接起来，那么导线上就有电流通过，上述实验组成一个原电池（电源）。锌比铜活泼，因而被分解、腐蚀。锌离子进入溶液，并且每个锌原子的两个电子留在锌板上（负极），电子通过导线向铜板流动，这里电子与硫酸中的氢离子结合，生成氢气逸出。不活泼的金属（铜）成为正极（阴极），较活泼的金属（锌）成为负极（阳极），受到腐蚀。

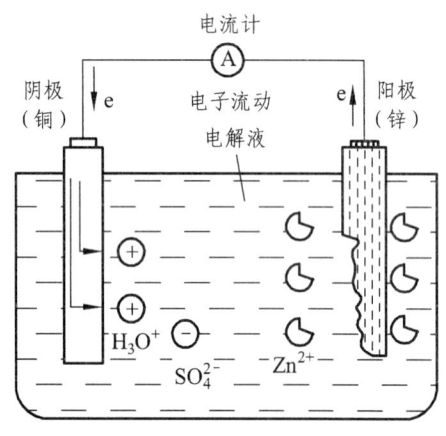

图 2.6 电化学腐蚀机理

综上所述，产生电化学腐蚀必须具备的条件是：

① 有电解液；
② 两种金属或同一种金属两部分之间存在电位差；
③ 电解液覆盖金属。

酸、碱和盐类物质的水溶液都是电解液。大气中含有水汽和其他物质（如二氧化碳、二氧化硫等）在金属表面上的吸附膜也可形成电解液。

有了电解液，还需有电位差才能形成电流，产生电化学作用。电位差经常存在。例如不同的金属或同一金属具有不同的组织结构，那么在电解液中就形成不同的电位，产生电流，导致阳极金属溶解，即腐蚀。又如金属零件各部分具有不同的应力时，应力大与应力小的两部分金属之间存在电位差，使应力大的部分被腐蚀。

晶粒边界受到的应力也常比晶体本身大，所以晶粒之间也发生腐蚀，即所谓晶间腐蚀。图 2.7 所示为铁的电化学腐蚀示意图。

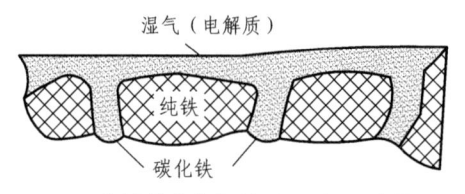

不同金属成分的晶界之间的晶间腐蚀

图 2.7 铁的电化学腐蚀

钢的基体是铁，而碳化铁是其中的一种成分。铁比碳化铁活泼，为阳极。金属表面有吸附水膜（含有 SO_2、CO_2 等）。这样在金属表面就形成了许多原电池。铁为阳极，碳化铁为阴极，这些电极本身是一块金属，自然形成导线，把两极连接起来。阳极（铁）上的电子流向阴极（碳化铁）而形成电流，铁受到腐蚀。

（三）影响零件腐蚀的因素

1. 金属的特性

金属的抗腐蚀性与金属的标准电位、化学活动性有关。金属的标准电位越低，化学活动性就越高，就越容易腐蚀。但有些金属例外，如镍、铬，它们的表面能生成一层很薄的致密性氧化膜，具有很高的化学稳定性，因而具有很高的抗腐蚀能力。

2. 金属的成分

金属中杂质越多，抗腐蚀性越差。一般钢中都含有石墨、硫化物、硅化物等，它们的电极电位都比铁高，所以易形成电化学腐蚀。

3. 零件的表面状况

零件的外表形状越复杂、表面越粗糙，越易吸附电解液而形成电化学腐蚀，抗腐蚀能力越差。

4. 温 度

温度越高，金属和腐蚀介质化学活动性越强，则腐蚀速度越快。

5. 环 境

气温高、相对湿度大的环境，会加剧腐蚀。温度变化大的地区，由温度变化引起的凝露现象，也会加速腐蚀。

（四）减轻腐蚀的措施

减轻金属腐蚀对延长设备的使用寿命和减轻经济损失有着重要的意义，减轻腐蚀的措施有以下几种方法。

1. 采用耐腐材料

根据使用环境要求，选择合理的材料。如选用含有镍、铬、铝、铜、硅等元素的合金钢，或在条件允许的情况下，选取工程材料、合成材料、复合钢板等材料。

2. 覆盖保护层

在金属表面上以薄膜的形式附加上耐腐材料，使金属零件与腐蚀介质隔开，防止腐蚀。这是交流电力机车中常采用的防腐措施。

（1）金属保护层采用电镀、喷镀、熔镀、化学镀、气相镀等方法，在金属表面覆盖一层如镍、铬、铜、锡等金属或合金作为保护层。

（2）非金属保护层，常用的有油漆、塑料、橡胶等，临时性防腐可涂油或油脂。

（3）化学保护层，用化学或电化学方法在金属表面覆盖一层化合物薄膜，如磷化、发蓝、钝化、氧化等。

（4）表面合金化，如渗铝、渗铬等。

3. 电化学保护

此处主要介绍阴极保护。阴极保护是外加一个阳极，使被保护对象成为阴极，从而达到保护的目的。这种方法广泛应用于各种地下管道、海水与淡水中的金属设备、热交换器等。其原理如图 2.8 所示。图中，A、B 是设备或零件上发生电化学腐蚀的两个极，是保护对象，C 是加入的第三极，第三极的电位比原来两极的电位更低（金属离子更活跃，更容易被电解液腐蚀，内部出现多余电子），C 极电子同时向 A、B 转移，使 A、B 同时成为阴极而受到保护。

所以通常情况下用一种比零件材料化学性能更为活泼的金属，铆接在零件上，使零件本身成为阴极，从而不发生腐蚀。

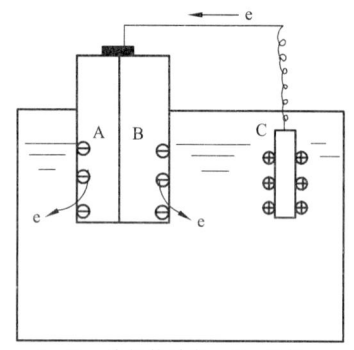

A、B—被保护对象；C—阳极。

图 2.8 阴极保护示意图

4. 防腐蚀结构

（1）电位差很大的不同金属应避免互相接触，否则易产生电化学腐蚀。如铝、镁不应同钢铁、铜接触。如必须接触，应用绝缘材料将其隔开，从而隔断腐蚀电流。

（2）钢结构中不能有积存液体存在，不可避免的情况应开排泄孔以排除积存液体。

5. 改善环境

（1）采用通风、除湿等措施降低大气或其他腐蚀介质的腐蚀性。对常用金属来说，把相对湿度控制在 50%～70% 以下，可以显著减缓大气对金属的腐蚀。

（2）采用缓蚀剂。在腐蚀介质中加入适量缓蚀剂，可降低腐蚀速度。缓蚀剂主要应用于静态及循环冷却系统中。

（五）交流电力机车零件的腐蚀

在交流电力机车中，零件腐蚀可分成以下几类：

（1）同水接触的零件。这类腐蚀主要是电化学腐蚀。如各种管道、水腔。

（2）同润滑油接触的零件。随着润滑油运用时间的延长，润滑油受到污染，逐渐生成有机酸、硫化物等，对零件产生腐蚀作用。如各类轴承，齿轮部分。

（3）交流电力机车转向架、车体等部件的锈蚀。这些部件在运用中，会发生电化学腐蚀，产生腐蚀产物铁锈。

三、零件的变形

机械设备在使用过程中,一些零件特别是基础零件(如箱体等)的变形称为零件的变形。变形的形式有:体积改变、弯曲、翘曲等。零件变形使零件之间的位置关系遭到破坏,造成零件偏磨、裂纹甚至断裂,从而影响整个设备的使用寿命。

金属零件变形包括弹性变形和塑性变形两种情况。金属受力变形过程可分为弹性阶段和塑性阶段。弹性阶段,应力消除后,变形基本消失;当应力超过材料的弹性极限,则进入塑性变形阶段,应力消除后,变形不能全部恢复。研究金属材料的变形机理,了解变形规律及变形对材料性能的影响是很重要的。

(一) 零件的弹性变形

弹性变形是材料在弹性范围内的变形,一般与强度无关,仅是刚度问题。轴类零件变形会使其上零件工作异常、支撑过载;箱体类零件可造成系统振动不稳定。

影响弹性变形的主要因素有:

(1) 结构因素。零件截面的结构对刚度影响最大。对型钢来说,在截面面积相等的情况下,工字钢刚度最大,槽钢次之,方钢最小;如果是扭曲变形,环形截面优于实心截面。

(2) 弹性模量 E。材料的弹性模量 E 越大,抗变形能力越强。

(3) 温度。一般情况下,弹性变形量与温度成正比,当温度过高时,材料的屈服极限降低,易发生塑性变形。

(二) 零件的塑性变形

塑性变形的产生有两种情况:一种是在弹性变形中总是伴随着微小的塑性变形,并且会积累下来,如压缩弹簧经过一定次数的弹性变形后,在宏观上会产生缩短的现象;第二种是在使用中零件受力超过材料屈服应力,产生塑性变形。

影响塑性变形的因素主要有温度、载荷、材质性能。另外,以下因素也会对塑性变形产生影响:材质缺陷,如热处理存在问题;设计不当,载荷估计不足,工作温度估计不足等;使用维护不当、超载超速、检修拆装不当、零件存放不当等。

塑性变形对金属性能的影响有:

(1) 引起加工硬化。随着塑性变形的增大,材料的强度和硬度加大,塑性和韧性降低。

(2) 提高原子活泼能力。原子活泼能力被提高,使金属容易生锈,耐腐蚀能力下降。

(3) 引起残余内应力。残余内应力与外加载荷方向相同时,可促使金属过早断裂。残余应力与外加载荷方向相反时,能提高金属的强度。金属表面通过喷丸引起压应力,便是提高疲劳强度的一例。

(三) 零件在使用中变形的原因与减轻变形的措施

1. 毛坯制造方面

锻、铸、焊接件的毛坯,在其制造和热处理过程中,都有一个从高温冷却下来的过程,在这个冷却过程中会产生内应力。用这种毛坯制造出的零件经过一段时间的使用后,会发生变形,这种现象称为应力松弛。为此,在制造工艺过程中必须安排消除内应力的工序。如对汽缸、变速箱壳体等基础性零件,在毛坯制造或粗加工后,进行一次或几次的时效处理。

2. 机械加工方面

如果毛坯在有应力的状态下进行机械加工,切去一部分表面金属后,会破坏内应力的平衡,由于应力的重新分布,零件将发生变形。在切削力和切削热的作用下,表层会产生较大的塑性变形。

为了防止机加工后零件的变形,对于比较重要或比较复杂的零件,在粗加工之前应进行一次自然或人工时效处理。在机加工中尽量保留工艺基准,留给修理时使用,这可以减小修理加工中因基准不一而造成的误差。

3. 修理方面

零件检修时,要考虑引起变形的因素,避免可能造成更大的变形。在采用修复型工艺,如焊接、堆焊、压力加工等修复零件时,都可能产生新的应力和变形,所以要采取相应的措施减轻应力和变形。

4. 使用方面

零件在工作中由于超载或温度过高,也会引起零件变形。零件在使用中要严格保证工作条件和按照操作规程进行,避免零件超载或温升过高。

四、零件的断裂

交流电力机车零件的损伤主要是裂纹与断裂。例如轴类、箱体、螺栓等,都是容易发生裂损的零件。零件的裂损通常会产生较严重后果。因此,分析交流电力机车零件裂损的原因及其规律,以便采取相应措施加以防止,就显得非常重要。

(一) 断裂机理

交流电力机车零件的断裂,有的是受一次载荷或冲击载荷作用而造成的,有的是在不太大的载荷长期作用下造成的。大多数交流电力机车零件是在受多次交变载荷作用下而产生裂纹的,这种形式的损坏叫疲劳断裂。下面着重研究疲劳断裂方面的问题。

疲劳断裂的产生取决于交变应力的大小、交变应力循环的次数、材料的抗疲劳强度三个因素。交变应力小于一定数值时,材料可以承受无限多次循环载荷而不被破坏,这个数值称为疲劳强度极限。当应力大于疲劳强度极限时,材料所承受的循环次数就有限度,达到这个循环次数时,材料就会被破坏。这就是疲劳断裂机理。

一系列金相分析结果表明,断裂过程大致经历 5 个阶段:晶体中局部地区出现晶粒滑移;

裂纹成核,即微观裂纹产生;微观裂纹扩展(裂纹长度 $l < 0.05$ mm);宏观裂纹扩展(裂纹长度 $l > 0.05$ mm);断裂。

金属零件承受交变载荷时,在应力集中的局部地区将出现严重的塑性变形,个别晶粒内出现剪切性滑移。在交变载荷的继续作用下,使最初出现的位移加长和变宽,形成一些滑移带,如图 2.9 所示。在某些材料中,实际由滑移带挤出的金属高度高达 $1 \sim 2~\mu m$,同时也产生一些深的挤入槽。与此同时,还产生新的剪切位移和滑移带,这些变形使晶粒分裂成小块(其直径为 $10^{-4} \sim 10^{-3}$ mm)。

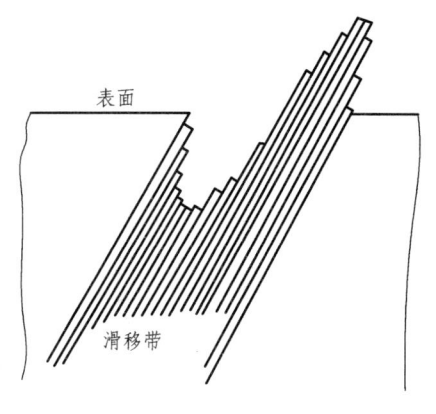

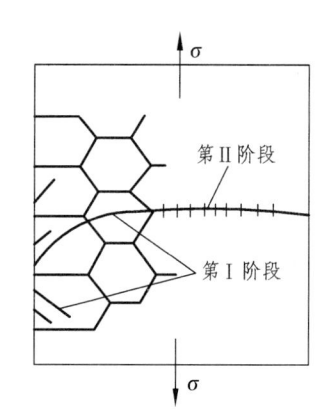

图 2.9 滑移带示意图　　图 2.10 疲劳裂纹的扩展

金属材料表面通过各种滑移方式,最后大都沿着起作用的滑移带形成疲劳源,即疲劳裂纹成核。一般有两种成核方式:晶间成核和穿晶成核。关于疲劳裂纹成核的定义,即何种状态才算是一个疲劳裂纹,有不同的观点。从研究疲劳机理的角度上看,利用分辨率最高的电子显微镜,将长度为 10^{-4} mm 的裂纹定义为成核;工程上基于实用角度,通常把长度为 $0.05 \sim 0.1$ mm 定义为成核,用一般放大镜可以看到。

在形成滑移带裂纹以后,进一步加强了滑移带的应力集中,这时裂纹将沿着与拉伸应力成一定角度(约为 $\pm 45°$)的滑移面扩展,称为疲劳断裂过程第Ⅰ阶段成长。这阶段的穿透通常是不深的(十分之几毫米)。当微观裂纹生长到一定长度后,便很快改变方向,最后沿着与拉伸应力垂直的方向生长,称为疲劳断裂过程的第Ⅱ阶段生长,如图 2.10 所示。

实际上,多晶体材料第Ⅰ阶段的生长,包含着成百个单位的滑移带裂纹,它们在第Ⅱ阶段成长开始时,最后连成一主导裂纹,即宏观裂纹。宏观裂纹继续扩展,当严重削弱了零件的有效面积时,就导致零件的断裂。

(二)疲劳断面特征

由前述可知,疲劳断裂破坏是由于零件局部表面出现疲劳裂纹,裂纹逐步向深、向长扩展,最后当零件有效面积小到一定程度时突然发生断裂。因此,疲劳断裂断口都有明显的两个区域:一个是疲劳断裂区,另一个是最后折断区。前者表面较为光洁,后者表面较为粗糙。

疲劳断裂区的断面光滑明亮，它是裂纹逐渐发展的痕迹，在交变载荷的作用下，裂纹时合时裂，互相摩擦使表面变得光滑。疲劳裂纹的起点，表面多呈方齿形。因为疲劳裂纹都是由许多滑移带连成一个宏观裂纹后，逐步向金属深处扩展，所以裂纹汇合处表面就呈现不平。

最后折断区的表面粗糙，它是最后折断的部分，通常都有明显的塑性变形痕迹。对于韧性金属材料多是纤维状的结构；对于脆性金属材料则是呈粗晶粒结构，如图 2.11 所示。

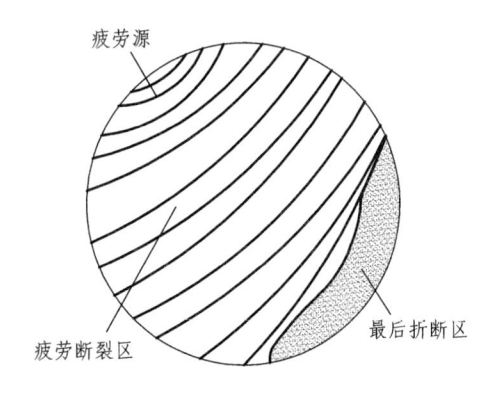

图 2.11 轴类零件疲劳断面示意图

另外，有些零件在断裂前只经历了一次载荷作用，如冲击载荷，或只经历了较少次数的交变载荷就发生了断裂，这种情况称为一次性加载断裂。其断面形态全部为最后折断区。

疲劳断裂断面有以下特点：

（1）疲劳源一般发生在零件应力集中最为严重的地方，如小孔、圆角等，也可能发生在零件表面或内部的缺陷处；

（2）最后折断区面积越大，零件受载越严重；

（3）疲劳断裂区越光滑，零件断裂前应力循环次数越多；

（4）对于转动的受弯曲作用的轴类零件，最后折断区越接近中心，其超载程度越大（可达 30%～100%），应力循环不超过 30×10^4 次时即可断裂。

（三）疲劳断裂原因

引起零件疲劳破坏的原因，有以下几方面：

（1）金属材料自身存在缺陷。

金属材料在冶炼、轧制等过程中形成的内部缺陷，如夹杂、气孔等。

（2）零件在热加工时引起的缺陷。

零件在铸造、锻压和热处理时，内部或表面留有局部缺陷，如非金属夹杂、气孔表面裂纹。如果这些缺陷恰好位于危险断面内，特别是接近表面时，则极易产生裂纹。

（3）零件结构上存在缺陷。

零件在结构、形状上不合理，常能造成应力集中、引起断裂，例如零件断面变化急剧，过渡圆角半径过小。强度和硬度越高的材料，对应力集中的敏感性越大。

（4）零件表面加工时引起的缺陷。

表面光洁度、加工留下的残余应力及加工深度，对疲劳强度极限都有直接的影响。表面越粗糙，疲劳强度越低。

（5）检修时引起零件损伤。

零件在搬运时碰伤、检查时锤击打伤，都会造成应力集中；检修时，冷压、火烤弯曲零件，会产生内应力或破坏金相组织，降低材料强度；不正确的组装，也会产生附加应力，导致疲劳破坏。

（四）减轻断裂的措施

（1）在零件设计上减少应力集中。
（2）对零件采用表面强化措施，如高频淬火、镀铬、滚压和喷丸处理等。
（3）提高零件检修质量，特别注意下面几点：
① 避免零件表面的各种损伤，如划伤、碰伤。
② 螺栓紧固力矩大小严格符合技术要求。
③ 保证各装配零件之间和联接零件之间的位置精度要求，如螺栓与支承面的垂直度。

五、电器电子元件的损伤

（一）常见电气线路和电子线路故障

过热、潮湿、灰尘及污染物、振动或移动、安装不良、制造缺陷等环境因素可导致电气与电子线路故障。下面介绍常见的几种电气与电子线路故障。

1. 短　路

短路典型的特征包括：熔丝烧断、发热、电压下降、电流大、冒烟。电路中有两根导线接触并使正常电流旁路，则产生短路。如电动机短路。由于短路是电路中的电阻减小，会吸取更多的电流，从而导致电压下降。

2. 断　路

断路典型的特征包括：电阻无限大、电流为零、设备不工作。如电动机断路，使电流无通路，从而导致电动机停止工作。

3. 接　地

导线或元件的绝缘不良或放置不当时，会导致电路中的电流通路异常。例如在电动机中，当部分绕组与机座发生接触时，则电动机产生接地故障。在接地故障中由于是间接电路旁路，所以元器件会保持工作，但是工作不良，会产生异常的电流与电压。接地的电路可能会导致操作者被电击，特别是没有保护断路器时更容易发生危险。

接地一般是由导线绝缘不良造成。接地的典型现象是：电流、电压、电阻读数异常，电路性能异常，保护断路器动作。

4. 机械故障

机械故障是由于磨损、冲击振动等导致电气与电子设备产生物理损伤。如轴承损坏、螺栓松动、触点磨损、机座损坏、控制中断等。机械故障的典型特征：运行产生噪声、工作异常、电路产生故障等。

5. 电子电路故障

电子电路是由具有特定功能的电子元件组合而成，每个元件都有特定的作用。如某个元件损坏，电路的功能必然发生变化。电路功能的变化必然伴随电路参数的变化。电子电路故障分为渐进故障和突发故障。渐进故障，指元件参数超出容差范围而功能没有完全丧失；突发故障则引起电路功能完全丧失。

（二）常见电气与电子装置故障

1. 接触器故障

（1）触头磨损。

各种有触点电器，随着工作时间的延长，其触头表面会产生磨损。一些触头的磨损还具有黏附性质，即在一个触头表面形成针状凸起，另一个触头表面形成凹坑。

触头的磨损是机械、电气综合作用的结果。具有一定动能的动触头和静触头碰撞，触头表面材料将产生弹性变形，并且两触头间也产生微量滑移，形成带有机械性质的磨损；当两触头分离时，开始刚刚分离阶段，由于触头压力减小，其接触电阻增大，触头接触部分金属有一定程度的熔化；紧接着分离成一条微小缝隙，其中充满进一步熔化的金属，在电拖动力的作用下，熔化的金属被带走，形成电气性质的磨损；当连接部分的金属被拉断，此时会出现电弧，触头进一步熔化，使上述电气性质的磨损又进一步进行，从而加剧了磨损。

（2）触头熔焊。

产生触头熔焊的原因是操作频率过高或经常过载；闭合过程中振动过于剧烈；触头氧化严重（接触电阻大）及触头弹簧弹力过小。

（3）线圈断线。

线圈断线主要是线圈过热烧损引起的。安装环境空气潮湿、线圈匝间短路、动作频率过高、衔铁吸合不完全，都会导致线圈电流过大而烧损。

（4）衔铁不释放。

衔铁不释放的主要原因是弹簧弹力小、铁心极面有油污黏着、机械部分犯卡、剩磁过大（对于直流接触器应加厚非磁性垫片或更换）。

2. 变流元件损坏

变流元件主要指晶闸管、GTO 和 IGBT 等大功率电子元件。

由于变流元件的耐压不是很高，因此在主电路出现过电压（再生制动时等）时，容易被击穿。再者，过电流也会对变流元件产生很大威胁，导致过流的主要原因是元件的误触发、吸收电路保护不及时引起变流元件被击穿。此外，变流元件的散热不好，也容易引起过流，长期的过流则会导致变流元件被击穿。

3. 电子线路板故障

一般来说，电子线路板故障主要集中在功率放大部分，因为此处电流较大，元件容易发生短路和过流现象。另外线路板上的元器件也易发生故障。由于元器件受潮、过热、腐蚀等原因产生接触不良、断脚、爬电，从而使元件烧损。

4. 绝缘材料老化

绝缘材料老化是指电气设备在工作中，其绝缘材料由于环境因素的作用，发生化学、物理的变化，而导致其电气性能（主要是绝缘性能）和机械性能变差的现象。

绝缘材料老化的形态特征一般为：变色（如表面呈现蜡黄色等）、分层、变形、变脆、裂纹，严重时脱落及呈粉酥状态。

引起绝缘材料老化的原因有：材料受热、材料氧化、环境湿度、材料受力、光照等。这里主要的原因是热和氧化作用。绝缘材料老化的速度随其工作温度的超限，增长幅度很大，如E、B级绝缘，温度超限10 °C，其寿命将下降一半。绝缘材料的老化会引发电气设备故障，如接地、短路等，都可能产生严重的不良后果。

第二节 交流电力机车检修工艺过程

一、工艺的概念

1. 工 艺

工艺指人们使用工具进行生产时，将材料加工成产品的工作方法及操作技艺。

对于机器修理行业，工艺就是人们在修理过程中，为达到修理质量标准所采用的技术、方法和手段。

2. 工艺过程的定义和组成

在设备检修过程中，用分解、检查、修复、调整、试验、装配等方法，形成的检修过程，称为检修工艺过程（也称为工艺流程）。

工艺过程一般都由一系列的工序组成，而工序又由工步所组成。工序、工步的定义如下：

工序：在修理过程中，一组（或一个）工人，在一个工作地点，对一零件或一部件所施行的、连续进行的工艺过程。

工步：在检修过程中，当使用的工具、仪器基本不变时，对一零件或一部件所完成的一部分连续工作。

在检修工作中，由于工作种类十分复杂，工序之间以及工序与工步之间的界限不是十分绝对的。在实际工作中，工序、工步的划分一般是根据其定义并考虑人员的分布、工作位置和工具设备等因素进行的。

二、交流电力机车检修生产过程

交流电力机车按规定的检修周期进行检修，在机务段或工厂进行。交流电力机车检修生产过程包括待修交流电力机车送至厂、段直至修竣后的全部过程。交流电力机车高级检修（C5、C6检修、一般在检修工厂进行）的生产过程，包括以下部分：

（1）接车鉴定；
（2）各系统分解；
（3）交流电力机车分解，根据作业计划将交流电力机车分解成零部件；
（4）零部件的清洗、检查，并确定其修理范围；
（5）修理零件和部件；
（6）交流电力机车组装及落车；
（7）交流电力机车试验及调整；
（8）整备及用户接车。

根据交流电力机车零部件修理作业方式的不同，把交流电力机车修理工艺过程分为现车修理（即不换件修理）与互换修理两种类型。

（一）现车修理工艺过程

现车修理是指待修车上的零部件，经过修理消除缺陷后仍装在原车上，而不进行零部件互换的修理方式。

检修前的首道工序是交流电力机车分解和车辆分解。车辆分解的范围应根据修程及技术状态来进行。现车修理的工艺过程如图 2.12 所示。

现车修理作业方式中，除报废零件从备品库领取外，其他零件均待修竣后装回原车。现车修理常因等待待修零件而延长交流电力机车停修的时间。现车修理的优点是不需要储备过多的备用零件。这种方法主要用来修理交流电力机车数量不大的情况。

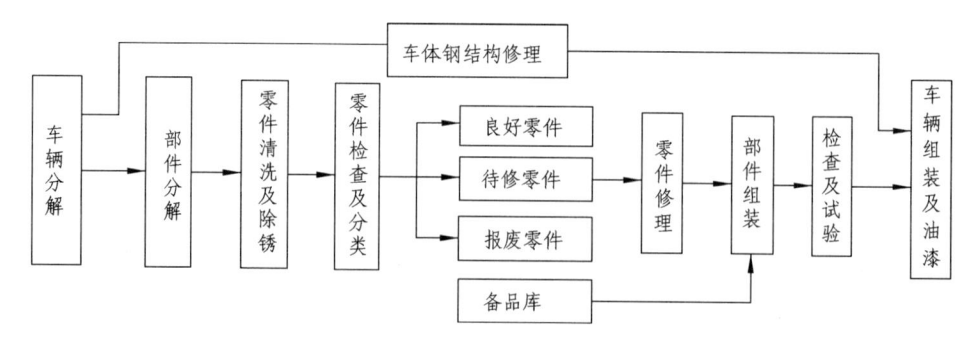

图 2.12 现车修理工艺过程

（二）互换修理工艺过程

交流电力机车定期修理中普遍实行的互换修理，是指从待修交流电力机车上分解下来的零部件，修竣后可组装于同车型的任何检修车上，而并非一定装于原车，这种作业方式能大大缩短检修停时，提高修车效率和效益。

图 2.13 为交流电力机车互换修 C6 级检修工艺过程。互换修理在交流电力机车修理工厂内进行。

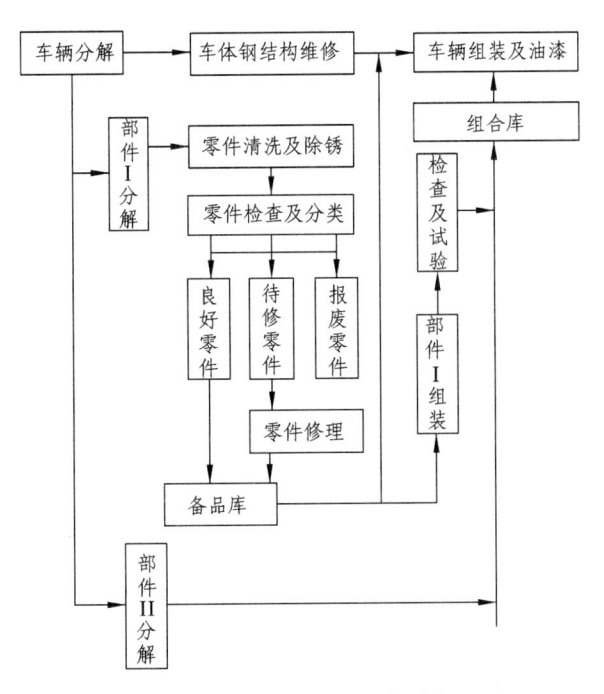

图 2.13 互换修理工艺过程

三、检修技术文件

根据零部件的技术要求，结合厂（段）的实际情况，并考虑各种因素，将最合理的技术要求、操作方法和程序等，用图、表、文字形式表示出来，并以文件的形式加以规范。这些技术文件就叫工艺文件。交流电力机车检修技术文件通常有如下几种：

1. 检修规程

检修规程是交流电力机车检修的质量标准，具有强制性。主要规定交流电力机车检修的技术要求、检修限度、各修程的备件互换范围等。它一般是按照修程编制。

2. 检修工艺

检修工艺是交流电力机车和零部件修理的作业标准。它规定了使某一修理对象达到该修理技术标准和要求的修理方法和程序。检修工艺应依据有关部门颁布的检修规程、图纸、技术条件以及各级技术标准来编制。检修工艺应对质量标准、工艺装备和机具、检测器具、作业环境、重点作业方法和作业要领等做出明确的规定，应广泛采纳新技术、新材料和先进技术装备。

工艺必须得到严格的执行。

3. 操作性工艺文件

操作性工艺文件是具体指导工人进行生产的工艺文件。它针对检修一个具体零部件的全部工艺过程按工作步骤一条一条列出，以具体指导工人操作，如作业手册。

第三节　交流电力机车分解、组装及清洗

交流电力机车检修，一般的工艺过程为：交流电力机车分解、零部件清洗、零件检验、零件修复、组装为部件及整车、交流电力机车试验及交车。

一、交流电力机车分解

交流电力机车分解是指把交流电力机车零部件从交流电力机车上拆卸下来的工艺过程。分解是检修过程的第一道工序，分解也称解体。从交流电力机车解体下来的零部件，绝大多数都要重新使用，因此，要重视分解工作，避免在分解过程中对零件造成损伤。

（一）分解的一般性原则和要求

（1）分解前必须弄清楚设备及部件构造和工作原理。主要清楚零件结构特点、零件之间的联接和配合关系。

（2）分解前做好准备工作。主要包括：分解场地的选择、清理；拆卸，断电、擦拭、放油；对电气、易氧化、易腐蚀的零件进行保护。

（3）使用正确的分解方法，保证人身和设备安全。分解顺序一般与装配顺序相反，先拆外部附件，再将整机拆成总成、部件，最后全部拆成零件，并按部件分类放置。

根据零部件联接形式和尺寸规格，选择合适的拆卸工具和设备。有些拆卸还要采用必要的支承和起重设备。

（4）对轴孔装配件应坚持拆与装用力相同的原则，以防止零件碰伤、拉毛甚至损坏。热装零件需用加热来拆卸。

（5）拆卸应为装配创造条件。做好必要的记录和标记，避免误装。细长零件要悬挂存放，防止弯曲变形。精密零件要单独存放，注意做好对精密结合件的防护，以免损坏。细小零件要注意防止丢失。对不能互换的零件要成组存放或打标记。

（二）常用拆卸方法

（1）击卸法。利用锤子或其他重物在零件上敲击，使零件拆下。

（2）拉拔法。对精度较高不允许敲击的零件采用此法。采用的工具为专门拉拔器。
（3）顶压法。利用机械和液压压力机或千斤顶等工具和设备进行拆卸，适用于形状简单的过盈配合件。
（4）温差法。对尺寸较大、配合过盈量较大或无法用顶压等方法拆卸的零部件，可用此法。
（5）破坏法。若必须拆卸焊接、铆接等固定联接件，或为保存主件而破坏副件，可采用锯、钻、割等方法。

（三）交流电力机车分解过程注意事项

（1）要严格遵守工艺规程及操作性工艺文件要求。
（2）交流电力机车上一部分零部件的公差配合要求较高，具有严格的相对位置且不可互换。对于这种必须对号入座的零部件，分解时须严格注意。制造和检修时，都会在这些零件上打上相互配合的钢号和标记，因此解体前应先核对记号，记号不清者应重新标上，以免将来组装时发生混淆。
（3）有些零部件在运用中发生的运动间隙、相互位置的变形，如轴的横动量、齿轮啮合间隙，只有在组装状态下才能测取，解体后已无法检查、测量。因此，解体前必须对这些主要的、必要的参数进行测量、记录，为检修工作提供依据。
（4）设备上一些调整垫片，重新调整选配比较麻烦，如这些垫片无损坏，为了组装调整的方便，分解时可将每组垫片做好记号，分别存放。

二、交流电力机车装配

交流电力机车装配是把零件按照工艺装配规程要求组装成交流电力机车的整个工艺过程。装配对交流电力机车性能和使用寿命有非常大的影响，即使所有零件都合格，装配不当，也不能组装出合格的交流电力机车。装配包括部件组装和总装配，其顺序为组件、部件装配、总装配。

交流电力机车装配过程要严格遵守装配工艺规程及操作性工艺文件。若装配不当，将影响交流电力机车各部分固有的可靠性，导致每做一次定期检修后，就会出现一段故障高峰期。

（一）装配工作一般要求

（1）对零部件要进行检验，坚持不合格的零部件不许进行装配的原则。
（2）对零件进行清洗，对摩擦表面进行润滑。
（3）装配工作必须按一定的程序进行，一般遵循：先下部零件，后上部零件；先内部零件、后外部零件；先笨重零件，后轻巧零件；先精度高的零件，后一般零件。
（4）要选择合适的装配工具和设备，尽量采用专用工具和机动工具。

(二)装配工艺过程

基本包括三个环节：装配前的准备，装配，调试（调整和试验）。

交流电力机车装配生产的组织形式为固定式装配。固定式装配是在一个地点进行的集中装配，分为部件装配和总装配。目前交流电力机车都是采用固定式装配形式。

三、交流电力机车清洗

(一)清洗的目的与要求

交流电力机车经过长时间的运转，各部分均有不同程度的油污、积垢、锈蚀等堆积在零部件的内外，如不清洗干净，将给下一步的检修工作带来很大困难，使一些隐蔽的缺陷、损伤不能被发现而造成漏检、漏修，可能会导致严重的后果。因此，清洗工作是检修工作中不可缺少的一道工序。

交流电力机车零部件的清洗对象是各种各样的，对机械部分而言，主要指除去零部件表面的油污、积尘、水垢、锈蚀、沙尘等；对电气部分主要是吹尘和除尘。清洗类型有：

（1）外部清洗。主要是对整体设备或部件解体前外部的清洗，以方便分解及发现外部损伤。

（2）零件清洗。解体后针对零件的彻底清洗，以方便对零件作进一步的检查或修复。

（3）修理过程中的清洗。在修理过程中根据修理工艺的需要对零件进行的清洗。如电镀前先除去零件表面的油脂和氧化膜，使镀层与基体表面结合得更牢固。

（4）组装前的清洗。主要是清除修理过程中带来的污垢、铁屑、杂物，避免带入部件造成损伤。对配合精度要求较高的零部件更应严格清洗。

对清洗工作的一般要求是，在清洗干净的前提下，尽量采用清洗方法简单、清洗效果好、成本低、安全且无损伤基体的清洗剂。

(二)交流电力机车零部件主要清洗方法

1. 机械清洗

（1）手工清除法。包括擦拭，使用利刀、钢丝刷、扁铲除污，用毛刷除尘。

（2）机械工具清理。这种方法多用于清除零件表面的锈蚀、旧漆。清理时用电钻带动金属刷旋转除去表面污物。

（3）压缩空气吹扫。要根据零部件覆盖物性质和厚度来选择压缩空气压力。如牵引电动机一般为 250~350 kPa，转向架及车体底架一般为高压吹扫。

（4）采用吸尘器。主要用于电气装置和电路板灰尘清洁。

（5）高压喷射清洗。高压喷射清洗的特点是：清洗效率高，能除去严重油污和固态油污；特别适合形状复杂的大型工件清洗；既可间歇生产，也可连续生产。高压喷射清洗的原理是：将清洗液用高压泵加压从而产生高速射流喷向工件表面，在工件表面产生冲击、冲蚀、疲劳和气蚀等多种机械、化学作用，从而清除工件表面的油脂、油污、旧漆氧化皮等有害成分。

传送带式清洗机结构清洗形式如图 2.14 所示。

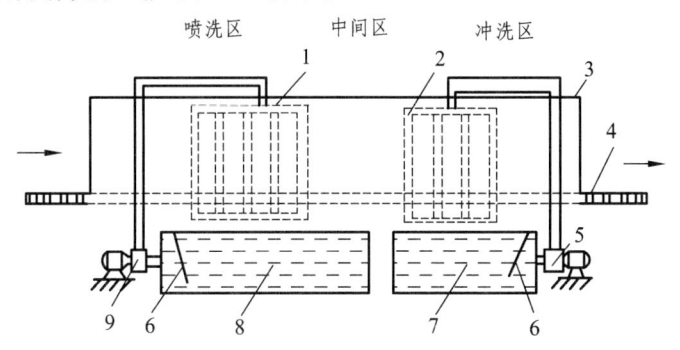

1—热碱溶液喷射装置；2—热水喷射装置；3—机体；4—传送带；
5—热水泵；6—滤网；7—热水槽；8—热碱溶液槽；9—碱水泵。

图 2.14　传送带式清洗机结构示意图

高压喷射清洗的主要工艺参数是压力和流量。提高压力，可以提高清洗效率和清洗质量，但清洗机所用喷嘴、管道、密封质量也要随之提高，会使清洗成本增加。另外，随着工作压力的提高，到达工件表面的射流有可能反弹回去，干扰后继射流，甚至会使清洗液雾化，反倒使清洗效果下降。常用压力为 0.35~0.5 MPa，大型工件可提高至 0.5~1.0 MPa；常用的清洗液有水、水基清洗液。喷射压力与清洗时间的关系如图 2.15 所示。

（6）超声波清洗。超声波清洗是一种效果较好的强化清洗，它能通过冲击波破坏零件表面的积炭和油膜，起到清洁作用。它的特点是操作简单、清洗质量好、清洗速度快，能快速清洗有空腔和有沟槽等形状复杂的工件，而且易于实现机械化和自动化。

超声波清洗的机理是：超声波使液体产生超声空化效应，液体分子时而受拉、时而受压，形成一个微

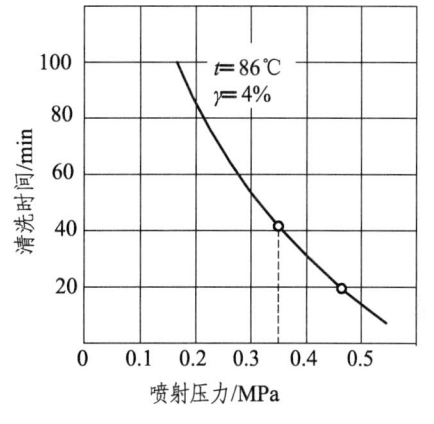

图 2.15　喷射压力与清洗的时间关系

小空腔，即空化泡。由于空化泡的内外压力相差十分悬殊，待空化泡破裂时，会产生局部压力冲击波（压力可达几百至上千个大气压）。在这种压力作用下，黏附在金属表面的各类污垢会被剥落。与此同时，在超声场的作用下，清洗液流动性增加，溶解和乳化加速，从而强化清洗。

超声波清洗的主要规范有：超声波频率、超声波功率、清洗液特性、温度以及零件在超声场中的位置等。超声波频率决定空化泡破裂时产生的冲击波强度，频率通常为 20~25 kHz。对于表面粗糙度要求较低、具有小径孔或狭长缝的零件，应选用波长短、频率高、能量集中的高频超声波。但高频超声波衰减较大，作用距离短，空化效果弱，清洗效率低，而且具有很强的方向性，易使零件某些部位清洗不到。超声波功率对清洗效率有很大影响，大功率适用于油污严重、形状复杂、有深孔及盲孔的零件。但功率太大，会使金属表面产生空化腐蚀。因此应选用合适的功率。

清洗液多采用水基合成清洗剂。清洗液的温度对空化作用有较大影响,提高温度对空化作用有利。但温度过高会使空化泡冲击力下降。因此必须保持一定的温度范围。

2. 物理–化学清洗

这种方法主要是采用各种化学清洗剂,用以软化和溶解金属表面的污垢,并保持溶液的悬浮状态。选择清洗剂时注意不能损伤零件表面,且要考虑经济性,不影响人体健康。常用的清洗剂有碱溶液、酸溶液、有机溶剂和金属洗涤剂。常用的清洗方法有浸洗、煮洗、喷洗、强迫溶液循环和溶剂蒸气法。工艺过程一般为:清洗、冲洗和干燥。主要有以下几种:

(1)碱溶液煮洗。这是一种化学清洗方法。碱溶液成分通常由碱、碱盐和少量乳化剂组成,它利用碱溶液对油脂的皂化作用和乳化作用进行除油、除积炭(积炭不能皂化但可使其与基体产生剥离),高温情况下效果更好。一般煮洗温度在 80~90 °C,根据清洗对象的材质、结构形状与除垢程度的不同,可选用不同成分的配方和煮洗时间,当碱溶液温度为 80 °C 时,碱溶液的浓度(γ)改变时对清洗质量的影响如图 2.16 所示。当碱溶液浓度一定($\gamma = 5\%$)时,改变溶液温度对清洗质量的影响如图 2.17 所示。

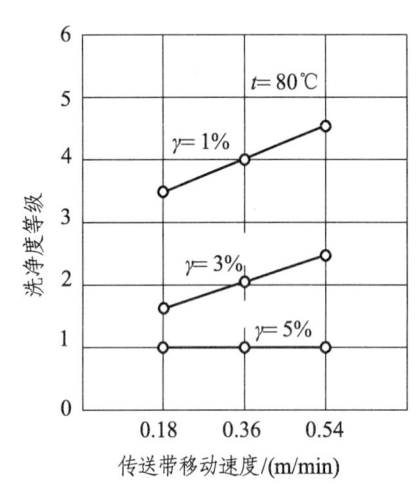

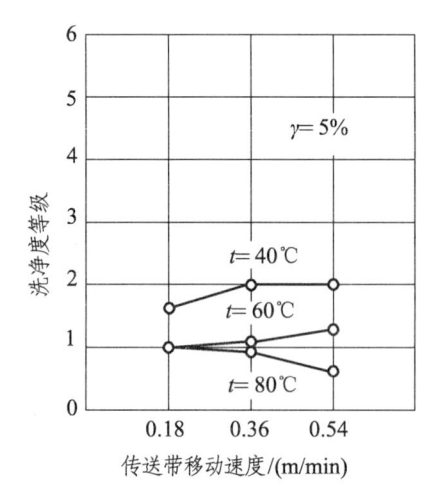

图 2.16 碱溶液浓度对清洗质量的影响   图 2.17 碱溶液温度对清洗质量的影响

碱性清洗液具有价格便宜、操作简单、不会燃烧等优点,但对金属有腐蚀作用,清洗后要用清水冲洗干净。碱溶液煮洗劳动条件差、溶液温度较高,操作时应注意安全。碱溶液煮洗在生产中应用比较广泛,交流电力机车大中型机械类零件多以此种方法清洗。

(2)有机溶剂清洗。有机溶剂是利用其能溶解皂化性油和非皂化性油的特点,将油垢除去。特点是方法简单,除油速度快,效果好,适应性强,基本不腐蚀金属。但有机溶剂大都价格昂贵,具有挥发性、毒性、易燃性,故在生产使用中受到一定限制。常用的有机溶剂:煤油、柴油、汽油、苯、酒精、丙酮类,某些氯化烷烃、烯烃等。

此种方法常用于有特殊要求的清洗,如电器元件、贵重仪表、精密零件。除柴油外,煤油、汽油、酒精、丙酮的用量都很少。使用有机溶剂时,应特别注意通风、防火,防止发生事故发生。

（3）水基清洗。水基清洗也称作金属清洗剂清洗，是一种被广泛使用的工业清洗剂清洗方法。以表面活性剂为主要成分的多组分混合溶剂，可满足不同清洗对象的要求，一般清洗剂与水的配比为5%～95%，可在常温下使用，也可加热使用，可煮洗也可喷洗，清洗剂一般呈弱碱性，对工件表面不会产生腐蚀，且具有节省能源、使用安全、操作条件好、污染少、清洗成本低、适用于机械化和自动化清洗等优点。

（4）气相清洗。主要用于除去污油，它的突出优点是在除油过程中，与工件接触的清洗液总是经汽化后变成干净的清洗液蒸气，从而使工件表面获得较高的清洁度。

蒸气除油的基本原理是：加热清洗液，使之变为蒸气而形成气相区，工件在此区内，黏附在其表面的油脂被蒸气溶解、冲洗，当蒸气被冷凝时，连同油脂、污垢落回到槽内。清洗液随后再经加热汽化为蒸气，蒸气再与工件接触、发生作用，如此循环作业，直至工件被清洗干净。

蒸气除油使用的溶剂有氯乙烯、过氯乙烯、三氯乙烷及四氯化碳等，其中三氯乙烯使用最多。清洗装置如图2.18所示。

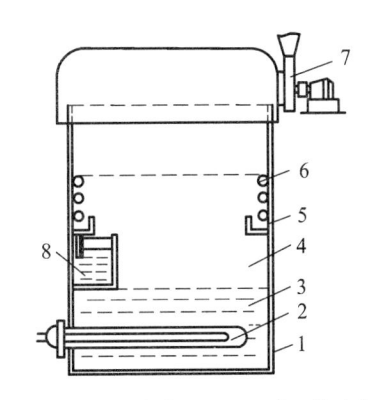

1—清洗槽；2—加热器；3—三氯乙烯液体；
4—三氯乙烯蒸气；5—集液槽；6—冷凝管；
7—通风装置；8—浸洗罐

图 2.18　三氯乙烯蒸汽清洗示意图

第四节　交流电力机车零件的检验

交流电力机车零部件检验是检修过程中的一个重要环节。正确地检验零件的缺陷和故障性质、程度及位置，是交流电力机车修理的前提。零件的检验工作将直接影响交流电力机车的修理质量。

一、检查类型

在交流电力机车检修过程中，一般零件须经过以下三种检查：

（1）修前检查，它是在交流电力机车分解成零部件后进行的。目的在于确定修复工作量，确定零件的技术状态，并将零件分成可用的、不可用的和需要修理的三类。

（2）中间检查，这是在零件修理过程中进行的检验，应用各种检测工具和设备对零件按技术要求进行仔细检查，其目的在于检查经过修理的零件是否符合技术要求，以决定零件的合格程度，避免组装后返工修理。

（3）落成检查，这是部件组成后的性能检测，要核对性能和参数是否符合技术要求，也是较全面系统的检查，检验合格才允许装车和使用。

二、检验内容

零件的检验内容主要包括：

（1）几何精度，即零件的尺寸、形状、位置精度，如直径、长度、宽度、圆度、同轴度、垂直度、平行度等。

（2）表面质量，如粗糙度、零件表面的损伤和其他表面缺陷。

（3）隐蔽缺陷，指零件内部的空洞、夹渣及表面微观裂纹。

（4）零件之间的关系，如配合部位的间隙等。

（5）零件的性能检测，如弹簧的弹力，密封件的漏泄、压力，高速旋转件的平衡、重量等。

（6）电器元件的损伤。

三、常用检验方法

检验工作只有方法得当，才能判断正确。由于被检验对象的不同，检验内容的不同，一般所采用的检验方法也不同。

（一）感官检验法

通过检验者的眼、手、耳、鼻等感觉器官来对被检验零件进行检验，以确定其损伤类别及程度。

（1）目检：用眼睛或者借助放大镜来检查零件表面的状态。例如检查齿轮轮齿的剥落与折断以及透油、透锈等迹象。

（2）听检：从发出的声响和震动判断机械运转是否正常，是动态听检的主要内容。例如工作者用检查锤轻轻敲击检查部位，可听出螺栓或铆钉的联接情况，完好情况发音清脆，有缺陷的零件发音哑浊。

（3）触检：触检可大致判断运转部分零件的温度，油管、水管内液体流速的脉动，也可以通过配合件的晃动量对运动间隙做出粗略的检查。

感观检验法简单、方便，用处广泛，但这种检验方法与工作者实践经验有很大关系，不够精确，一般只作为初检（如日常检查）。对于精确度要求较高的如间隙、圆度等，还必须用量具仪器来测量。

（二）量具仪器检验法

（1）用通用量具、量仪测量零件的尺寸、形状及位置。通用量具和量仪是指游标卡尺、百分表、内外径千分尺、塞尺、压力表、万用表等测量工具，其种类很多，使用也很广泛。零部件的平行度、垂直度、同轴度、对称度、圆度、圆柱度、跳动量、配合间隙与过盈量等诸多形、位误差，均可通过通用量具检测；电器组件的电压、电流等参数值，也可用量仪进行检测。

（2）用专用量规、样板测量形状和尺寸。在实际工作中，经常会遇到一些表面形状用通用量具无法检测的零件，如齿轮轮齿外形、凸轮外形、轮箍外形，这些零件的尺寸和形状用通用量具都不能将其真实性表示得很完整，因此，采用专用样板（或测尺）、专用量规来测量就具有特殊重要的意义。用样板测量不但方法简便，而且误差较少。交流电力机车修理工作中，常见的样板很多，如车轮踏面形状样板等。

（3）用机械仪器检测零部件的性能，如弹簧弹力、平衡重量、严密性、承压能力等性能。

（三）隐蔽缺陷检测法

隐蔽缺陷是指零件内部的空洞、夹渣、微观裂纹等不易发现的损伤，这些隐蔽缺陷像定时炸弹一样埋伏在工件内部，在运用工作中随时会导致故障的产生。因为是隐蔽缺陷，所以检测方法也大都带有探测性质，又称作无损探伤检测。下面介绍几种常用的方法。

1. 荧光探伤法

荧光探伤是利用紫外线对某些物质的激发来检验零件的表面缺陷，主要用于一些较高技术要求和不导磁材料。如不锈钢，铜、铝、镁等合金，塑料和陶瓷等制成的零件。

物质的分子可吸入光和放出光能，即每一个分子能吸收一定数量的光能，反之也可以放出一定数量的光能。分子在正常情况下，具有一定的能量，若分子所具有的能量较正常情况下为大时，则该分子处于受激状态。要把分子从正常状态转为受激状态，需要消耗一定的能量，这种能量称为激发能。荧光探伤的原理就是利用紫外光源照射某些荧光物质，使这些物质转化为受激状态，于是向外层跳跃，而处于不平衡状态的分子要恢复到平衡状态时，就会放出一定的能量，这个能量是以光子的形式放射出来，放射出来的可见光称为荧光。

荧光探伤时，将经过去脂除油的零件浸入荧光渗透剂或涂上一层荧光渗透剂。经过10～30 min，渗透剂就渗入到最细微的裂纹中。从零件表面上擦去渗透剂，用冷水清洗吹干，再涂以具有良好吸收性能的显像剂，从而将荧光剂从零件缺陷中吸附出来。荧光渗透剂在紫外光源的照射下会发出鲜明的本身固有的辉光，即荧光。根据荧光就可以确定缺陷的形状和所在位置。荧光探伤仪主要由紫外光源组成。荧光剂由二甲苯二丁酯、二甲苯、石油醚、荧光黄和增白剂组成。显像剂由苯、二甲苯、珂洛酊、丙酮、无水酒精和氧化锌组成。

荧光探伤由于设备简单，成本低廉，使用方便，可用于各种材质，故获得较为广泛的使用。

2. 涂色探伤法

涂色探伤法也是一种探测零件表面裂纹的简便方法，和荧光探伤相仿，也是利用液体渗透原理，只是不用紫外线照射，方法更为简便。

涂色探伤的工艺方法是：先将零件表面去脂除油，然后再涂上一层渗透液（一般为红色），零件表面若有裂纹，渗透液即渗入，10～20 min后将零件表面擦净，再涂以乳化液，稍后擦净再涂以一层吸附液（一般为白色）。由于吸附液的作用，裂纹处的红色渗透液即被吸出，即可显示裂纹。

渗透液由红色颜料（如苏丹红三号）、硝基苯、苯和煤油组成，吸附液则由氧化锌、珂洛酊、苯和丙酮组成。

涂色探伤和荧光探伤一样，不受零件材质的限制，方法简便，反应正确，但只能发现表面缺陷。几乎不受材料的组织或化学成分的限制，在最佳检验条件下，能发现的缺陷宽度约为 0.3 μm，能有效地检查出各种表面开口的裂纹、折叠、气孔、疏松等缺陷。

3. 电磁探伤法

电磁探伤检验能比较灵敏地查出铁磁性材料（铁、钴、镍、镝）以及它们的合金（奥氏不锈钢除外）的表面裂纹、夹杂等缺陷。对于表面下的近表缺陷（2～5 mm 以内）在一定条件下也可查出。在最佳检验条件下可检出长度 1 mm 以上、深度 0.3 mm 以上的表面裂纹，能检查出的裂纹最小宽度约为 0.1 μm。

1）电磁探伤的基本原理

电磁探伤的基本原理是利用缺陷所引起的材料中导磁率的改变来发现缺陷。众所周知，电磁材料所制成的零件，如果把它磁化，那么该零件就有磁力线通过。如果该零件材料组织均匀，那么磁力线的分布也是均匀的，也就是说各处的导磁力均相等。如果零件内部出现了缺陷，如裂缝、气孔、非磁性夹渣等，那么磁力线通过时，将遇到较大的磁阻而发生弯曲现象。如果缺陷接近于零件表面，磁力线还会逸出缺陷而暴露在空中，形成所谓漏磁通。散逸的磁力线向外逸出，而后又穿入零件，所以在缺陷两侧磁力线出入处即形成局部磁极，如图 2.19 所示。

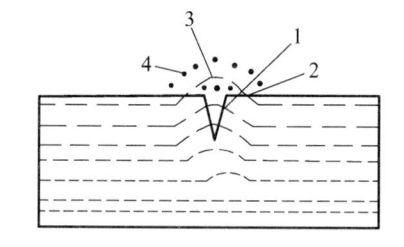

1—裂纹；2—局部磁极；3—漏磁通；4—铁粉。

图 2.19 因裂纹而出现的漏磁通

如果在零件表面撒以磁粉，那么这些磁粉就会很快地被吸集在裂缝处，顺着裂缝形成一条黑线。根据黑线位置，便可确定裂纹位置。由于裂纹的长度和深度不同，磁力线外逸程度也不相同，吸聚的磁粉粗细也不一样，因此，从吸聚的铁粉黑线形象，便可大致判断裂纹的深度和长度。

2）电磁探伤方法

先将零件表面上的锈蚀、油垢、灰尘及水分除净，露出金属本色，再确认探伤器是否良好（将一有裂纹的样板作为检验对象，观察显示是否清晰来确认探伤器是否灵敏），然后即可正式操作检测。金属内部的缺陷大小、位置、方向会直接影响磁力线的分布，当缺陷方向与磁力线垂直时，磁力线弯曲程度最大，如图 2.20 中 1 所示；缺陷靠近表面，也会引起少量磁力线外逸，如图 2.20 中 2 所示，而当缺陷方向与磁力线相同（平行）时，弯曲变化很小，不易发现，如图 2.20 中 3 所示。因此在探伤操作时，要采取不同的磁化方法，使形成的磁力线与裂纹走向垂直或成一定的夹角。探伤时，如果发现有磁粉聚集成线状，应将铁粉擦净，再度探查、确认。

检查零件的纵向裂纹时,可将零件直接通电。如图 2.21 所示,将一芯棒(用铜或铝)通电,使芯棒通过空心零件并靠近零件表面。如图 2.22 所示,利用电流周围的磁场在零件上产生一个周向磁场。这种方法称为周向磁化法。检查零件的横向裂纹时,可用电磁铁或通电的螺管线圈在零件上产生一个纵向磁场,如图 2.23 和图 2.24 所示。这种方法称为纵向磁化法。采用直流纵向和交流周向同时磁化的复合磁化法内摆动的磁场,同时检查出不同方向的缺陷。

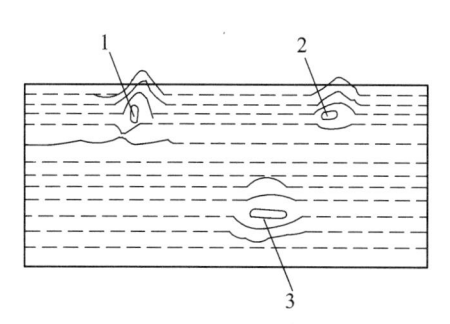

1—横向裂纹;2—靠近表面的气孔;
3—纵向裂纹。

图 2.20 金属存在缺陷时磁力线的分

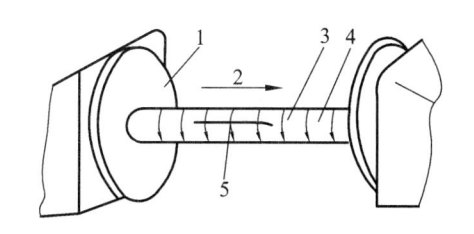

1—夹头;2—磁化电流方向;3—磁力线方向;
4—被检零件;5—铜棒;6—裂纹。

图 2.21 零件直接通电周向磁化法示意图

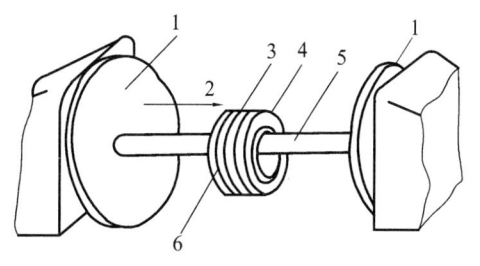

1—夹头;2—磁化电流方向;3—磁力线方向;
4—被检零件;5—缺陷(裂纹)。

图 2.22 芯棒法周向磁化示意图

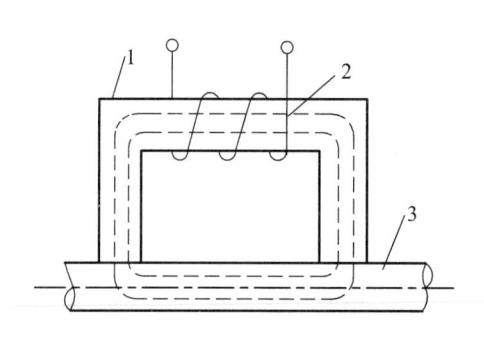

(a)零件置于固定线圈内
1—电磁铁;2—线圈;3—工件。

图 2.23 用电磁铁纵磁化

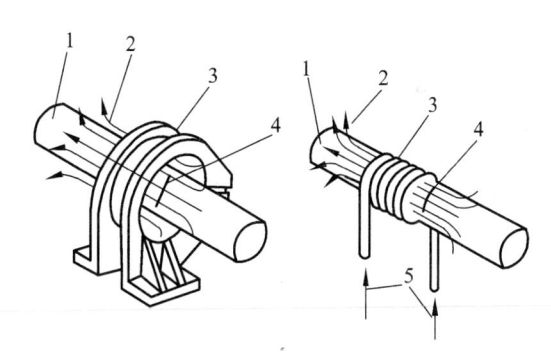

(b)在零件外绕线圈
1—零件;2—磁力线;3—线圈;4—缺陷;5—电流。

图 2.24 螺管线圈纵向磁化法示意图

检验时,可以在对零件进行磁场磁化的同时喷洒磁粉,也可以利用零件剩磁进行检验。剩磁法可用于检验剩磁大的零件,如高碳钢或经热处理(淬火、回火、渗碳等)的结构钢零件;当用交流磁化零件时,在不控制断电相位的情况下,有时剩磁很小,会造成漏检。

喷洒磁粉分为干法(即干磁粉)和湿法(即磁悬液)两种,干法对零件表面缺陷检出能力差,但结合半波直流电对零件外加磁场法检验时,可显示出较深的内部缺陷。湿法容易覆盖零件表面且流动性好,对检查表面微小缺陷灵敏度高。

磁悬液分为油磁悬液和水磁悬液。油磁悬液常用 40%~50% 的变压器油与 50%~60% 的煤油混合。磁粉含量 15～30 g/L。水磁悬液中常加入浓乳、亚硝酸钠、三乙醇胺等成分。

磁粉有黑色（主要成分是 Fe_3O_4）、红褐色（主要成分是 Fe_2O_3）等。荧光磁粉和某些有色（如白色）磁粉是采用磁性氧化铁或工业纯铁粉为原料在其上包覆一层荧光物质或其他颜料而成。采用各种有色磁粉是为了增强磁粉的可见度及与零件表面的衬度。荧光磁粉与非荧光磁粉相比，在紫外线灯照射下，缺陷清晰可见，工作人员眼睛不易疲劳，不易漏检。荧光磁粉若配备光电转换装置，可实现自动或半自动化检验。国外目前多采用荧光磁粉。

缺陷的尺寸、位置（是否与磁力线垂直）及距表面的深度，对于探伤效果有显著的影响。如图2.25所示，对于不同裂纹宽度能被发现的深度范围，只有在图示曲线以下的缺陷才能被电磁探伤器查出。另外，不规则的零件外形也会使磁力线分布不均匀，因此，应根据零件外形选用不同形式的探伤器。常用的探伤器有马蹄形和环形。

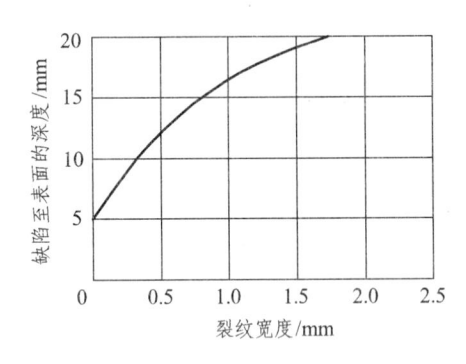

图 2.25 电磁探伤器对于不同裂纹宽度所能发现的深度范围

零件经电磁探伤后，多少会留下一部分剩磁，必须进行退磁，否则，零件在使用过程中会吸引铁屑，造成磨料磨损。最简单的退磁方法是逐渐地将零件从交流电的螺管线圈中退出，或直接向零件通以交流电并逐渐减小电流强度直到为零。但采用交流电退磁时，仅对零件表面有效。所以，用直流电磁化的零件仍应用直流电退磁。向零件通以直流电退磁时，应不断改变磁场的极性，同时将电流逐渐减到零。

电磁探伤具有探测可靠、操作简便、设备简单等优点，因此在内燃交流电力机车检修探测工件中应用最为广泛。

4. 超声波探伤法

一般情况下，人耳能听到的频率为 50～20 000 Hz，频率大于 20 000 Hz 的声波称为超声波。用于探伤的超声波，频率一般为 0.4～25 MHz，其中用得最多的是 1～5 MHz。由于超声波的波长比可闻声波的波长短，所以它具有类似光直线传播的性质，并且容易发现材料中微小缺陷的反射。

1）超声波探伤原理

超声波探伤是利用超声波通过不同介质的界面，产生折射和反射现象来发现零件内部缺陷的。它不仅可以探测金属及非金属材料缺陷，还可以测定材料厚度。超声波探伤具有灵敏度高、穿透力强、检测灵活、结构轻便、对人身无害等优点，而且现代超声波探伤已逐步向显像法及自动化方向发展。检修工作中主要应用超声波探伤的脉冲反射法和脉冲穿透法。

2）超声波探伤方法

超声波探伤大致分为两种：一种是将声波发射到被检零件，接收从缺陷反射回来的声波；另一种是测定声波在零件中的衰减。目前生产中应用最多的是脉冲 A 型反射显示法。它是用荧光屏上反射波的波高来确定缺陷大小；用反射波在横轴（称为距离轴）上的位置来确定缺陷的位置；根据探头扫描范围来确定缺陷面积等。如图 2.26 所示为其工作原理。

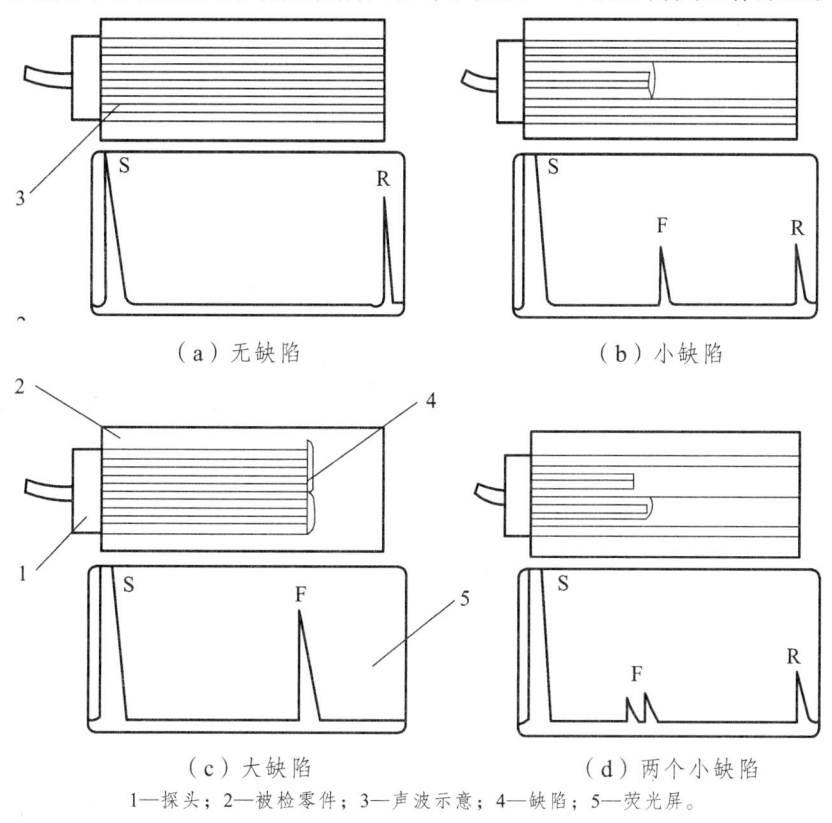

（a）无缺陷　　　　　　　　　　（b）小缺陷

（c）大缺陷　　　　　　　　　　（d）两个小缺陷

1—探头；2—被检零件；3—声波示意；4—缺陷；5—荧光屏。

图 2.26　超声波探伤 A 型显示原理

探伤时将探头放到零件表面上，为了更好地传播声波，通常用机油、凡士林或水作为传播介质。探头发出超声波并穿过零件，在底面反射后，再穿过零件，又回到同时作为接收用的探头。在仪器荧光屏上与发射脉冲 S 相距一定的距离内出现了所谓底面反射波片。发射脉冲和底面反射波之间的距离与声波穿过零件的时间是相应的。根据零件中存在的缺陷的大小，相应的缺陷反射波 F 直接在缺陷处返回，而不能到达底面。缺陷的反射波位于底面的反射波和发射脉冲之间的位置，和缺陷在零件中探伤面和底面之间的位置是相对应的。因此可以很容易地算出缺陷在深度方向的位置。

当超声波碰到缺陷时，就在那里反射和散射，但当这些缺陷的尺寸小于波长的一半时，由于衍射作用，波的传播就与缺陷是否存在没有什么关系了。因此，超声波探伤中缺陷尺寸的检测极限为超声波波长的一半。

超声波频率越高，方向性越好，就更能以很窄的波束向介质中传播，这样就容易确定缺陷的位置。而且，频率越高，波长就越短，能检测的陷缺尺寸就越小。然而频率越高，传播时的衰减也越大，传播的距离就越短，故探伤时频率应适当选择。

超声波探伤除了 A 型显示外，还有 B 型显示、C 型显示、立体显示、超声波电视法及超声全息技术等。B 型显示可以在荧光屏上观察到探头移动下方断面内缺陷分布情况，此法目前多用于医学上检查人体内脏的病变。C 型显示以亮度或暗点的不同在荧光屏上显示探头下方是否有缺陷，即显示缺陷的投影，近来已有用颜色（如蓝、绿、红）显示缺陷深度的方法。立体显示是 B 型和 C 型的组合。

超声波检验主要用于探测内部缺陷，也可用于检查表面裂纹。尽管超声波探伤具有很多的优越性，但也有不足之处。如对于形状稍复杂工件内部的微小缺陷不易查出；表面要求平坦、缺陷分布要有一定范围等等。当遇有这种情况时，应选用其他探伤方式加以弥补。

5. 射线探伤法

射线探伤法就是利用放射线对金属有相当的穿透能力来检查零件内部缺陷。

1）X 射线探伤

采用 X 射线检查零件时，如果光路上遇有空隙（裂纹、气孔等），那么在缺陷部位的射线投射率就高，透过的射线就强。若用透视法，在荧光屏上就会有比较明亮的部分，亦即缺陷的位置和大小。如图 2.27 所示，为 X 射线探伤的原理图。可用照相法把影像记录下来。

利用 X 射线检查金属的最大厚度一般为 80 mm。

2）γ 射线探伤

γ 射线与 X 射线探伤相仿，只不过用放射性元素或 γ 射线发生器来代替 X 射线管，原理如图 2.28 所示。γ 射线的放射源，不论是天然的还是人造的，都广泛用于金属内部缺陷的检查。γ 射线的穿透力更强，它可以检查厚度为 150~300 mm 的金属。

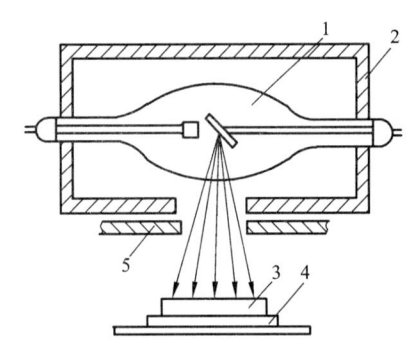

1—射线管；2—保护壳；3—工件；
4—荧光屏或有暗匣的软件；5—隔板。

图 2.27　X 射线探伤

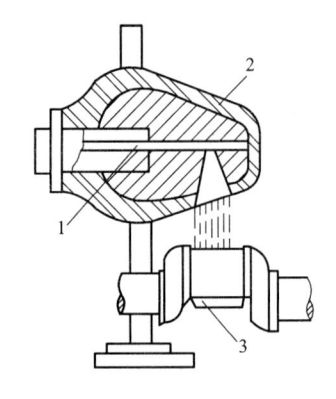

1—同位素；2—铅护壳；3—底片。

图 2.28　γ 射线探伤

四、电气部件的检测

电气部件的检测通常有两方面内容：一是常规检测，如交流电力机车各级检修有关电气部件的检测，具体有开关操作试验、线路绝缘与损伤检查、电器外观及安装等；二是电气部件与设备出现故障的检测。下面主要针对第二方面进行讲述。

(一) 电气故障检测的基本步骤

电气故障类型主要有短路、开路、接地、机械故障等。当出现故障时，通常通过三个步骤来完成电气部件的检测，从而为电气故障检修提供依据。

第一步是故障现象分析，首先通过与设备的正常工作情况进行对比进行故障识别，用视觉或听觉来判断显示器所指示的性能是否正常。

第二步是故障原因分析，通过现象分析，确定出故障或不工作的元器件，分析可能产生问题的原因。

第三步是故障确定，对比可能产生问题的原因，进行一一排除，确定最终故障部位。

通过以上三步即可完成电气部件故障的检测，而确定故障部位是检测电气部件故障的最终目的。

(二) 电气部件故障检测的主要方法

1. 确定故障范围

大多数电气设备都由若干单元组成，每一单元都有确定的功能。确定故障范围即是确定故障位置或者故障部件处。为了准确地查找故障，必须预先判断功能块和各种症状之间的相互关系。这一工作涉及功能方框图、电路原理图和印刷电路板元件布置图。功能方框图给出电气设备中各单元的功能关系，这是故障分析的主要信息来源。电路原理图给出电子设备中所有部件及其功能关系。印刷电路板元件布置图给出电子元件间的实际关系及其在设备中的具体位置，在故障定位和排除故障时最为有用。

确定故障时，可以按以下步骤进行：

(1) 外观检查。

判断故障位置首先要对设备进行完整的检查。检查被烧坏的熔断器、失效或变色的元件、断开的电线、断裂的印刷电路连接导线、冷焊点、发出异常气味的变压器、腐蚀现象、过热的元件和漏电的电解电容器等所有出现问题或不正常工作的元件。通过彻底的外观检查，通常能够看出一些值得注意的故障。

(2) 电源状态和静止状态检查。

电源状态的检查，应针对工作在正常负荷下的所有电源。它们的电压电平应正常，即使必须切断电源输出而插入一个假负载，也应在负荷状态下检查电源。

对于模拟设备或数字设备的模拟部分，应检查模拟电路的静态，即设备已通电但无信号输入的状态。因为若静态不正确，信号将不能被适当处理。数字设备常常可以在复位状态下进行检查，观察它的初始状态是否正确。

(3) 故障电路分割。

基本分割技术利用方框图或电路原理图把故障确定到某一功能区。分割技术提供了一种手段，以便把故障范围缩小到某一电路群，然后再到某一电路。症状分析和信号跟踪法可与分割法一并使用，也可作为分割技术的一部分。

选择便于测试的位置是下一个需要考虑的因素，原则上测试点可以是线路中任何节点。通常测试点选择在一个便于接近的插孔、插头，或一些重要的工作电压点或电路信号连接点。另一个要考虑的因素是过去检修经验和设备的故障记录。经验因素可帮助决定首先测试哪一个电路群。相同或类似设备的故障检修记录和故障概率分析，对第一测试点的选择有一定的帮助。

（4）部件交换。

将好的印刷版或组件、元件换到系统中以确定故障的方法称之为部件交换法。当电路中有可替换部件时，确定故障范围的过程与上述方法有所不同。现今电子设备趋向于采用可替换部件的结构，如印刷电路板可用插头插入，或用少量的焊接点接入。检查这样的设备，可顺序替换组件或电路板，直到查清故障在哪一部件为止。

当设备需要迅速恢复工作时，替换已经失效的部件是可行的有效的方法，它能使现场维修工作时间缩到最短，然后在某个时候从容地找出故障部件中的故障元件。

2. 查找故障电路

查找故障电路进行电路测试的主要方法如下：

（1）从后向前。

从后向前仅仅是在进行动态测量时从输出部分向输入端方向进行检查，直到发现正确的信号（对数字设备则为代码），这时下一级电路就可能是有故障的电路。

（2）信号注入。

当一个有故障的电路影响到前一级的输出或使设备没有正常输入时，故障查找用信号发生器将信号注入该设备，这个信号应尽可能与正常信号接近。当所测电路需要一个叠加在直流电平上的交流信号时，应使用函数信号发生器上的位置控制器，以便提供一个有限的直流电平。如果直流偏置调节范围不够大，可以利用分压器和电容器来获得所需的直流偏置。

（3）中点分开。

中点分开是指在一个多级复杂电路的中点处检查其输出，并依次在每次余下的电路级的中点处进行检查。此法最适用于各级独立串联的设备，如无线电接收机和发射机。

（4）断开环路。

具有反馈环路的电子系统除非将环路断开，否则很难找出故障。而且必须在反馈环路断开的地方注入适当的直流电平或信号，然后监测整个电路上的电压和信号是否有错误。可以改变在环路断开点注入的电压或信号，以检查对整个电路的变化是否有适当的响应。在正常情况下，环路应在便于注入低功率信号的地方断开。

（5）旁路。

在检查可疑现象时可以取下某些电路元器件。在其他情况下，需要将整个电路板的电源断开，以便检查电压和进行其他的测量，同时观察该电路板对整个运行系统的影响。

（6）桥接。

当怀疑一个元器件损坏时，可以跳过电路中怀疑损坏的元器件而跨接一个已知的正常元器件，如果电路开始正常工作，没问题，那故障就找到了，这就是桥接。不过桥接仅限于开路元器件，而不能用于短路元器件。桥接一个短路元器件毫无效果，还有可能损坏新元器件。

（7）隔离。

复杂系统一般都是由逻辑子系统设计而成的，整个系统可能太复杂而不能立即确定故障，但是每个子系统通常可以独立采用前述方法之一来检查。当发现有故障的子系统后，该子系统又可以采用前述的方法来查找具体的故障。所有子系统故障确定后，整个复杂系统的故障也就确定了

（8）信号和波形的比较。

为了识别错误的输出，可以将电路中信号路径上的实际信号或波形与能正常工作的电路输出进行比较，或将输出与维修手册中的波形（位组合形式、状态序列、存储器影像图或数字设备的时序图）作比较。这种方法对数字设备和以微处理器为基础的设备特别有价值。

该法用监测装置考察各测试点的信号。监测装置包括频率计、示波器、万用表等。首先应在一固定点上加入信号，信号可以用外部仪器产生，也可以利用设备中的正常信号。然后用监测装置的输入探头，在测试点上逐点测量。

（9）集成电路和插接件故障。

电子设备中集成电路被广泛使用。在使用集成电路和可以更换模块的电子设备中，故障只能确定到组件或模块，不能确定到集成电路内的某一电路（或单个元件）。没有进一步检查集成电路内部故障的必要。固态密封电路组件和集成电路一样，多数只能整片或整个电路一起更换。

3. 确定故障位置

确定故障位置是指借助测试仪器对故障电路各个支路和节点进行测试，识别和确定故障直至查出有故障的元器件。

查到故障电路后，确定故障的第一步是凭直觉来进行一次初步检查。例如，电阻或有填充物（油或蜡）的元件，如电容、线圈和变压器等，可用视觉和嗅觉查到。元件过热，如晶体管的管壳发热，可以利用触觉很快查找出来。也可以用听觉来检查导线与导线之间、导线和机壳之间的高压打火，听变压器有无交流声也是一种检查变压器过载的方法。

若直观检查不能确定故障位置，则需要进行电路测试。电路测试的第一步是分析电路或有源器件的输出波形，如对波形幅度、持续时间、相位和形状进行的分析，对波形的分析常常可以正确地指出有故障的支路。故障症状和波形有一定的关系，电路完全毁坏时，通常会导致无波形输出，电路性能差会导致波形差或失真。

在进行了波形分析之后，下一步是在有源器件的节点上进行电压测量。在波形不正常的地方，测量应特别留心，在这些地方大多数情况下电压都不正常。说明书或电路图会给出有

关电压信息，这些信息包含控制位置、典型电压值等。在某些设备的维修说明书中，电压和电阻的相互关系及其实际位置是画在一起的，测量时要找出准确测量位置。将实际测试的电压值和说明书给出的正常值相比较，有助于找到有故障的支路。为了安全起见，测量前应将电压表量程置于最高档，依电压高低顺序进行测试。

若用波形和电压测量方法没有找到故障位置，还需要进行的工作是测量电阻值。做完波形和电压测量之后，在有源器件的相对点上进行电阻测量常常有助于查找故障，可疑元器件常常通过电阻测试或对可疑支路点与点之间的电阻测量而被发现，特别是当发现该点波形和电压不正常时，更是如此。电阻测量应在不加电压的状态下进行，可以测量有源器件各引出脚对地（或机壳）的电阻，也可以测量电路中任何两点之间的电阻。对于可变电阻的测量，应将其置于某一特定的位置，这时所测的读数才能与说明书所标示的读数近似。所以在测量可变电阻时，位置一定要调准确。在进行固态电路的电阻测量时，应注意元件特性，例如三极管的PN结相当于一个二极管，当PN结上加正向偏压时，二极管导通，测量到的是正向结间电阻。测量任何电路中的电阻之前，应检查一下滤波电路是否已放电，并在严格地按照安全规程操作的前提下，遵循说明书中所给出的各种要求进行。

4. 电气部件及设备温度诊断方法

温度诊断，尤其是红外温度诊断，是电气设备状态监测与故障诊断中常用的有效方法，通过定期对电气设备、输电线路等设备和接头进行热像监视，测量其温度变化和温度分布，可以有效地确定运行的电力设备上的外部热缺陷和内部热缺陷。在高压绝缘工具的红外热像动态检测诊断和寿命预测方面也取得了显著成效。

正常运行的电力设备由于电流、电压的作用将发热，这种发热主要包括电流效应引起的发热（反映在载流电力设备中）和电压效应引起的发热（常反映设备内部损耗的变化）。比如电阻损耗增大的发热属于电流效应引起的发热；由于绝缘介质的劣化、老化、受潮等因素引起介质损耗的增大，所产生的发热属于电压效应引起的发热。

当电力设备发生缺陷或故障时，缺陷部位将发生明显变化，尤其电流效应引起的发热可能急剧增加。例如，电气元件接触不良故障将使接触电阻增加，当电流通过时发热量增大而形成局部过热。相反，整流管、可控硅等器件存在损伤时将不再发热，从而出现冷点。

因此，应用红外技术监测输电线路、供电设备、发电设备，采用红外热像仪扫描，可以对高压电线的电缆、接头、绝缘子、电容器、变压器等电气设备的故障进行探查。

五、交流电力机车故障诊断技术

（一）交流电力机车故障诊断的意义

现代故障诊断技术就是采用检测技术装备，在设备不解体或运转的情况下，获取其有关技术信息，以判定设备技术状态是否处于良好、正常、劣化、故障的技术。

随着科学技术的发展，交流电力机车装备故障诊断技术的应用范围越来越广泛，诊断技术本身的领域也非常宽广，近代已经发展成为一门独立的应用科学，因此，交流电力机车故障诊断系统有着极为重要的作用，例如，通过故障诊断系统能够提高交流电力机车运行的可靠性和安全性，为交流电力机车维修提供重要的依据，可检测、显示、记录、存储和分析数据，同时可以为交流电力机车的改进和发展提供依据。

（二）状态监测与故障诊断技术的内容

状态监测与设备故障诊断技术一般是指机械在不拆卸的情况下，用仪器、仪表获取有关参数和信息，并据此判断机械运行状态的技术手段。

设备状态监测与故障诊断的内容和流程主要包括信号检测、特征提取、状态识别、预报决策等关键环节，如图 2.29 所示。

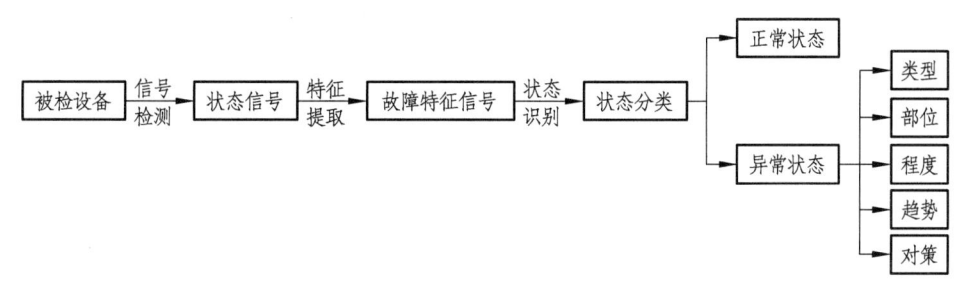

图 2.29 设备状态监测与故障诊断的内容和流程

1. 信号检测

选择合理的监测对象和适当的传感器，对运行中机械的状态进行正确的测试，获取状态信号。状态信号是设备异常或故障信息的载体，是否能够采集足够数量的客观反映诊断对象运行状况的状态信号，是故障诊断成功的关键。

2. 特征提取

在机械运行过程中，一般故障信息室混杂在背景噪声中。为了提高故障诊断的灵敏度和可靠性，必须采用信号处理技术，去除噪声干扰，提取有用故障信息，以突出故障特征。

3. 状态识别

对反映机械故障特征的信息进行分析、比较、识别，判断机械运行中有无异常征兆，进行早期诊断。若发现故障，须判明故障位置和故障原因。

4. 预报决策

经过判别，属于正常状态的可继续监视，重复以上流程；属于异常状态的，需进一步对机械异常或故障的原因、部位和危险程度进行评估，预测机械运行状态和发展趋势，提出控制措施和维修决策。

(三) 机械设备故障诊断的分类

机械故障诊断的类型很多, 可以概括为以下几方面:

1. 功能诊断和运行诊断

功能诊断是针对新安装或刚维修后的机械, 检查它们的运行工况和功能是否正常, 并根据检测和判断的结果对其进行调整, 如发动机安装或修理好后的检查。功能诊断的主要目的是观察机械能否达到规定的功能。

运行诊断是针对正常运行中的机械, 监视其故障的发生和发展而进行的诊断。运行诊断的目的是发现正常工作中的机械是否发生异常现象, 以便及早发现、及早排除故障。

2. 定期诊断和连续诊断

定期诊断是指每隔一定时间间隔对工作状态下的机械进行常规检查和测量诊断。它不同于定期维修。定期维修是每隔一定的时间间隔, 不管机械的状态如何, 都要对机械进行维护修理, 更换关键零部件。而定期诊断则是每隔一定的时间间隔对机械进行测量和诊断, 诊断中发现机械有故障时才进行修理。

连续诊断是采用仪器及计算机信号处理系统对机械的运行状态进行连续的监视或检测, 因此, 连续诊断又称连续监测、实时监测或实时诊断。

对于一台机械, 究竟采用哪种诊断方法主要取决于下列因素: 机械的关键程度、机械产生故障后对整个机械系统影响的严重程度、运行中机械性能下降的快慢、机械故障发生和发展的可预测性, 等等。

3. 直接诊断和间接诊断

直接诊断是直接确定关键零部件的状态, 如轴承间隙、齿轮齿面磨损、轴或叶片的裂纹、腐蚀环境下管道的壁厚等。直接诊断迅速而且可靠, 但往往受到机械结构和工作条件的限制而无法实现, 一般仅用于机械中易于测量的部位。

间接诊断是利用机械产生的二次信息来间接判断机械中关键零部件的状态变化, 如用润滑油的温升反映主轴承的磨损状态, 用振动、噪声反映机械的工作状态等。由于二次信息属于综合诊断信息, 因此, 在间接诊断中可能出现伪警或漏检。

4. 简易诊断和精密诊断

简易诊断是用比较简单的仪器、方法对机械总的运行状态进行诊断, 给出正常或异常的判断, 主要用于机械性能的监测、故障劣化趋势分析及早期发现故障等。

精密诊断是针对简易诊断中判断大概有异常的机械进行的专门的诊断, 以进一步了解机械故障发生的部位、程度、原因, 预测故障发展趋势。精密诊断需要较为精密的仪器才能进行。它的主要目的是分析机械异常的类型、原因、危险程度, 预测其今后的发展。

5. 在线诊断和离线诊断

在线诊断是对现场正在运行中的机械进行实时诊断。离线诊断是记录现场测量的状态信号，此后再结合诊断对象的历史档案进一步分析和诊断。

(四) 机械设备故障信息获取方法

按照状态信号的物理特征，信息获取方法主要有以下几种：

1. 振动检测

振动是机械运行过程中的重要信息。运行机械和静止机械的重要区别在于运行过程中机械产生了振动，振动反映了机械的工作状态。振动检测以机器振动作为信息源，通过振动参数的变化特征判别机器的运行状态。

2. 声学检测

声学检测以机械噪声、声阻、超声、声波、声发射为检测目标，通过分析声学信号强度与频率的变化特征判别机器的运行状态。

3. 油液检测

机械中使用过的润滑油或冷却液中磨损残余物及其他杂质的性状、大小、数量、粒度分布及元素组成，反映了机械零件在运行过程中的完好状态。可以通过检测油品的理化性能、铁谱分析、光谱分析等判别机器的运行状态。

4. 温度检测

对于电机电器、电子设备等，可以在机器运行过程中以可观测的温度、温差、热图像等参数作为信息源，根据其变化特征判别机器的运行状态。

5. 电气参数检测

对于输变电设备、电力电子设备、电工仪表等，可以在机器运行过程中，通过电流、电压、电阻、功率、电磁特性、绝缘特性等电气参数的变化特征判别机器的运行状态。

6. 表面形貌检测

对于某些设备及零件的表面损伤，可以通过对其表面层显微组织、残余应力、裂纹变形、斑点、凹坑、色泽等表面形貌进行检查，研究变化特征，判别机器设备存在的故障及形成原因。

7. 强度检测

对于载运工具和各种工程结构，可以通过对应力、应变、载荷、扭矩等强度参数进行检查判别机器的运行状态。

8. 无损检测

通过射线、超声、磁粉、渗透、电涡流等无损检测方法，可以进行压延、铸锻件及焊缝缺陷检查、表面镀层和管壁厚度测定。

9. 光学检测

光学检测以亮度、光谱和各种射线效应为检测目标。

10. 压力检测

压力检测是在机器运行过程中，以机械系统中的气体、液体压力作为信息源，检测压力参数的变化特征，从而判别机器的运行状态。

（五）机械设备故障诊断的基本方法

机械设备故障诊断的基本方法主要有：

1. 性能指标诊断法

机械的性能指标反映了机械的工作状态和工作性能，可用来判断机械的故障。机械性能测量包括整机性能测量和零部件性能测量。整机性能测量是测量机械的输出，如功率、转速等。零部件性能测量是测量关键零部件的性能，如应力、应变等。

2. 频域诊断法

频域诊断法是应用频谱分析技术，根据频谱特性变化，判别机器的运行状态及故障形成原因。

3. 时域分析法

时域分析法是应用波形分析、时间序列分析、统计分析等时域分析法实现状态监测与故障诊断。

4. 信息理论分析法

信息理论分析法应用信息理论建立特性函数，根据机器运行过程中的变化进行状态分析与故障诊断。

5. 人工智能方法

人工智能方法包括模式识别法、人工神经网络、专家系统等现代诊断方法。

第五节　交流电力机车零件的修复

交流电力机车零件的修复是交流电力机车检修工作的重要组成部分。合理地选择和运用修复技术，能有效地提高检修质量、缩短停修时间、节约资源、降低检修费用。

目前常用的修复工艺有钳工和机械加工法、压力加工法、金属喷涂法、焊修法、电镀法、刷镀法、黏接法。

一、钳工和机械加工法

钳工和机械加工法是零件修复中最主要的工艺方法。

（一）几种精加工方法

1. 铰　孔

铰孔是利用铰刀进行精密孔加工和修整性加工的方法，它能得到很高的尺寸精度和较小的表面粗糙度，主要用来修复各种配合的孔。

2. 珩　磨

珩磨是利用 4~6 根细磨料的砂条组成可涨缩的珩磨头。对被加工的孔做既旋转又沿轴向上下往复的综合运动，使砂条上的磨料在孔的表面上形成既交叉但又不重复的网纹轨迹，磨去一层薄的金属。由于参加切削的磨料多且速度低，磨屑中又有大量的冷却液，使孔的表面粗糙度变小，精度得到很大的提高。所以珩磨是一种较好的修复内表面的方法，如压气机气缸内表面的珩磨。

3. 研　磨

用研磨剂和研具对工件表面进行微量磨削的方法叫做研磨。研具一般由铸铁制成，它有良好的嵌砂性，研磨剂是由磨料和研磨液混合而成的一种混合剂。研磨常用于修复高精度的配合表面，研磨后的精度可达到 0.001~0.005 mm。

4. 刮　削

刮削是用刮刀从工件表面上刮去一层很薄的金属的手工操作。它一般在机加工后进行，刮削后的表面精度较高，表面粗糙度较小。通常，互相配合的零件的重要滑动表面要进行刮削，如滑动轴承、机床导轨。

（二）钳工修补

1. 键　槽

当轴或轮毂上的键槽只磨损一部分时，可以把磨损的键槽加宽，然后配制阶梯键。当轴或轮毂上的键槽全部磨损时，允许将键槽扩大 10%~15%，然后配制大尺寸键。当键槽磨损大于 15% 时，可按原槽位置旋转 90° 或 180°，重新按标准开槽，开槽前把旧槽用气或电焊填满并修正。

2. 螺孔

当螺孔产生滑牙或螺纹剥落时，可以先把螺孔钻去，然后攻出新螺纹。当损坏的螺孔不许加大时，可以配上螺塞，然后在螺塞上再钻孔、攻出原规格的螺纹孔。

3. 铸铁裂纹修补

铸铁裂纹可采用加固法修复，一般用钢板加固，螺钉联接，并钻出裂孔，如图 2.30 所示。

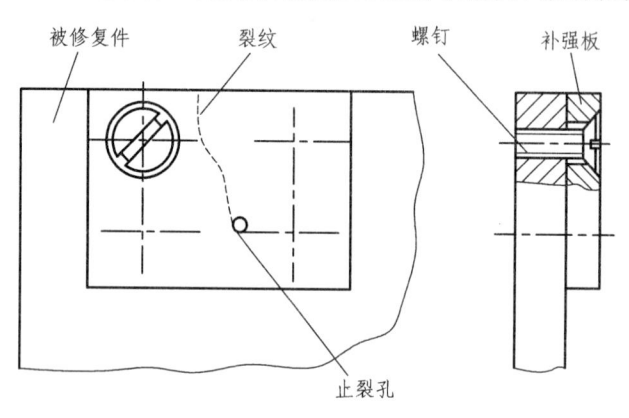

图 2.30　铸铁裂纹用加固法修复

（三）局部更换法

若零件某个局部损坏，其他部分完好，可以把损坏的部分除去，换上一个新的部分，从而保证联接的可靠性，这种方法称为局部更换法，如交流电力机车轮对的轮箍部分的更换。

（四）换位法

某些零件在使用上通常产生单边磨损，对称的另一边磨损较小。如果结构允许，可以利用零件未磨损的一边，将它换一个方向继续使用，此为换位法。

（五）附加零件法

附加零件法是将磨损零件的工作表面进行加工，然后装上附加零件，再加工至所需尺寸的方法。如轴颈磨损后，可做成外衬套，以过盈配合装到轴颈上。为了联接可靠，有时还用骑缝螺钉或点焊进行紧固。

（六）修理尺寸法

具体做法是对配合件中的一个零件进行加工，扩大（或缩小）其尺寸以消除不均匀磨损，恢复其原有的正确几何形状，并相应更换与其配合的零件，从而达到原来的配合要求。修理后的配合件的尺寸和原来的尺寸不同，这个新尺寸称为修理尺寸，这种修理方法叫做修理尺寸法。

此方法适合于修复磨损的配合件，保留配合件中价值高、结构复杂、尺寸较大的零件作为加工对象，对另一个零件按照新的尺寸更换。新配合虽然改变了零件原来的尺寸，但却恢复了原设计要求的几何形状和配合间隙，使其能够重新恢复到正常的工作能力。

通常把第一次加工的尺寸称为第一次修理尺寸，第二次加工的尺寸称为第二次修理尺寸，以此类推。被加工零件能进行多少次加工，是根据它的强度（一般轴颈减少量不超过原设计尺寸的10%）、刚度、工作性能和磨损情况来确定的。同时，为了使修复的零件具有互换性，以及为了制造备品零件的需要，也要使每次加工的尺寸标准化。

修理尺寸法具有最小修理工作量、设备简单、经济性好、修复质量高的优点，缺点是修理某一零件，但必须同时更换或修理另一组合零件。修理尺寸法在交流电力机车及机械行业应用非常广泛，如柴油机曲轴主轴颈、缸套活塞等的修复。

零件按修理尺寸修理时，应先确定零件的修理尺寸。

1. 确定轴的修理尺寸

如图 2.31 所示，为一轴颈的修理尺寸。

设 d_H 为轴颈的名义尺寸，d_1 为运行磨损后的尺寸，由于磨损的不均匀，其一边的磨损量最小为 δ_1'，另一边的磨损量最大为 δ_1''，直径方向的总磨损量为

$$\delta_1 = d_H - d_1 = \delta_1' + \delta_1''$$

设 ρ 为不均匀磨损系数

$$\rho = \delta_1'' / \delta_1$$

当磨损均匀时，$\delta_1' = \delta_1''$，则

$$\delta_1 = \delta_1' + \delta_1'' = 2\delta_1' = 2\delta_1''$$

$$\rho = \delta_1'' / \delta_1 = \delta_1'' / 2\delta_1'' = 0.5$$

当只有单面磨损时 $\delta_1'' = 0$，则

$$\delta_1 = \delta_1' + \delta_1'' = \delta_1''$$

$$\rho = \delta_1'' / \delta_1'' = 1$$

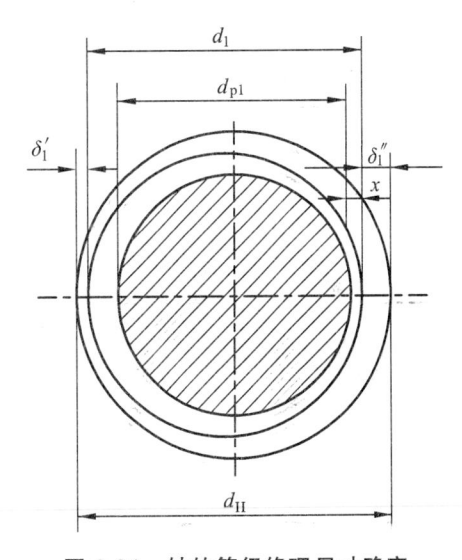

图 2.31 轴的等级修理尺寸确定

由此可知，磨损的不均匀系数 $\rho = 0.5 \sim 1$。

用测量统计法，对磨损件进行多次测量，就可以求得该零件的平均磨损不均匀系数。

为确定修理尺寸，在不改变轴心位置的情况下，选定加工方法，并考虑到加工系统的刚性和安装误差，确定加工余量为 x，则轴颈的第一次修理尺寸为

$$d_{p1} = d_H - 2(\delta_1'' + x) = d_H - 2(\rho\delta_1 + x)$$

式中 $2(\rho\delta + x)$ ——轴颈的修理间隔，以 I 表示。

根据零件的刚度和强度要求，假设轴颈的最小容许尺寸为 d_{min}，在所有修理间隔相同的

条件下，轴颈的容许修理次数为

$$n = (d_H - d_{min})/I$$

这样，就可以求出各次的修理尺寸：

第 1 次修理尺寸　$d_{p1} = d_H - I$

第 2 次修理尺寸　$d_{p2} = d_H - 2I$

第 3 次修理尺寸　$d_{p3} = d_H - 3I$

⋮

第 n 次修理尺寸　$d_{pn} = d_H - nI$

2. 确定内孔表面修理尺寸

如图 2.32 所示，同理可求得内孔表面的各次修理尺寸：

$$D_{p1} = D_H + 2(\rho\delta_1 + x) = D_H + I$$

设孔的最大容许尺寸为 D_{max}，则孔的容许修理次数为 $n(D_{max} - D_H)/I$。这样，孔的各次修理尺寸为：

第 1 次修理尺寸　$D_{p1} = D_H + I$

第 2 次修理尺寸　$D_{p2} = D_H + 2I$

第 3 次修理尺寸　$D_{p3} = D_H + 3I$

⋮

第 n 次修理尺寸　$D_{pn} = D_H + nI$

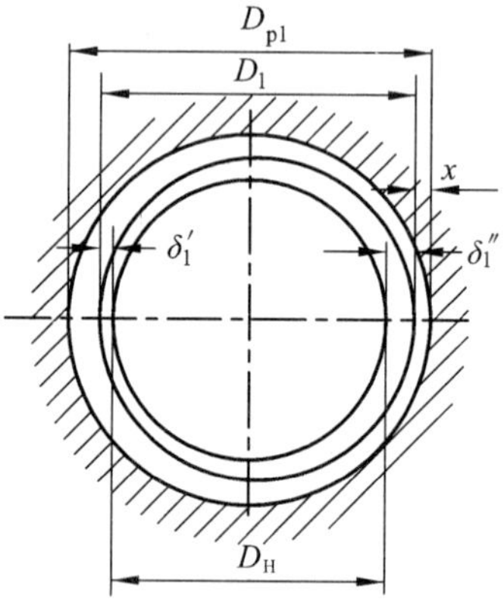

图 2.32　孔的等级修理尺寸确定

二、压力加工法

压力加工法是指在外界压力作用下，使金属发生塑性变形，恢复零件的几何形状或尺寸的加工方法。通常分为冷压加工和热压加工两类。具体方法有镦粗法、扩张法、缩小法、压延法、校正法几种，下面只讲常用的校正法。

零件在使用中，常常会发生弯曲、扭曲等残余变形。利用外力或火焰使零件产生新的塑性变形，去消除原有变形的方法称为校正。校正分冷校和热校，而冷校又分为压力校正和冷作校正。

（一）压力校正

将变形的零件放在压力机的 V 形槽中，使凸面朝上，用压力把零件压弯，弯曲变形量为原来的 10~15 倍，保持 1~2 min 后撤出压力。努力做到一两次校正成功，切忌加压过大，反复校正。

压力校正简单易行，但校正的精度不易控制，零件内部留下较大的残余应力，效果不稳定，疲劳强度下降（一般降低 10%~15%）。

为了使压力校正后的变形保持稳定,并提高零件的刚性,校正后需要进行定性热处理。

(二) 冷作校正

冷作校正是用手锤敲击零件的凹面,使其产生塑性变形。该部分的金属被挤压延展,在塑性变形中产生压缩应力,它对邻近的金属有推力作用,弯曲零件在变形层应力推动下被校正。

冷作校正的校正精度容易控制,效果稳定,一般不进行定性热处理,且不降低零件的疲劳强度。但它不能校正弯曲量较大的零件,通常零件弯曲量不超过零件长度的 0.03%~0.05%。

(三) 热 校

热校是将零件弯曲部分的最高点用气焊的中性火焰迅速加热到 450 ℃ 以上,然后迅速冷却,由于被加热部分的金属膨胀,塑性随温度升高而增加,又因受周围冷金属的阻碍,不可能随温度升高而伸展。当冷却时,收缩量与温度降低幅度成正比,收缩力很大,造成收缩量大于膨胀量的情况,以此校正零件的变形,如图 2.33 所示。

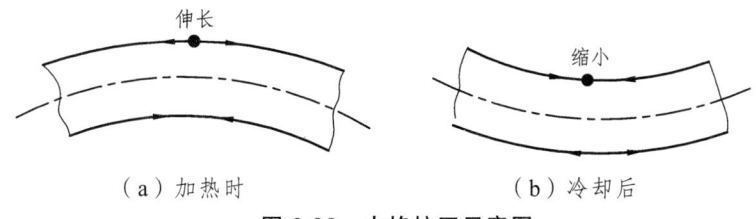

图 2.33 火焰校正示意图

热校时,零件弯曲越大,加热温度应越高,且校正能力随着加热面积和深度增大而增加。当加热深度达到零件厚度的 1/3 时校正效果较好。超过此厚度,效果变差,全部热透则不起校正作用。

热校适用于变形量较大、形状复杂的大尺寸零件,校正保持性好,对疲劳强度影响小,应用比较普遍。

交流电力机车上有许多零部件在工作中受外力的作用会发生弯曲、扭曲变形损伤,如连杆杆身、曲轴、管道等。对于这类情况,只要结构允许,均可采用压力加工法校正。

三、金属喷涂

金属喷涂是用高速气流将熔化了的金属吹成细小微粒,此微粒以极高的速度喷敷在经过专门处理过的待修零件表面上,形成覆盖层。喷涂的涂料只是机械地咬附在基体上,基体金属并不熔化。

根据热源不同,喷涂工艺又可分为氧-乙炔焰喷涂、电弧喷涂、等离子喷涂等,但其工作原理是一致的。喷涂层的厚度一般为 0.05~2 mm,有的甚至可达 10 mm。电弧喷涂工作原理如图 2.34 所示，气喷涂枪外形如图 2.35 所示。

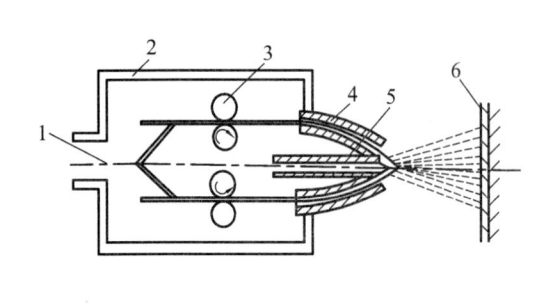

1—金属丝；2—导线；3—滚轮；4—导向头；
5—喷嘴；6—喷涂层。

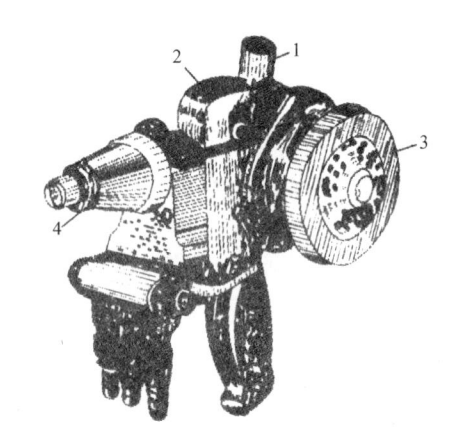

图 2.34　电弧喷涂工作原理

1—调节螺母；2—折合盖；3—空气涡轮室；
4—喷射金属装置。

图 2.35　气喷涂枪外形图

金属喷涂在维修中应用很广，是修复零件表面的工艺。主要特点：

（1）适应性强，可喷涂的材料很多，不受可焊性的影响。

（2）喷涂温度只有 70～80 ℃，零件热应力小，变形也小。

（3）工艺简单、生产效率高。

（4）喷涂层与基体的结合强度低，不适合压延、滚动、冲击零件的修复。

（5）喷涂层由细小的微粒堆积和铺展而成，具有多孔性，储油能力强，但降低了抗腐蚀性。

四、焊修法

焊接技术应用于维修工作时称为焊修。焊修是通过加热基体及焊条并使之溶化，使两个分离体结合成一个整体的加工方法。零件的加热会带来基体组织、性能和形状的改变，这是焊修的关键问题。根据加热方式的不同，焊修可分为电弧焊、气焊和等离子焊等。按照焊修的工艺和方法不同，可分为焊补、堆焊、喷焊和钎焊等。

（一）焊　补

1. 铸　铁

普通铸铁是制造形状复杂、尺寸庞大、防振减磨的基础性零件的主要材料。铸铁件的焊补，主要应用于裂纹、破断、磨损、气孔等缺陷的修复。焊补的铸铁主要是灰铸铁。

铸铁的可焊性差，在焊补时会产生很多困难：铸铁熔点低，铁水流动性差，施焊困难。焊缝易产生又脆又硬的白口铁，焊缝不熔合、加工困难、接头易产生裂纹，甚至脆断。为此，必须采用一些技术措施才能保证质量。选择性能好的铸铁焊条；做好焊前准备，清洗、预热等；控制冷却速度（缓冷）。铸铁件的焊补分为热焊和冷焊两种，需根据外形、强度、加工性能、工作环境、现场条件等特点进行选择。

（1）热焊。它是焊前对工件进行高温预热，焊后加热、保温、缓冷。用气焊或电弧焊均可达到满意效果。焊前加预热到600 °C以上，焊接过程不低于500 °C，焊后缓冷。

这个过程工件温度均匀，焊缝与工件其他部位之间温差小，有利于石墨析出，避免白口、裂纹和气孔。热焊的焊缝与基体组织基本相同，焊后加工容易，焊缝强度高，耐水压、密封性能好，比较适合铸铁件毛坯或加工过程中发现形状复杂的基体缺陷的修复。

（2）冷焊。它是不对铸件进行预热或预热温度低于400 °C的情况下进行，一般采用手工电弧焊或半自动电弧焊。冷焊操作简便，劳动条件好，施焊时间短具有更大的应用范围，一般铸铁件多采用冷焊。

冷焊时要根据不同的焊补厚度选择焊条直径，按照焊条直径选择焊补规范，包括电流强度、焊条药皮类型、电源性质、电弧长度等，使焊缝得到适当的组织和性能。冷焊操作时，需要较高的焊接操作技能。

2. 有色金属

有色金属主要有铜及铜合金、铝及铝合金等。因它们的导热性高、膨胀系数大、熔点低、高温下脆性较大、强度低、很容易氧化，所以可焊性差，焊补比较困难，必须采用一些技术措施才能保证质量。

铜及铜合金的特点是：在焊补过程中，铜易氧化，生成氧化亚铜，使焊缝塑性降低，促使产生裂纹；导热性强，比钢大5~8倍，焊补时必须用高而集中的热源；热胀冷缩量大，焊件易变形，内应力增大；易在焊缝熔合区形成气孔，这是焊补后常见的缺陷之一。所以要重视焊补材料的选择（电焊条、焊粉）及焊补工艺的正确。

铝及铝合金的特点是：铝及铝合金的可焊性差，主要是氧化膜问题。铝及铝合金的焊接方法很多，目前焊接质量较好的是钨极交流氩弧焊，其次是气焊、弧焊。无论哪种方法，都要做焊前清洗工作。

3. 钢

对钢进行焊补主要是为了修复裂纹和补偿磨损尺寸。各种钢的可焊性差别很大。低碳钢和低碳合金钢在焊接时发生淬硬的倾向较小，有良好的可焊性。随着含碳量的增加，可焊性降低。高碳钢和高碳合金钢在焊接时发生淬硬的倾向大，易形成裂纹。含碳或合金元素很高的材料一般都经过热处理，损坏后如不经过退火直接焊补，易产生裂纹。

（二）堆 焊

堆焊是焊接工艺方法的一种特殊应用。它不是为了形成接头焊缝，而是用焊接的方法在零件表面堆敷一层金属。其目的在于修复因磨损损坏了的零件或在表面得到特殊的性能，如耐磨性、耐腐性。凡是属于熔焊的方法都可以用于堆焊，目前应用最广的方法有手工电弧堆焊、氧-乙炔焰堆焊、振动堆焊、埋弧堆焊、等离子堆焊。

堆焊特点是堆焊金属与基体金属有很好的结合强度；对基体的热影响小，热变形小；可以快速地得到较厚的金属层，效率高。

在工艺措施中注意两点：一是耐磨堆焊层一般都有较高的硬度，存在淬硬性，容易产生裂纹，为了减少这种倾向，要采取预热和缓冷措施；二是耐磨堆焊层堆焊材料都含有较多的合金元素，堆焊时由于基体的熔化会冲淡合金元素的浓度，影响堆焊层性能，所以要采取措施予以避免。

（三）喷 焊

喷焊是在喷涂的基础上发展起来的。它是将喷涂层再进行一次重熔过程处理，与基体表层达到熔融状态，进一步形成紧密的合金层。与喷涂相比，它结合强度高、硬度高，同时使用高合金粉末之后可使喷焊层具有一系列的特殊性能。喷焊时工件表面产生熔化熔敷层。

喷焊不仅用于表面磨损的零件，当使用合金粉喷焊时，能使修复件比新件更耐磨，而且它还可以用于新零件的表面强化、装饰等。

（四）钎 焊

钎焊是采用比母材熔点低的金属作钎料，把它放在焊件连接处一同加热到高于钎料熔点而低于基体金属的熔点温度，利用熔化的液态钎料润湿基体金属，填充接头间隙，并与基体金属产生扩散作用，而把分离的两个焊件连接起来的焊接方法。

钎焊适用于焊接薄板、薄管、硬质合金刀头焊修、铸铁件及电气设备等。钎焊根据钎料熔点的不同分为两类：

（1）软钎焊，即钎料熔点在450 ℃以下进行的钎焊，如锡焊等。常用的钎料是锡铅焊料。软钎焊主要用于电器元件的修理。

（2）硬钎焊，即钎料熔点在450～800 ℃进行的钎焊，主要用于有色金属材质的修理，如空调修理中的热交换器铜管的焊修。

根据采用的热源不同，可分为火焰钎焊、高频钎焊。为使焊接牢固，钎焊时必须使用溶剂。溶剂作用是溶解和消除零件钎焊部分表面的氧化物，保护钎焊表面不受氧化，改善液态钎料对焊件的润湿性。

五、电 镀

电镀是利用电解的方法将金属以分子的形式逐渐沉积到待修零件的表面上，形成均匀、致密、结合力强的金属镀层的过程。

电镀时，温度都在100 ℃以下，零件不会发生变形，镀层厚度可以控制，随电流密度和时间的增加而变厚。电镀不仅可以恢复磨损零件表面的尺寸，还能改善零件表面的性质，提高耐磨性、防腐性，形成装饰性镀层和需要某种特殊性能的镀层。主要用于修复磨损量不大、精度要求高、形状结构复杂及批量较大的情况。电镀的缺点是电镀需要有特殊设备，镀层厚度有一定的限制。在维修中，最常用的有镀铬、镀铁、镀铜。下面对镀铬加以介绍。

镀铬是使用电解法修复零件的最有效的方法之一，它不仅能修复磨损的表面尺寸，而且在相当大的程度上能改善零件的质量，特别是提高表面耐磨性。

1. 镀铬层的特点

（1）镀铬层的化学稳定性好，摩擦系数小，其硬度可高达 400~1 200 HV，比零件淬火硬度还硬，具有较高的耐磨性。

（2）通过调节可以得到不同的镀铬层，镀层与金属结合强度高。

（3）镀层具有较高的耐热性，在 480 ℃下不变色，500 ℃以上才开始氧化，700 ℃以上硬度才显著下降。

（4）抗腐蚀能力强，能长期保持光泽，外表美观。

（5）镀铬层脆，不宜承受分布不均的载荷，不能抗冲击，当镀层厚度超过 0.5 mm 时，结合强度和疲劳强度降低。

（6）沉积率低，润滑性能差，工艺复杂，成本高。

2. 镀铬层的种类

镀铬层可分为硬质镀铬层和多孔性镀铬层。在一定电解浓度的条件下，改变电流密度和电解液温度，可获得不同颜色、不同性能的硬质镀铬层。其性能和适用范围见表 2.2。

表 2.2　硬质镀铬层的性能及适应范围

电流密度	电解液温度	铬层颜色	性能特点	适应范围
高	低	灰暗色铬层	结晶粗大，颜色灰暗，有网状微小裂纹，质地坚硬（HV1 200）但韧性差	基本无实用价值，仅可用于刀具、量具
中	中	光亮色铬层	结晶细致、表面光亮，内应力小，有密集的网状裂纹，硬度较高（HV900），韧性耐磨性较好	适用于修复承受变负荷的摩擦件、静配合表面、滑动摩擦表面及防锈防腐表面
低	高	乳白色铬层	结晶细密，呈乳白色，无网状裂纹，硬度为 HV400~500，有较高的韧性和耐磨性	适用于修复承受冲击负荷和单位压力大的零件，常用厚度为 0.05~0.5 mm

在零件获得硬质镀铬层的基础上，再将零件作为阳极进行短时间的反镀，零件表面就会形成点状或沟状孔隙，这种方法称为多孔性镀铬。多孔性镀铬层改善了硬质镀铬层的润滑不良性能，更适用于润滑条件差又需耐磨的零件。沟状铬层和点状铬层比较，在阳极腐蚀规范相同的条件下，点状铬层的细孔容积比沟状铬层的细孔容积大 3.5 倍以上，即点状铬层的吸油容量大，而储油性能仅次于沟状铬层。点状铬层形成后其硬度降低 2/3，较软易磨合，适用于载荷重、需要储存一定油量又易于磨合而提高气密的工件，如空压机第一道活塞环。沟状铬层形成后，其硬度下降 14%~17%，由于硬度高、储油性能好，所以宜用于润滑条件差又

需抗腐的零件上，如汽缸套等。其性能和应用见表 2.3。

表 2.3　多孔性镀铬的性能及应用举例

硬质铬层	多孔性镀铬层	多孔性镀铬的优点	实用零件名称	要求的镀层厚度/mm
灰暗色镀层 灰暗-光亮 过渡层	沟状镀铬层	1. 耐高温； 2. 表面硬度高； 3. 能抗燃烧气体的化学腐蚀作用； 4. 保证均匀地润滑； 5. 延长使用期限 4～7 倍	汽缸和汽缸套	0.5～0.25 或更厚（视特殊情况需要而定）
		1. 保证均匀地润滑； 2. 提高表面硬度； 3. 延长使用期限 4～8 倍	曲轴、凸轮轴	
光亮色镀层 光亮-乳白 色镀层	点状镀铬层	1. 提高耐磨性及工作效率 3～5 倍； 2. 改善磨合情况； 3. 汽缸或汽缸套的磨损降低 1/2～2/3	活塞环	0.05～0.15

六、刷　镀

它是应用电化学原理，在金属表面局部有选择地快速沉积金属镀层，从而达到恢复零件尺寸、保护零件和改变零件表面性能的目的。

1．刷镀的原理

刷镀使用不同形式的镀笔和阳极、专门研制的刷镀液，以及专用的直流电源进行，如图 2.36 所示。

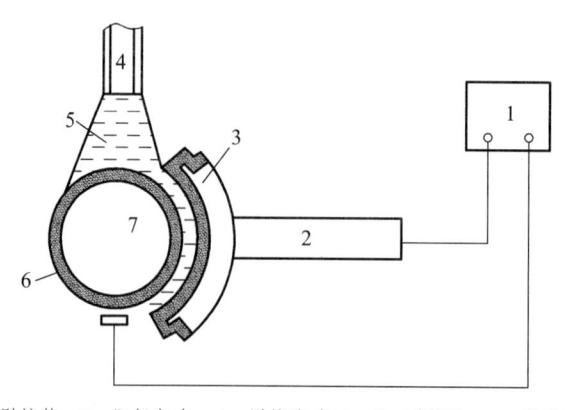

1—电源；2—刷镀笔；3—阳极包套；4—刷镀液喷口；5—刷镀液；6—刷镀层；7—工件。

图 2.36　刷镀原理图

工作时，电源的负极与被镀工件 7 相连，刷镀笔 2 接正极，刷镀笔上的阳极（石墨材料）包裹着有机吸水材料（如脱脂棉或涤纶、棉套或人造毛套等），称阳极包套 3，浸蘸或浇注专用刷镀液 5，与待镀工件表面接触，并擦拭或涂抹做相对运动。镀笔和工件接上电源正负极后，镀液中的金属离子在电场力的作用下向工件表面迁移，不断还原并以原子状态沉积在工件表面上，从而形成镀层。随着时间的延长与通电量的增加，镀层逐渐加厚，直至达到需要的厚度。镀层厚度由专用的刷镀电源控制，镀层种类由刷镀液种类决定。

2. 刷镀的特点

（1）刷镀在低温下进行，基体金属性质几乎不受影响，热处理效果不会改变。镀层与基体结合强度高于常规的电镀和金属喷涂。对于铝、铜、铸铁和高合金钢等难以焊接的金属，以及淬硬、渗碳等热处理层也可以刷镀。

（2）工艺适用范围大，同一套设备可镀不同的金属镀层。

（3）设备轻便简单，工艺灵活。

（4）镀层厚度可控制在 ±0.01 mm，适用于修复精密零件。

3. 刷镀的应用

（1）修复零件由于磨损或加工后超差的部分，特别是精密零件和量具，如曲轴轴颈、滚动轴承外圈的外圆等。

（2）修复大型、贵重零件，如曲轴、机体等局部擦伤、磨损、凹坑、腐蚀、空洞。

（3）零件表面的性能改进，提高耐磨性、耐腐性。

（4）电镀的反向操作，有电腐蚀效果。

4. 刷镀工艺

（1）工件表面准备：工件表面应光滑平整、无毛刺。无需机械加工，但疲劳层和原镀层应去除，淬火层、渗碳层和氮化层允许保留。

（2）电净：在上述清理的基础上，再用电净液电化清洗。电净时工件接负极，时间应尽量短，电净后应用流动水彻底清洗工件。

（3）活化：活化处理是通过活化液的电化学作用彻底去除工件表面的氧化膜和其他杂质。活化时工件可接负极也可接正极，活化后也应用清水彻底清洗工件。

（4）刷镀过渡层：根据工作镀层的情况确定是否需要进行。

（5）刷镀工作层：根据零件的工况，选择合适的刷镀液，刷镀至所需厚度。

七、气相沉积技术

气相沉积技术是从气相物质中析出固相并沉积在基材表面的一种新型表面镀膜技术。根据使用的原则不同，可分为化学气相沉积（CVD）及物理气相沉积（PVD）两大类。前者系利用气相化学反应在待沉积的基材表面上成核、长大和成膜；而后者是利用加热或放电物理方法使固体蒸发后,凝结在基材表面上成膜。近年来各类气体放电技术诱发某些高温下才出现的气相反应在较低温度下也能发生。CVD 和 PVD 技术相互渗透而发展出一代新型气相沉积(PVCD)技术。

气相沉积能够在基材表面生成硬质耐磨层、软质减磨层、防蚀层及其他功能性镀层,因而十分引人注目。由于这类技术工艺先进,获得的镀层致密均匀,提高材料的耐磨性效果明显,所以它在改性材料表面工艺中占有十分重要的地位。

八、黏接技术

黏接是利用胶黏剂把两个分离、断裂或磨损的零件进行连接、修复或补偿尺寸的一种工艺方法。它以快速、牢固、经济等优点代替了部分传统铆接、焊接等工艺。

1. 胶黏工艺的特点

(1)黏接时温度低,不产生热应力和变形(可修复薄件、铸铁件等),不改变机体金相组织,接头的应力分布均匀。

(2)可使黏接面具有密封、绝缘、隔热、防腐、防振、导电等性能。

(2)工艺简单,不需复杂设备。

(3)胶黏剂具有耐腐、耐酸、耐油、耐水等特点。

(4)不耐高温,一般只能在 150 ℃ 以下长期工作,黏接强度比基体强度低得多,耐冲击力差,易老化,胶粘剂有毒,易燃。

2. 胶黏剂种类

胶黏剂的种类很多,成分各异,一般由基料、固化剂、增塑剂、填料、溶剂等配合制成。
按基料的化学成分分为:① 无机胶黏剂,主要有硅酸盐、硼酸盐、磷酸盐;② 有机胶黏剂,主要有天然胶,如动物胶、植物胶;合成胶,如树脂胶、橡胶型胶和混合型胶。

1)无机胶黏剂

无机胶黏剂具有较好的黏附性及较高的耐热性。设备修理中常用的有磷酸铝-氧化铜胶黏剂,无机胶黏剂的特点:适应的温度范围较广,可在 -183 ~ 950 ℃ 使用,耐湿、耐油,不易老化,成本低;但脆性大,耐酸、耐碱性能差,不抗冲击。可用于量具及硬质合金刀头等的黏接。

2)有机胶黏剂

有机胶黏剂分为天然胶黏剂和合成胶黏剂,目前合成胶黏剂约占整个胶黏剂的80%。它的种类繁多、组成各异,按其用途又分为结构胶黏剂、非结构胶黏剂、特种胶黏剂。

① 结构胶黏剂。它具有较高的强度,黏接后能承受较大的载荷,可用于较大零部件的修复。常用品种有:环氧树脂、聚氨酯、有机硅树脂、丙烯酸等。

② 非结构胶黏剂。不能承受较大的载荷,一般用于较小零件的修复或作定位用。常用品种有动物胶、植物胶、聚酰胺胶等。

③ 特种胶黏剂。这种特种胶满足某种特殊功能要求，如导电胶、压敏胶、密封胶、水中固化胶等。

3. 胶黏剂的选用

选用胶黏剂时，主要从以下几个方面考虑：
（1）了解黏接件的材料类型、性质、需要黏接的面积、线胀系数、表面状态等。
（2）了解黏接剂的黏接强度、使用温度、收缩率、耐腐蚀性等。
（3）确定黏接的目的及用途，主要满足什么功能，是连接，密封，还是定位。
（4）考虑黏接件的受力情况，受力大的选用结构胶；受力不大的选用通用胶黏剂；长期受力的选用热固性胶黏剂，以防蠕变破坏；作用力频率小或静载荷，可选用刚性胶黏剂，如环氧胶；冲击载荷选用韧性胶等。

4. 工艺要点

（1）根据被黏物的结构、性能要求、客观条件，确定黏接方案，选择胶黏剂。
（2）设计黏接接头，尽可能增大黏接面积。
（3）对表面进行处理，包括清洗、除油、除锈、增加表面粗糙度的机械处理。
（4）胶黏剂配制。对单液型液体胶黏剂在使用前时需摇匀；对多组分胶黏剂的配制，一定要严格按规定的条件、配件、配比及调制程序进行，配胶器皿须清洁干燥，否则将影响黏接质量。
（5）涂胶。按胶黏剂的状态（液体、浆糊、薄膜、胶粉）不同，可用刷涂、喷涂、刮涂、粘贴等方法。胶层厚度一般控制在 0.05~0.35 mm 为佳。
（6）晾置。对含溶剂的胶黏剂，在涂胶以后必须晾置一定时间，以挥发溶剂，否则固定化后胶层结构松散，有气孔，从而削弱黏接强度。不同类型的溶剂，晾置的温度和时间也不同。
（7）固化。即通过一定的作用，使涂于黏接面上的胶黏剂变为固体并具有一定强度。固化时通过加压挤出胶层与被黏物之间的气泡，保证胶层均匀，以达到理想的强度。
（8）质量检验。检查黏接表面有无翘起和剥离现象，是否固化。

5. 黏接修复的应用

黏接技术在设备修理中应用日益广泛。如修复磨损、裂纹、断裂，填堵孔洞，密封管路、接缝；用简单件黏接成复杂件，代替焊接、铆接；黏接与其他技术配合使用，能更加充分发挥各种技术的特点。如电机机座裂纹，可采用钢板加固黏接修复，用螺钉、钢板、胶黏剂进行处理。

九、零件修复工艺的选择

修复一个零件可能有若干种方法，但究竟哪一种方法最好，需要综合考虑、合理地选择。

选择的原则是要使所选用的方法在技术上是可行的,在质量上是可靠的,在经济上是合算的。

(一) 零件各种损伤的修理方法

现在从技术角度介绍如何选择各种损伤的修理方法。

1. 磨损的修理

（1）改变公称尺寸的方法：只对零件的几何形状和表面质量进行加工，配合的正常工作条件通过选配来解决。

（2）恢复原公称尺寸的方法：这种方法既可以恢复零件表面质量、几何形状，又可以恢复原公称尺寸，使装配工作更方便，如电镀法、镶套等。

2. 腐蚀的修理

（1）恢复零件的强度。零件由于腐蚀而使尺寸减小、结构变弱、腐蚀深度过大时，可采用堆焊或加焊补强。

（2）恢复防腐保护层。

3. 裂纹的修理

根据零件的深度、长度和零件的重要性，采用铲、锪、磨等消除裂纹；或采用焊修和补强等方法。

4. 弯曲的修理

变形一般采用调整法处理，并根据情况决定是否予以补强。

5. 配合松弛的修理

常见为连接件，如螺栓、铆钉等发生松弛，应重新组装；对车轮与轴，则必须分解拆卸，重新选配零件组装。

(二) 选择修复方法的原则

以上从技术角度粗略地、方向性地指出修复方法的选择，实际应用中，修复方法的选择要综合考虑各种因素。

1. 工艺合理性

所谓工艺合理性，就是使零件的工作性能得到有效的恢复。在工作过程中，零件工作性能的破坏，不外是尺寸、几何形状、表面质量和材料性质等的改变。修复就是恢复上述的一些变化。但并不是所有的修复方法都能得到同样的效果。如活塞销磨损后，可以用镀硬铬的方法恢复磨损尺寸，也可以用喷涂的方法恢复原形和尺寸，虽然从外形尺寸、几何形状看效果一样，但从前面所介绍的修理方法中得知，喷涂对活塞销在液体摩擦和受冲击载荷较大的工作条件是不适合的,由于它不能恢复零件的工作性能,所以在工艺上是不合理的。

2. 保证机械性能

确保修复层达到零件所要求的机械性能,是选择零件修复方法的主要依据。评定金属零件修复机械性能的主要指标是:修复层与基体金属的结合强度;修复层的耐磨性能;修复层对零件疲劳强度的影响。

3. 经济合算

所谓经济上合算就是真正做到多、快、好、省,保证修复成本低,零件修复后使用寿命长。这是评定修复方法选择合理与否的最重要的指标。经济上合算不仅要算成本账,同时还要考虑修复后的使用寿命。

4. 结合条件

究竟采用哪种修复方法,应考虑本单位的现实条件。如曲轴表面氮化层磨损掉后,本应重新进行氮化处理修复,这在工艺要求上虽然合理,但一套完好的氮化设备不是每个单位都具有的,若改用镀铬修复,条件就变得简单了,又不影响曲轴的工作性能。

选择修复方法时,除根据前述原则外,还应注意以下几点:

(1)采用修理尺寸法能简化修复工艺过程,但不是所有的零件都能采用。应当选择加工较方便的零件作为用修理尺寸法进行修复的对象。

(2)要注意某些工艺上的特点。如电镀、喷涂等工艺,修复时零件受热温度不高,不破坏原有的热处理特性,而堆焊、压力加工等工艺修复需进行复杂的热处理过程。

(3)在选择修复方法时,应考虑被修零件的数量,因为单件修理和成批修理在工艺和经济效果上是不同的。

(4)修复一个零件上的各种不同磨损部位,不应选用过多的修复方法和类型,否则会使总的工艺复杂化。

(三)选择修复方法的步骤

(1)查明零件存在的缺陷形式(如磨损、变形、弯曲、破裂等),缺陷的部位、性质或损坏的程度;特别是对非正常的磨损和破坏,必须彻底查明原因。

(2)分析零件的工作条件、零件材料和热处理情况。

(3)研究各种覆盖层的机械性能。

(4)选择修复方法。

(四)修复方法的经济合理性

为了评定修复方法选择得是否合理,应当进行经济效果的评估。经济上合理的修复方法应该是修复零件单位走行公里的修复成本低于零件的制造成本。这一关系可用下式表示:

$$\frac{E_{修}}{K_{修}} < \frac{E_{新}}{K_{新}}$$

式中　$E_{修}$——零件的修复成本；
　　　$E_{新}$——新制零件的成本；
　　　$K_{修}$——修复零件的走行公里；
　　　$K_{新}$——新造零件的走行公里。

应当指出，修复方法的经济合理性不能只从一个零件来考虑，而应有整体观、全局观。对于那些修复成本较高的，应采用新技术、新工艺来提高劳动生产率、节约原材料，从而设法降低成本。修复成本与批量有密切关系，有些零件的制造成本较低，对其修复在经济上似乎不合理，但如果集中起来大批量修理，其修复成本无疑还是会低于制造成本的。

总　结

交流电力机车产生故障是由于零件发生了损伤。零件损伤有五种形式，分别是磨损、腐蚀、变形、断裂、电气损伤。磨损是最主要的形式。要掌握各种损伤发生的原因、规律及减轻措施。

交流电力机车检修要通过工艺过程完成，包含分解、清洗、检验、修复、装配等工序。将合理的技术要求、操作方法和程序等，用图、表、文字形式表示出来，并以文件的形式加以规范，这些技术文件就是检修文件。检修文件包括检修规程、检修工艺，具体操作性文件（如作业卡等）。

交流电力机车零部件检验是检修过程中一个重要环节。检修中需要正确地检验零件的缺陷和故障性质、程度和位置。掌握各种检验方法的特点及应用。故障诊断技术是交流电力机车检测技术的发展趋势，应掌握故障诊断技术的基本原理、特点及应用。

交流电力机车的分解、装配工作必须遵循一定的原则和要求。零件的清洗、检验和修复技术有多种方法，要合理选择、正确操作。

交流电力机车零件的修复形式有钳工和机械加工法、压力加工法、金属喷涂法、焊修法、电镀法、刷镀法、黏接法等。应掌握各种方法的特点及应用范围。

复习思考题

2.1　试述零件磨损的形式及交流电力机车零件的磨损规律。影响零件磨损的因素是什么？
2.2　试述减轻零件磨损的措施。
2.3　零件腐蚀有哪些类型？试述减轻零件腐蚀的措施。
2.4　试述零件在使用中产生变形的原因及减轻变形的措施。
2.5　试述零件断裂过程及疲劳断面特征。
2.6　零件产生断裂的原因有哪些？如何减轻断裂？

2.7　试述检修工艺过程的定义及组成。

2.8　试述交流电力机车各种检修限度的意义。

2.9　交流电力机车及部件分解时的一般原则和要求是什么？交流电力机车装配时注意的要点是什么？

2.10　交流电力机车零部件清洗有哪些主要方法？简述各种清洗方法的适用范围。

2.11　零件检验的内容有哪些？简述各检验方法的用途。

2.12　试述荧光探伤法、涂色探伤法、电磁探伤法、超声波探伤法和射线探伤法的工作原理。

2.13　交流电力机车常用的修复工艺有哪些？

2.14　试述零件修理尺寸法的具体工艺方法及其特点。

2.15　试述零件变形的各种校正方法及其各自的特点。

2.16　试述金属喷涂的原理和特点。

2.17　试述焊修的种类及其各自的特点。

2.18　试述镀铬的种类及其各自的特点。

2.19　试述刷镀的应用和特点。

2.20　选择零件修复工艺的原则是什么？

第二篇 交流电力机车检修工艺

第三章 交流电力机车车体及转向架检修

【本章内容提要】

（1）车钩及缓冲装置检修工艺：车钩及缓冲装置检修技术要求、检查及修复方法；

（2）轴箱检修工艺：机车轴箱检修的方法、程序及技术要求；

（3）轮对装置检修工艺：检修的方法、程序及技术要求；

（4）构架、悬挂装置和牵引装置检修工艺：技术要求、检查及修复方法；

（5）基础制动装置检修：检修技术要求、检查及试验方法；

（6）转向架组装：技术要求、组装方法和步骤。

本章讲授内容以具有代表性和典型性的 HXD3D 型交流电力机车 C4、C5 级修检修工艺为例。内容涉及具体检修工艺，即岗位操作技能，在教学过程中应加强对学生职业观、吃苦耐劳、爱岗敬业等职业道德的教育。

第一节 车钩及缓冲装置检修工艺

车钩及缓冲装置由车钩、缓冲装置、钩尾框、压溃装置等组成，如图3.1所示。图3.2所示为车钩及缓冲装置装配图。本节介绍 HXD3D 型电力机车车钩及缓冲装置的检修工艺流程、工艺要求及质量标准，且以 C4 级修检修工艺为例。

第三章　交流电力机车车体及转向架检修

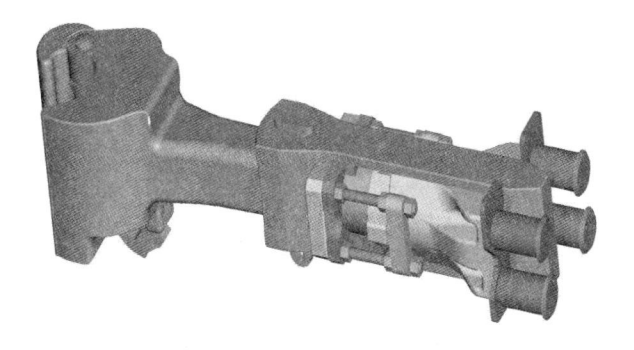

图 3.1　车钩及缓冲装置

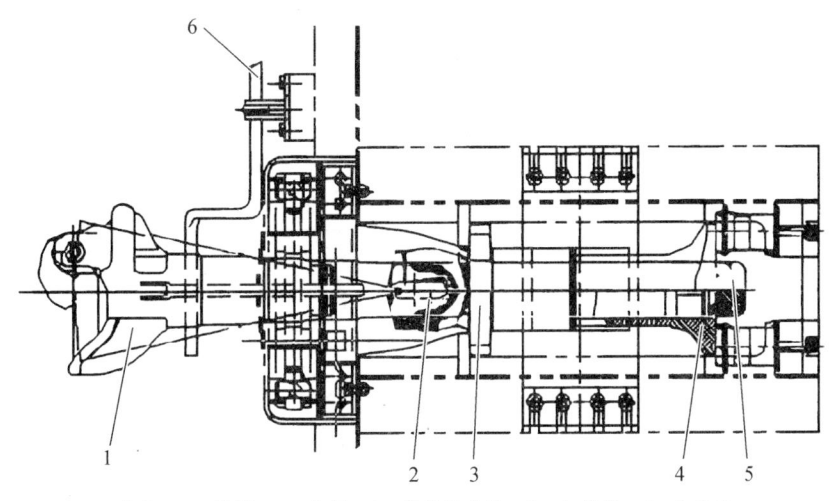

1—车钩；2—尾销；3—从板；4—胶泥缓冲器；5—勾尾框；6—钩提杆。
图 3.2　车钩及缓冲装置装配图

一、检修用主要材料

棉丝、纱布、毛刷、开口销、钢板。

二、检修用主要设备及工具

压力机、手动砂轮、吊具、专用小车、油压千斤顶、手锤、撬棍、扁铲、机械钳工常用工具、塞尺、游标卡尺、内外卡、钢板尺、车钩高度尺、专用量具、探伤仪。

三、检修工艺过程

工艺流程：车钩三态检查→车钩各部分测量→解体与清扫→检查、修复或更换→车钩组装→缓冲及缓冲装置检查、测量、修复或更换。

（一）车钩检修

1. 车钩"三态"检查

全开状态：扭转钩提杆至钩舌面全开应灵活，此时车钩开度应符合限度表要求，具体如表 3-1 所示。

闭锁状态：用手推钩舌至闭锁状态，此时车钩开度应符合限度表要求。

开锁状态：轻提钩提杆，带起锁铁，钩舌不动，放下钩提杆锁铁不落下。检查车钩提杆及提杆支架、下锁销装配及各安装螺丝紧固应良好。钩提杆座紧固螺栓无松动，钩提杆无弯曲变形，提钩无抗劲。

表 3.1 车钩限度表

序号	名称		原形	C4 修限度	禁用限度
1	钩体钩耳销孔的直径（衬套）		$\phi 42.2^{+1}_{-0}$	$\leq \phi 44.2$	
2	钩舌与钩耳上下面的间隙		2	≤ 6	
3	车钩开度	闭锁状态	105～115	105～122	
		全开状态	205～230	205～240	
4	钩体尾部厚度		50^{+1}_{-0}	48	≤ 47
5	钩体及钩舌牵引突缘处间隙		≤ 1.6	$\leq 2.6^*$	
6	钩体及钩舌冲击突肩处间隙		≤ 1.5	$\leq 2.5^*$	
7	下防跳凸台高度		16^{+2}_{-0}	16～18	
8	锁闭后钩锁铁向上活动量		3～15	3～18	
9	钩舌销孔的直径		$\phi 42^{+0.4}_{-0}$	$\leq \phi 44$	
10	钩舌厚度		80	76.5^*	
11	钩尾框框身厚度		25^{+2}_{-0}	≥ 23	
12	钩尾框扁销孔长度		98～103	≤ 105	
13	钩尾销磨耗量			≤ 2	≥ 5
14	钩舌销直径		$\phi 41^{+0}_{-0.4}$	$\geq \phi 40$	$\geq \phi 38$
15	车钩尾部与从板间隙			≤ 5	
16	车钩距轨面高度		880±10	820～890	<815 或 >890
17	排障器距轨面高度		110+10	110+10	

注：① "原形"系指原设计尺寸或数据（若设计修改时，以修改后的设计值为准）。
② "C4 修限度"系指机车进行 C4 修时，超过或不符合此数值的部件必须予以修理和更换。
③ "禁用限度"系指机车检查或修理时达到此数值者不许继续使用。
④ 本限度表所列数字的单位，除注明者外一律为 mm。
⑤ 带"*"者，指参考值，可不作检验依据。

2. 测量各部尺寸

（1）钩锁铁往上活动量应符合限度表要求。

（2）防跳凸台的作用面应平直，钩舌与钩件的上下承力面接触良好。

（3）测量车钩中心线距轨面高度应符合限度表要求，且车钩不能有明显上浮或下垂，否则应调整。

（4）检查钩舌与锁铁接触面状态、钩体防跳凸台和钩锁作用面的状态、钩舌与钩体上下承力面的接触状态良好。钩提杆、钩体、托铁的摩擦部位涂油脂。

（5）钩尾扁销螺栓更新。

3. 解体与清扫

（1）卸钩舌、锁铁、推铁。

（2）用手锤小撬棍拆下钩舌开口销，取下钩舌销并清扫。

（3）一手扶钩舌，一手提起提杆，使钩舌半开，然后搬下钩舌放到指定地点，并将其清扫干净。

（4）提起钩提杆，取出钩锁铁、钩舌销及钩舌推铁，并清扫探伤检查。

（5）检查钩尾框、钩体托板及螺栓、缓冲器、磨耗板，钩尾框、缓冲器应无裂纹、状态良好。检查防跳销作用应良好。检查车钩从板与前从板座、缓冲器与压馈装置立板之间不许有 1 mm 以上的贯通间隙。车钩在闭锁状态时，钩锁铁往上活动量须符合限度表要求。车钩距轨面高度、钩舌厚度、钩舌与钩耳上下面的间隙、车钩的开度、钩尾销尺寸、钩尾销与销孔的间隙等应符合限度表要求。

（6）车钩复原装置作用良好，均衡梁吊杆探伤检查，不得有裂纹。

（7）车钩各零部件不得有裂纹，下列情况禁止焊修：

① 钩体上的横向裂纹，销孔向尾端发展的裂纹，钩耳销孔处超过断面 40% 的裂纹；

② 钩体上距钩头 50 mm 内的砂眼及裂纹，钩体上长度超过 50 mm 的裂纹；

③ 上下钩耳间（距离钩耳 25 mm 以外）超过 30 mm 的纵横裂纹；

④ 钩舌裂损；

⑤ 钩腕上超过腕高 20% 的裂纹；

⑥ 尾框上的横裂纹及扁销孔向端部发展的裂纹。

4. 组　装

按分解钩头的相反顺序作业。

（二）缓冲装置检查

（1）外观检查缓冲器箱体不许有裂纹，从板磨耗量不大于 3 mm。胶泥不许有漏泄。

（2）外观检查前磨耗板不许有裂纹、变形。

(3)缓冲器与从板间不许有贯通间隙。

(4)压溃装置 Z-4 型高度不小于 158.5 mm,裂损不到限,允许焊修。

(5)压溃管达到下列限度时应报废:

① 圆管局部直径变化超过 1.5 mm;

② 圆管与端盖结合部焊缝开裂超过 2/3;

③ 圆管与底板间煅焊处开裂达到 3 处及以上,且每单元中的 2 管同时有 3 处开裂;

④ 底板有明显变形;

⑤ 高度尺寸变化超过 1.5 mm;

⑥ 圆管表面有肉眼可见的裂纹;

⑦ 承力垫局部磨耗深度超过 2 mm。

(6)尾框厚度符合要求,局部厚度不小于 23 mm。缓冲器自由高度不小于 569 mm。

第二节 轴箱检修工艺

本节介绍 HXD3D 型机车轴箱 C5 级修检修工艺过程。图 3.3 所示为 HXD3D 型机车轴箱装配(一)结构图,图 3.4 为 HXD3D 型机车轴箱装配(四)结构图。HXD3D 型共有 4 种轴箱装配,4 种轴箱的结构基本相同。不同的是:轴箱装配(一)装有防滑行装置和一系垂向减振器,轴箱装配(二)装有接地装置和一系垂向减振器,轴箱装配(三)装有防滑行装置和速度传感器、吊杆,轴箱装配(四)装有接地装置和吊杆。各种轴箱的布置如图 3.5 所示。每轴箱通过两个弹簧与构架连接。转向架在每个端轴上设 2 个一系垂向减振器。

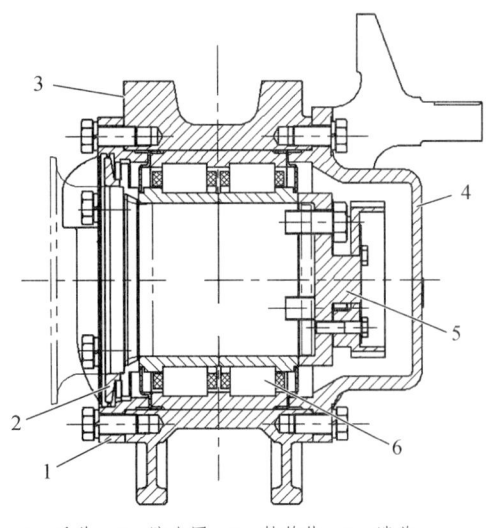

1—后盖;2—防尘圈;3—轴箱体;4—端盖;
5—压盖;6—轴承。

图 3.3 轴箱装配(一)

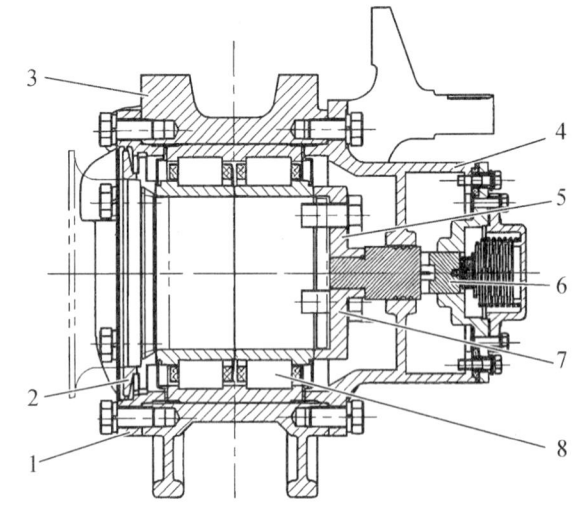

1—后盖;2—防尘圈;3—轴箱体;4—端盖;
5—压盖;6—接地装置;7—轴承。

图 3.4 轴箱装配(四)

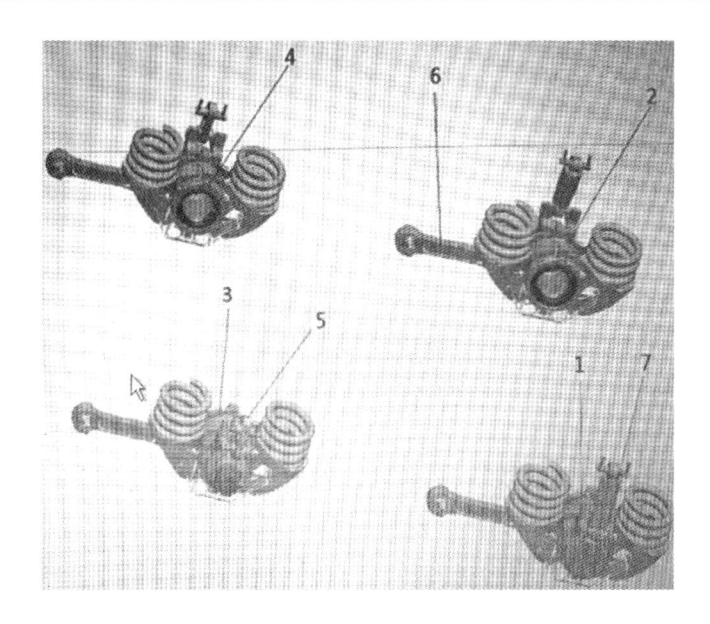

1—轴箱装配（一）；2—轴箱装配（二）；3—轴箱装配（三）；4—轴箱装配（四）；
5—吊杆；6—拉杆装配；7—一系垂向减振器。

图 3.5　一系悬挂装置

一、检修用主要材料

无毛毛巾、钢刷、清洗剂、松锈灵、蓖麻油。

二、主要设备及工具

轴承拆装机（压装小车）、润滑膏、液压千斤顶、力矩扳手（20～100 N·m、80～400 N·m、200～1000 N·m）、扁铲、外径千分尺（160～275 mm）、内径千分尺（160～275 mm）、风动扳手、轴箱轴承横动量检测胎、游标卡尺（300 mm）、万用表。

三、工艺过程

检修工艺流程：轴箱装配拆卸→轴箱检修及探伤→轴承选配及测量→组装中间轴轴承及轴箱体整备→轴承压装→组装各轴轴箱体→接地装置检修及组装→组装后测量。

（一）拆卸工艺

1. 拆卸速度传感器用齿轮-压盖（如 2 轴轴箱）

拆卸顺序为：前端盖→速度传感器用齿轮→轴承压盖。

速度传感器用齿轮如图 3.6 所示。

2. 拆卸接地装置、前端盖、压盖

拆卸顺序为：接地装置→前端盖→压盖。

3. 拆卸后盖、轴箱体、防尘圈、轴承

拆卸一边端轴轴箱后盖、轴箱体、防尘圈、整体轴承，用轴承拆卸机将后端盖、防尘圈、轴承压出。取下轴箱后端盖、防尘圈、轴承。取下轴箱后端盖橡胶圈并销毁。

同样，拆卸中间轴轴箱体、轴承、防尘圈、轴箱后端盖。

图 3.6 拆卸下来的速度传感器齿轮

（二）轴箱体检修及探伤

（1）先对轴箱体进行清洗除漆，然后对轴箱体拉杆座前加工端面、弹簧座、与母体的连接根部除漆后，之后再进行磁粉探伤检查。探伤完成后填写《HXD3D 轴箱体磁粉探伤检查记录表》。

（2）目视检查轴箱体及前后端盖不许有裂痕，轴端压盖良好。使用新螺栓试装轴箱体螺母孔，保证状态良好，螺纹不许有断扣、乱扣、毛刺和碰伤。

（3）对探伤检修合格的轴箱体及前后端盖进行油漆，油漆型号为影灰。

（三）轴承选配及测量

1. 测量各零部件

（1）将轮驱吊运至轴箱组装工位。

（2）取出两种防尘圈和两种轴承。（注意防尘圈代号和轴承型号）

（3）将中间轴的轴承内圈拆卸下来，以备在中间轴热套轴承内圈。轴承内圈带出的油脂要取下并涂到轴承外套内，对取下内圈的轴承要用原有的防护塑料包好，避免杂物进入。中间轴轴承在取出轴承内圈前，要按照挡环的编号，用记号笔在轴承外圈和内圈的外侧端面标记出挡环编号。轴承在测量的过程中要轻拿轻放，不得碰伤；组装过程中应对照内外圈编号，内外圈不能混装。

（4）擦净车轴轴颈、车轴防尘座、轴承内圈内径、防尘圈内径、轴承外套外径、轴箱体内孔；以无毛毛巾擦拭后毛巾上无油污为准。

（5）测量前被测各零部件及量具均须同温 8 h 以上。

（6）使用内径千分尺采用 90°1 截面 2 点测量法测量防尘圈内径尺寸 $\phi 195_{0}^{+0.046}$ mm。

（7）使用外径千分尺采用 90°1 截面 2 点测量法测量车轴防尘座外径尺寸 $\phi 195_{+0.077}^{+0.106}$ mm，

C5 修限度 ≥ ϕ193 mm。

（8）使用外径千分尺采用 90° 2 截面 2 点测量法测量车轴轴承座外径尺寸 $\phi 160_{+0.043}^{+0.068}$ mm。

（9）使用内径百分表采用 90° 1 截面 2 点测量法测量轴承内圈内径尺寸 $\phi 160_{-0.025}^{0}$ mm。有关测量方法如图 3.7 所示。

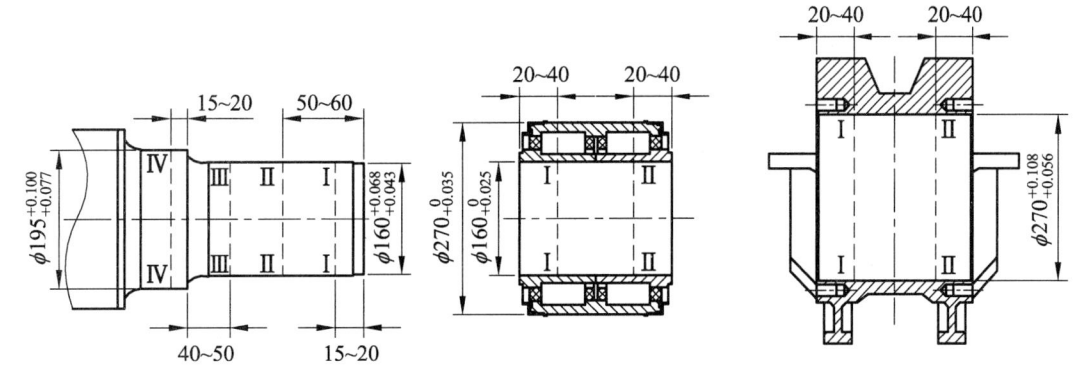

图 3.7　轴颈、防尘座尺寸测量

2. 轴承称重

检修轴承称重结果的判定标准根据供货时每件轴承包装中内附的轴承注脂后重量，公差范围（检测误差）为 ± 10 g，更新轴承比照新造机车标准。

（四）组装中间轴轴承及轴箱体

1. 热套各轴防尘圈和中间轴轴承内圈

（1）将测量好的防尘圈和 2、5 轴用的轴承内圈用无毛毛巾擦拭干净，用电磁感应加热器加热，加热温度为 85 ℃，时间为 40 s。

（2）戴上隔热手套取下防尘圈，热套到车轴上并推靠到轴肩根部，并以 20°～30°的角度反复旋转防尘圈，同时用力将其向轴肩推动，确保防尘圈与轴肩紧靠。

（3）取出中间轴的轴承内圈热套到车轴上并推靠到防尘圈根部，并以 20°～30°的角度反复旋转轴承内圈，同时用力将其向防尘圈推动，确保轴承内圈与防尘圈紧靠。

2. 轴箱后盖、中间轴轴箱体组装

（1）组装轴箱后盖，中间轴用后盖，1、3、4、6 轴用后盖，型号不同；组装前在后盖凸台根部更新 O 形圈，在后盖与轴箱体的安装面涂抹密封胶。2、5 轴轴箱构造如图 3.8 所示。

（2）将轴箱后盖用涂抹螺纹紧固胶的 M20×1.5×45 螺栓、弹簧垫圈 20 把紧到轴箱体上。具体操作如下：

① 调整并确认预紧力矩扳手的力矩值为 240 N·m。
② 调整并确认紧固力矩扳手的力矩值为 401 N·m。
③ 用力矩值为 240 N·m 的力矩扳手按对角把紧顺序对螺栓进行预紧。

④ 用力矩值为 401 N·m 的力矩扳手按对角把紧顺序对螺栓进行紧固。

⑤ 将紧固后的螺栓画好防缓标识线。

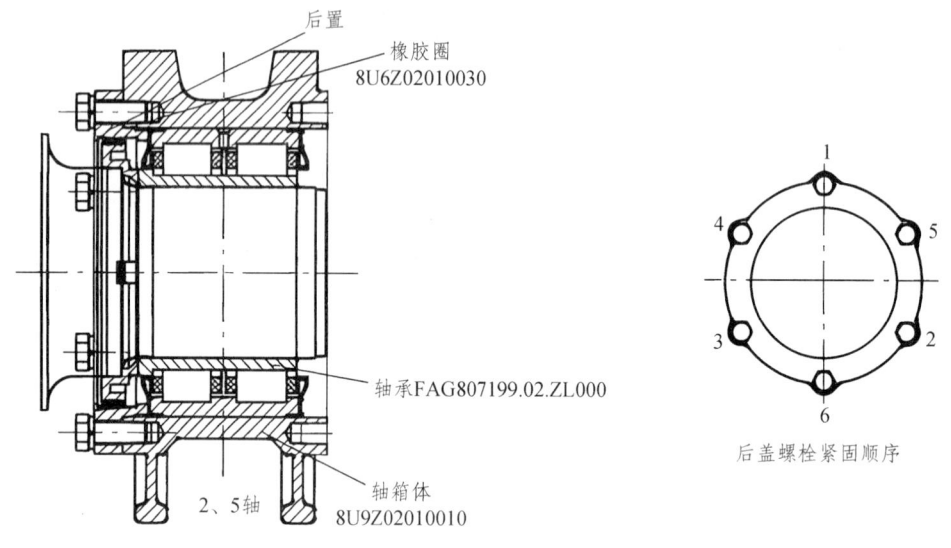

图 3.8　2、5 轴轴箱构造

（3）在中间轴对应的轴箱体上装上轴承外套，组装前用无毛毛巾在轴承外圈外径上均匀涂抹一层润滑膏，将装有轴承外套的 2、5 轴轴箱体用吊车吊起，套到已经装好轴承内圈的车轴上面，轴承外套应缓慢放入轴箱体内孔中，禁止与轴箱体端面磕碰，组装时可以用铜棒轻轻敲击轴承端面密封环，并靠紧到防尘圈上，保证轴承外套与轴承内圈编号一致，不得混装。

（五）轴承压装

1. 边轴轴承压装

（1）在边轴对应的轴箱体上装上轴承，轴承应缓慢放入轴箱体内孔中，禁止与轴箱体端面磕碰。组装时可以用铜锤轻轻敲击轴承端面密封环，将轴箱体轴承内圈内表面和车轴外表面擦净，用螺栓将导向套把在车轴端部，在轴箱体的轴承内圈内表面，均匀涂抹一层润滑膏。边轴轴箱结构如图 3.9 所示。

（2）将整个轴箱体用吊车吊起，套在导向套上，再将导向套外套套在导向套上并靠在轴承外端面。

（3）将轴承拆装机推至导向套正前方，调整顶尖高度和水平位置使压头顶住导向套正中间；把好各部位，开动压装机，使轴承逐渐压入轴颈处，当靠上防尘圈后，将油压升至 47 MPa 并保持 10 s，然后退压，再上压到 47 MPa 并保持 10 s，如此反复 3 次，最后退压，将压头退回。

（4）卸下导向套及其外套，用同样方法压装剩余轴箱体。

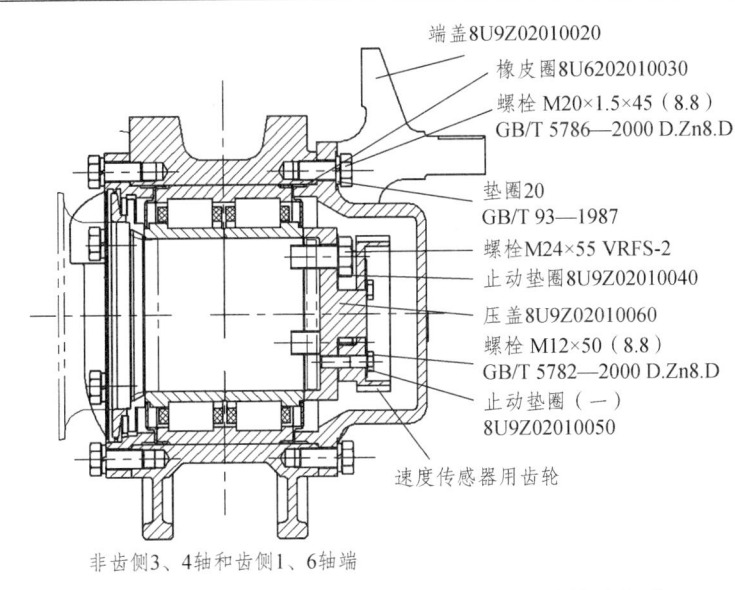

图 3.9 边轴轴箱构造

（六）组装各轴轴箱体

1. 边轴 975E 齿侧和中间轴齿侧轴箱组装

（1）检查压盖、端盖等无缺陷，擦净压盖、端盖各处。在非齿侧中间轴轴承外侧装入自带的挡环。

（2）将接地铜棒放入液态氮中冷却 30 min，用夹子将铜棒从液态氮中取出并将小端快速放入压盖中心孔内，使接地铜棒大径端面与压盖端面密贴，用止动垫片、涂抹螺纹紧固胶的 M24×55 螺栓将压盖把紧在各个轴头上，具体操作如下：

① 调整并确认预紧力矩扳手的力矩值为 390 N·m。
② 调整并确认紧固力矩扳手的力矩值为 657 N·m。
③ 用力矩值为 390 N·m 的力矩扳手按对角把紧顺序对螺栓进行预紧。
④ 用力矩值为 657 N·m 的力矩扳手按对角把紧顺序对螺栓进行紧固。
⑤ 用扁铲将止动垫片翻边锁住螺栓头，并画好防缓标识线。
⑥ 保证 0.25 mm 塞尺可以通过接地铜棒与端盖 ϕ56 内孔间隙。

（3）组装前在端盖凸台根部更新 O 形圈，在端盖与轴箱体的安装面均匀涂抹一层密封胶，之后将各轴的端盖用涂抹螺纹紧固胶的 M20×1.5×45 螺栓、垫圈 20 把紧到轴箱体上。具体操作如下：

① 调整并确认预紧力矩扳手的力矩值为 240 N·m。
② 调整并确认紧固力矩扳手的力矩值为 401 N·m。
③ 用力矩值为 240 N·m 的力矩扳手按对角把紧顺序对螺栓进行预紧。
④ 用力矩值为 401 N·m 的力矩扳手按对角把紧顺序对螺栓进行紧固。
⑤ 将紧固后的螺栓画好防缓线。端盖及接地装置组装如图 3.10 所示。

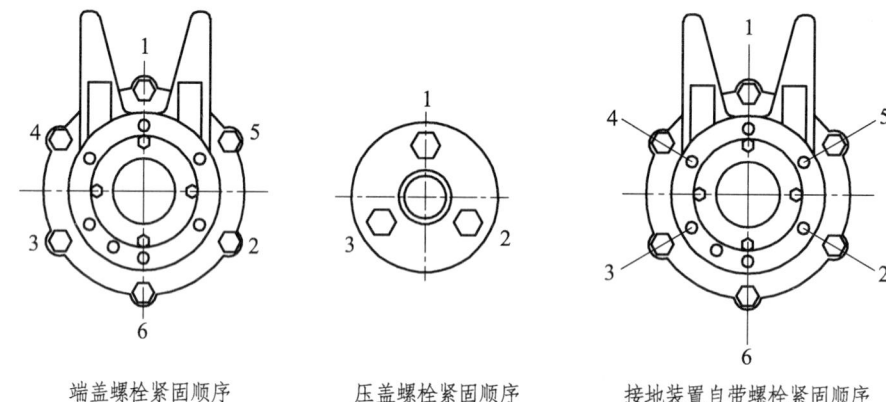

端盖螺栓紧固顺序　　　压盖螺栓紧固顺序　　　接地装置自带螺栓紧固顺序

图 3.10　端盖、接地装置组装示意图

2. 边轴齿侧和中间轴非齿侧轴箱组装

（1）检查压盖、端盖等无缺陷，擦净压盖、端盖各处。在齿侧中间轴轴承外侧装入自带的挡环。更新止动垫片，用涂抹螺纹紧固胶的 M24×55 螺栓将压盖把紧在轴头上。具体操作如下：

① 调整并确认预紧力矩扳手的力矩值为 390 N·m。

② 调整并确认紧固力矩扳手的力矩值为 65 N·m。

③ 用力矩值为 390 N·m 的力矩扳手按对角把紧顺序对螺栓进行预紧。

④ 用力矩值为 657 N·m 的力矩扳手按对角把紧顺序对螺栓进行紧固。

⑤ 用扁铲将止动垫片翻边锁住螺栓头。

（2）用更新过的止动垫片、涂抹螺纹紧固胶的 M12×50 螺栓将速度传感器用齿轮把紧在压盖上。具体操作如下：

① 调整并确认预紧力矩扳手的力矩值为 45 N·m。

② 调整并确认紧固力矩扳手的力矩值为 76 N·m。

③ 用力矩值为 45 N·m 的力矩扳手按对角把紧顺序对螺栓进行预紧。

④ 用力矩值为 76 N·m 的力矩扳手按对角把紧顺序对螺栓进行紧固。

⑤ 用扁铲将止动垫片翻边锁住螺栓头。

（3）组装前在端盖凸台根部更新 O 形圈，在端盖与轴箱体的安装面均匀涂抹一层密封胶，之后将各轴的端盖用涂抹螺纹紧固胶的 M20×1.5×45 螺栓、垫圈 20 把紧到轴箱体上。具体操作如下：

① 调整并确认预紧力矩扳手的力矩值为 240 N·m。

② 调整并确认紧固力矩扳手的力矩值为 401 N·m。

③ 用力矩值为 240 N·m 的力矩扳手按对角把紧顺序对螺栓进行预紧。

④ 用力矩值为 401 N·m 的力矩扳手按对角把紧顺序对螺栓进行紧固。

⑤ 将紧固后的螺栓画好防缓线。

⑥ 将螺堵 R1/2 把紧在端盖的螺堵孔内。

（七）接地装置检修及组装

1. 接地装置检修

（1）检查接地装置不得有裂损，拆除绝缘垫、绝缘套、密封垫并做报废处理。清除接触面异物，确保洁净。

（2）拆除接地装置端盖的 4 个 M10×35 螺栓后，露出圆锥弹簧。检查圆锥弹簧不许有裂纹，使用钢板尺测量圆锥弹簧自由高度须≥165 mm，否则更换。

（3）拆解接地电刷刷辫螺钉并作废弃处理，取下接地电刷，检查接地电刷磨耗符合限度要求。用游标卡尺测量接地电刷长度。接地电刷长度须≥51 mm，否则更换。

（4）将弹簧座安装到电刷上，然后将电刷装入安装座的电刷孔内，电刷在孔内应松紧合适、上下活动自如。更新刷辫用的 2 个 M6×10 螺钉，以 6.5 N·m 力矩紧固在安装座上。

（5）更新接地装置的绝缘垫、绝缘套、密封垫和 M10×40 螺栓及弹簧垫。

（6）将接地装置预组装到轴箱端盖上，目测电刷接触面积≥70%。

2. 接地装置组装

将接地线装置安装座用的 6 个 M10×40 螺栓把紧在轴箱端盖上，具体操作如下：

① 调整并确认预紧力矩扳手的力矩值为 20 N·m。
② 调整并确认紧固力矩扳手的力矩值为 30 N·m。
③ 用力矩值为 20 N·m 的力矩扳手按对角把紧顺序对螺栓进行预紧。
④ 用力矩值为 30 N·m 的力矩扳手按对角把紧顺序对螺栓进行紧固。
⑤ 将紧固后的螺栓画好防缓线。

（八）组装后测量

测量轴中间轴横动量：FAG 为 19～20 mm，SKF 为 19～20 mm；边轴横动量：FAG 为 0.3～0.8 mm，SKF 为 0.4～0.7 mm。具体操作如下：

1. 中间轴横动量测量

将轴箱往轮对方向推入最小极限位置，用卡钳测量后盖端面与轮芯侧端面的距离 a；将轴箱往外拉出最大极限位置，用卡钳测量后盖端面与轮芯侧端面的距离 b；再用游标卡尺分别测量 a 和 b 的值，则可得到轴箱的横动量 $L=b-a$。

2. 边轴横动量测量

将百分表安装在带有磁性座面的夹持架上，将磁性座面固定在轴箱体的平面，百分表测量头对准轮对制动盘上，将轴箱往轮对方向推入最小极限位置，转动表圈使表盘的零位刻线对准指针；再将轴箱往外拉出最大极限位置，百分表指针对应的刻度为轴箱的横动量，互检人员重复以上操作对轴箱横动量进行重新测量确认，检查人员重复测量并最终确认。若横动量不符合要求则须重新压装。

第三节　轮对装置检修工艺

图 3.11 为 HXD3D 机车轮对驱动装置结构图。本节介绍 HXD3D 型机车轮对装置 C4 级修检修工艺流程、工艺要求及质量标准。

图 3.11　HXD3D 机车轮对驱动装置结构图

一、主要材料

纱布、刷子、橡胶圈、密封胶、油漆、各号纱布，棉丝，钢刷。

二、主要设备及工具

天车，电焊、气焊设备，钳工常用工具，检点锤，照明设备，塞尺，钢板尺，游标卡尺，油性笔，漆封工具，力矩扳手，超声波探伤仪，涡流探伤仪，车轮第四种检查器，轮径尺（1 160 ~ 1 260 mm）、轮对内侧距尺（1 345 ~ 1 365 mm）。

三、检修工艺过程

工艺流程：轮对驱动装置清洗→轮对装置检查→车轮踏面检查→轮对相关尺寸测量→零部件更换或修复。

（一）轮对驱动装置清洗

机车入修时，对轮对驱动装置进行清洁，探伤部位清洁度要能达到探伤标准。从轮对驱动装置中拆下轮对装置，其结构如图 3.12 所示。

1—车轮（一）；2—车轴；3—KNORR 制动盘；4—车轮（二）。

图 3.12　轮对装置结构

（二）轮对装置检查要求

（1）目视检查车轴与轮毂镶装处有无透锈，整体轮可见部分有无裂纹。

（2）车轴须进行超声波探伤，不许有超标缺陷。

（注：车轴探伤后安装轴头压盖时检查车轴螺纹孔状态，螺纹不许有断扣、乱扣、毛刺和碰伤。）

（3）探伤检查整体车轮，不得有裂纹，车轮禁止焊修。

（三）车轮踏面检查

1. 车轮踏面检查标准

① 检查轮对踏面擦伤深度不大于 0.7 mm。

② 轮缘凹槽或剥离长度不大于 38 mm，宽度不大于 13 mm。距轮缘顶部 10～18 mm 范围内可留有深度不超过 2 mm、宽度不大于 5 mm 的黑皮。

③ 两块剥离边缘相距不小于 75 mm 时，每处长度不得超过 35 mm；多处小于 35 mm 的剥离，其连续剥离总长度不得超过 350 mm。单处剥离长度不大于 40 mm，且深度不大于 1 mm。

④ 距踏面向上 10 mm 处测量轮缘厚度不小于 23 mm。

⑤ 踏面磨耗深度小于 7 mm。

⑥ 轮缘垂直磨耗高度不大于 18 mm。

2. 车轮踏面磨耗及不良状态测量

（1）踏面磨耗测量：

① 推动车轮第四种检查器踏面圆周磨耗测尺，使测尺头接触车轮踏面。

② 读取数值。踏面圆周磨耗测尺上面刻线与踏面圆周磨耗尺框刻线相重合的数值，为踏面磨耗值。

(2)垂直磨耗测量：

① 测量轮缘厚度的同时推动垂直磨耗测尺。

② 读取垂直磨耗测尺上刻线与垂直磨耗刻线相重合的数值，如果数值小于零，则说明车轮垂直磨耗到限。

(3)踏面擦伤（剥离）深度测量：

① 移动踏面圆周磨耗尺框和踏面圆周磨耗测尺，使踏面圆周磨耗测头对准踏面擦伤部位最深处。

② 紧固踏面圆周磨耗尺框紧固螺钉。

③ 读取踏面圆周磨耗尺上刻线与踏面圆周磨耗尺框刻线相重合的数值，记录数值。

④ 沿车轮圆周方向移动主尺，测量同一圆周未擦伤部位的踏面圆周磨耗深度。

⑤ 计算两次测量数值的差值，即为踏面擦伤（剥离）深度。

(四) 轮对相关尺寸测量

1. **滚动圆直径测量**

(1)校对"零"位：

① 拧紧轮径尺指示表测头和轮径尺测头，以免校对"零位"或作测量时测头松动而带来测量误差。轮径尺结构如图 3.13 所示。

② 用布清洁测量块、指示表测头与标准圆接触表面，保证表面光滑。

③ 将轮径尺放置在标准圆上，保证两测量块均与标准圆弧面接触良好，定位架与标准圆定位端面密贴，然后通过上下移动指示表，将指示表读数调整为标准圆直径值。测量方法如图 3.14 所示。

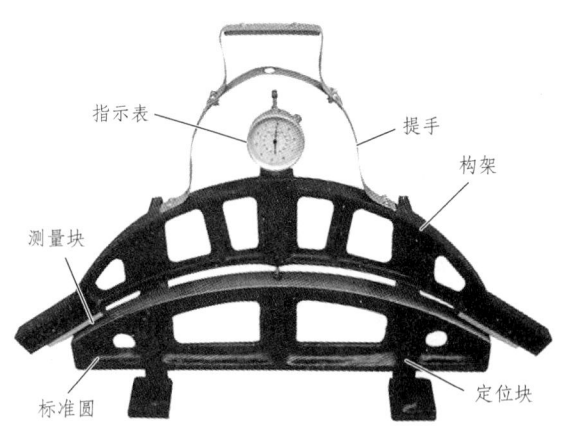

图 3.13 轮径尺

图 3.14 滚动圆直径测量

(2)测量轮径：

① 测量前，应用布清洁车轮踏面测量区域表面及车轮内侧面定位区域，保证接触区域表面清洁。

② 测量时，两手握住轮径尺两端的构架部位，放置在被测车轮上，使定位架与车轮内侧面靠紧（因为有磁性，只要一接触就能保证密贴），两手轻轻压一压，至两测量块均与车轮踏面接触到位，再轻轻按压几次，若指示表指示变化较小，这时即可从指示表中读出直径值。（注：轮径不小于 1150 mm，且需多点测量，确认车轮不成椭圆形。）

③ 轮径差要求：同轴轮径差不大于 1 mm；同转向架轮径差不大于 5 mm；同台机车轮径差不大于 10 mm。

2. 轮辋宽度测量

测量方法如图 3.15 所示。具体操作如下：

① 将车轮第四种检查器踏面圆周磨耗尺框推向右侧，使踏面圆周磨耗测尺的测头紧靠（或指向）车轮外侧面。

② 读取踏面圆周磨耗尺框左侧面对应轮辋宽度测尺的数值，即为轮辋宽度。

③ 如果踏面有碾宽，应减去踏面碾宽数值，即为轮辋实际宽度。

图 3.15 轮辋宽度测量

3. 轮缘高度测量

标准轮缘高度（28 mm）加上踏面磨耗值（踏面磨耗测量方法参考之前测量工艺），即为实际轮缘高度数值。

4. 轮对内侧距测量

轮对内侧距测量如图 3.16 所示。

图 3.16 轮对内侧距测量

具体操作如下：

① 测量前用布清洁车轮轮辋内侧的测量区域表面，保证接触区域表面光滑。

② 将轮对内侧距检查尺平放在轮缘顶点上并使之与车轴中心线平行（C4 修车下测量时，

测量轮对最低点内侧距），先使非测尺端靠紧一侧的轮辋内侧，然后再推动测尺端，使测尺端紧靠另一车轮的轮辋内侧，并且来回移动测尺端，找出测量的最小值。

③ 同时将刻度尺上的螺丝拧紧，刻度尺中间刻线对正的刻度即为轮对内侧距离尺寸（限度：1353 ± 3 mm）。

车轮尺寸或探伤不符合要求时，车轮需进行镟修或更换轮对。

第四节　构架、悬挂装置、牵引装置和基础制动装置检修工艺

一、构架检修工艺

HXD3D 型机车的转向架构架结构如图 3.17 所示。

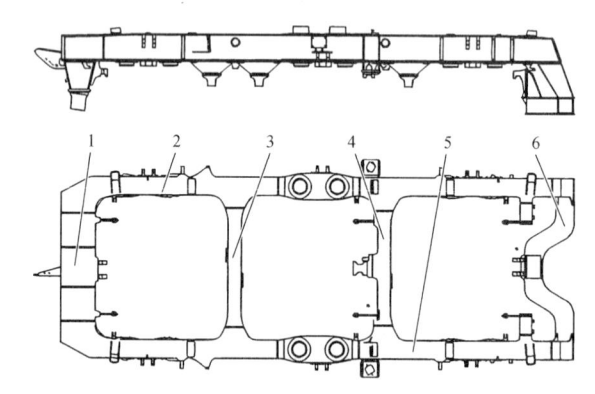

1—牵引梁；2—侧架（一）；3—横梁（一）；4—横梁（二）；5—侧架（二）；6—前端梁。

图 3.17　HXD3D 型机车转向架构架外形结构图

HXD3D 型机车转向架构架检修工艺过程如下：

（1）目视检查构架母材、焊缝、各安装座可见部分不许有裂损。检查转向架各部应完整、无异状，铭牌齐全、安装牢固。

（2）转向架各部件的紧固螺栓可见部分防缓标识清晰，不许有错位。

（3）检查构架油漆状态良好，不良处补漆。

（4）检查构架牵引梁、横梁、侧梁等主要承载件及其相互连接处焊接无裂纹。(可见部分）。

（5）检查减振器安装座、轴箱拉杆座、制动夹钳吊座等焊接牢固。

二、悬挂装置检修工艺

机车悬挂装置包含一系悬挂装置、二系悬挂装置和电机悬挂装置。HXD3D 型机车一系悬挂装置结构如图 3.18 所示，二系悬挂装置如图 3.19 所示。

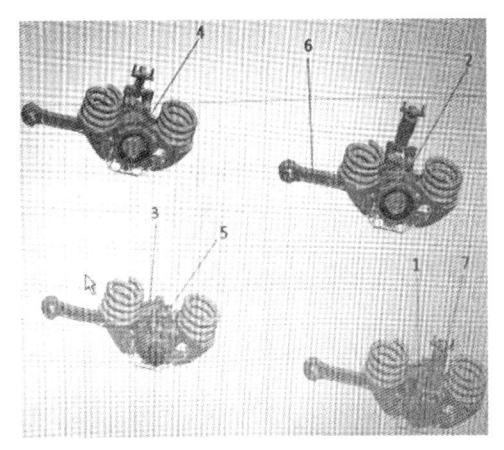

1—轴箱装配（一）；2—轴箱装配（二）；
3—轴箱装配（三）；4—轴箱装配（四）；
5—吊杆；6—拉杆装配；7—一系垂向减振器。

图 3.18　一系悬挂装置图

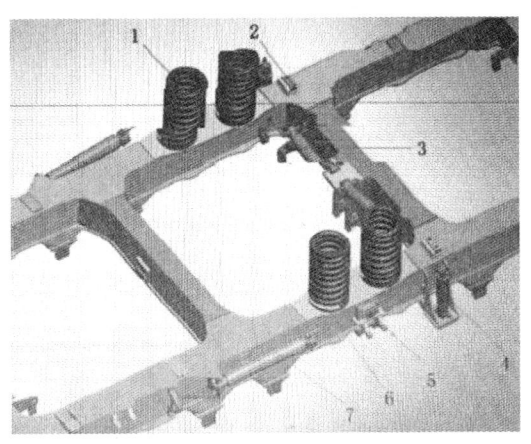

1—二系高圆簧；2—垂向止挡；3—二系横向减振器；
4—二系垂向减振器；5—横向止挡；6—减振垫；
7—抗蛇行减振器。

图 3.19　二系悬挂装置

（一）主要材料

各号纱布、棉丝、钢刷。

（二）主要设备及工具

天车、钳工常用工具、塞尺、钢板尺。

（三）工艺过程

1. 电机悬挂检修

（1）检查电机悬挂装置紧固状态良好。

（2）检查吊杆、吊杆座、橡胶关节、安全托铁状态良好。电机吊杆、吊杆座不许有裂损。橡胶关节出现以下现象时更新：

① 橡胶与金属黏接破坏，一处或多处累计长度大于橡胶面周长的 1/4 且深度大于 5 mm；

② 橡胶关节表面裂纹长度大于 1/4 周长且深度大于 5 mm；

③ 关节出现"鼓凸"现象，凸起长度大于 10 mm 或凸起宽度大于 1/4 周长；

④ 橡胶关节出现热熔。

（3）上车电机吊杆探伤不许有裂纹。橡胶关节状态良好，不许有龟裂、老化现象。电机吊杆紧固件更新。电机支承座焊缝除漆探伤检查，不许有裂纹。电机支承座安装螺栓更新。

（4）电机吊杆体及装配件清除：

① 清除吊杆体两孔及端面油污、毛刺，保证压入部位圆滑过渡；

② 清除橡胶关节油污、灰尘；

③ 按 15%～20% 抽检橡胶关节直径和吊杆体孔直径。

(5) 电机吊杆装配:
① 用吊具将杆体吊放于定位胎板上,定位要准确。
② 杆体两孔及橡胶关节分别涂油,涂油面应大于长度的1/2,并保证涂层均匀。
③ 用定位胎、拉尺确定杆体两孔在同一平面内且与端面垂直,放垫铁套筒,启动油压机,将橡胶关节压入。
④ 将压装好的一端转180°,逐个操作同上压入另一端橡胶关节,检查橡胶关节压入后橡胶黏接良好。

2. 一、二系弹簧及减振器检修

(1) 目检横向、垂向油压减振器体,不得有裂纹、漏油、渗油,否则更换。橡胶关节出现以下现象时更新:橡胶与金属黏接破坏,一处或多处累计长度大于橡胶面周长的1/4且深度大于5 mm;橡胶关节表面裂纹长度大于1/4周长且深度大于5 mm;关节出现"鼓凸"现象,凸起长度大于10 mm或凸起宽度大于1/4周长。

(2) 外观检查一、二系垂向、横向减振器、轴箱吊杆紧固状态良好。减振器不得有漏油现象,上罩与体应无接触磨损。将减振器安装到安装座上,将吊杆和销安装到轴箱和构架的吊杆安装座上,安装时注意上销安装在座下部、下销安装在座上部,注意螺栓的安装方向由上向下。油压减振器进行性能试验须符合油压减振器试验参数要求。试验合格后,平放24不许有漏泄。

(3) 检查一、二系圆弹簧、垫片及安装座状态良好。检查弹簧应无裂纹、伤痕、断簧,减振垫不许有老化、变形现象。

(4) 一、二系圆弹簧外观检查不许有裂损、压死。

(5) 一、二系弹簧自由高、试验压缩高及同轮对、同转向架试验压缩高之差均须符合限度规定。一、二系弹簧配组时允许加垫调整。

(6) 检测一、二系圆弹簧横向自由偏移方向,按图纸要求进行组装。

(7) 二系减振垫不许有老化、变形现象。

(8) 转向架二系横向止挡和垂向止挡不允许有老化、龟裂现象。

三、牵引装置检修工艺

牵引装置检修工艺过程如下:
(1) 检查各紧固件螺栓紧固状态良好。
(2) 外观检查牵引销、橡胶圈及托盘状态良好。牵引杆油脂充足,橡胶圈上部与空气隔绝,油脂更新。
(3) 检查牵引杆各处焊接状态良好。
(4) 检查牵引杆安全钢丝绳状态良好。牵引杆安全钢丝绳不许有断股、腐蚀现象,开口销安装良好。
(5) 法兰及牵引座筒探伤,不许有裂纹。
(6) 压盖安装螺栓及垫圈、安全钢丝绳开口销、牵引连接螺栓、螺母更新。

四、基础制动装置检修

本节介绍 HXD3D 型电力机车基础制动装置 C4 修程的检修工艺流程、工艺要求及质量标准。基础制动装置的结构如图 3.20、图 3.21、图 3.22 所示。

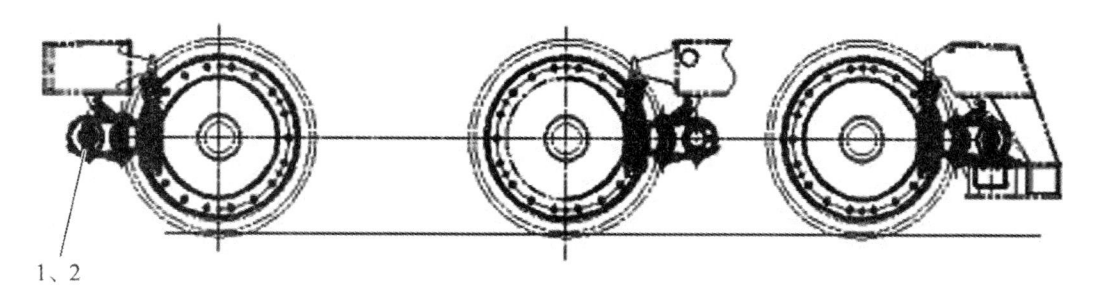

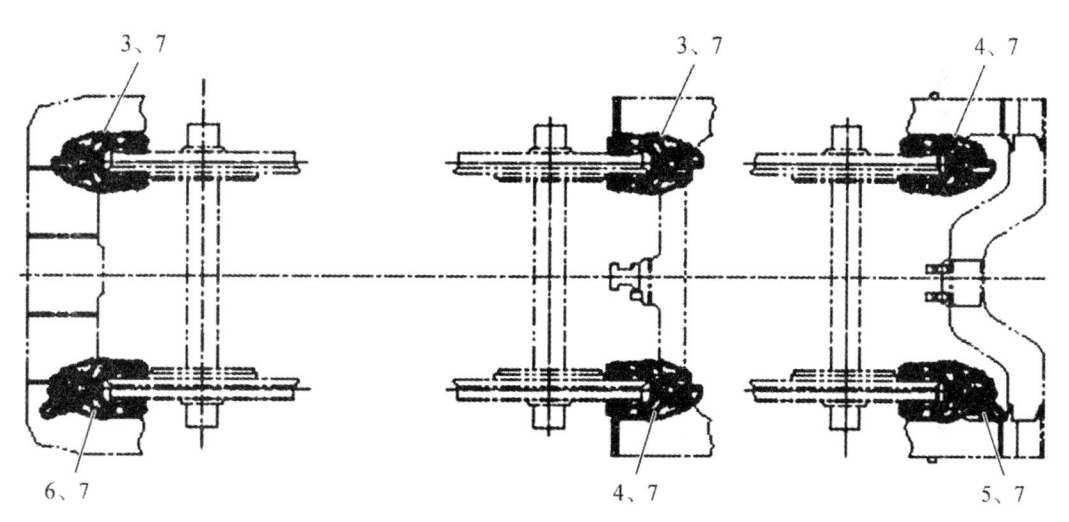

1—M16×70 螺栓；2—M16 防松螺母；3—制动单元（右）；4—制动单元（左）；
5—制动单元（弹停右1）；6—制动单元（弹停右2）；7—制动闸片。

图 3.20 基础制动装置

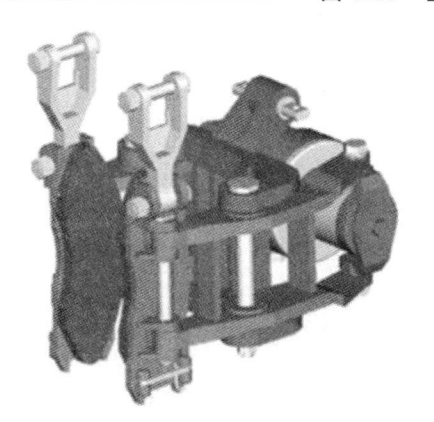

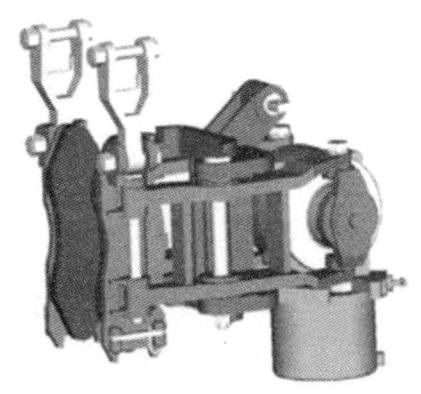

图 3.21 盘式制动单元　　　图 3.22 盘式制动单元（带弹停制动缸）

一、主要材料

各号纱布、棉丝、钢刷。

二、主要设备及工具

天车、钳工常用工具、紧铜棒、塞尺、钢板尺、闸瓦间隙专用工具。

三、工艺过程

(一) 制动单元检查

(1) 制动夹钳单元各部件不许有裂纹、变形、腐蚀及严重的污垢;紧固件不许有松动、弛缓及缺失,橡胶防尘罩不许有破损,卡箍不许有松动或脱落。

(2) 空气管路连接正确、气路畅通。

(3) 制动闸片托架的燕尾槽、锁闩不许有明显磨损;制动闸片安装正确,销钉不许有松动、缺失;制动闸片厚度符合限度要求。闸片安装良好、无裂纹,闸片卡簧良好、无掉块。

(二) 性能试验

(1) 气密性试验:

① 低压气密性试验:在常温下,分别向制动缸内或弹簧停车缸内充入 100 kPa 压缩空气,保压 3 min,泄漏量不大于 10 kPa。

② 高压气密性试验:在常温下,分别向制动缸内或弹簧停车缸内充入 500 kPa 压力空气,保压 3 min,泄漏量不大于 10 kPa。

(2) 闸片间隙试验:进行适当次数的制动——缓解试验,闸片与制动盘双侧间隙之和为 3 ± 1 mm。

(3) 弹簧停车制动、缓解试验:弹簧停车制动缸内充入 480 kPa 压缩空气,重复试验 5 次,制动和缓解须正常。

(4) 手动调整间隙试验:闸瓦托应能双向调整、动作灵活。

(5) 弹簧停车手动缓解试验:弹簧停车制动缸内充入 480 kPa 压缩空气,重复 5 次试验,单元制动器均应能彻底缓解。

(6) 对脱漆部位进行补漆处理。

第五节 转向架组装工艺

本节介绍 HXD3D 型电力机车转向架组装的检修工艺流程、工艺要求及质量标准,以 C5 修程为例。转向架总装配如图 3.23 所示。

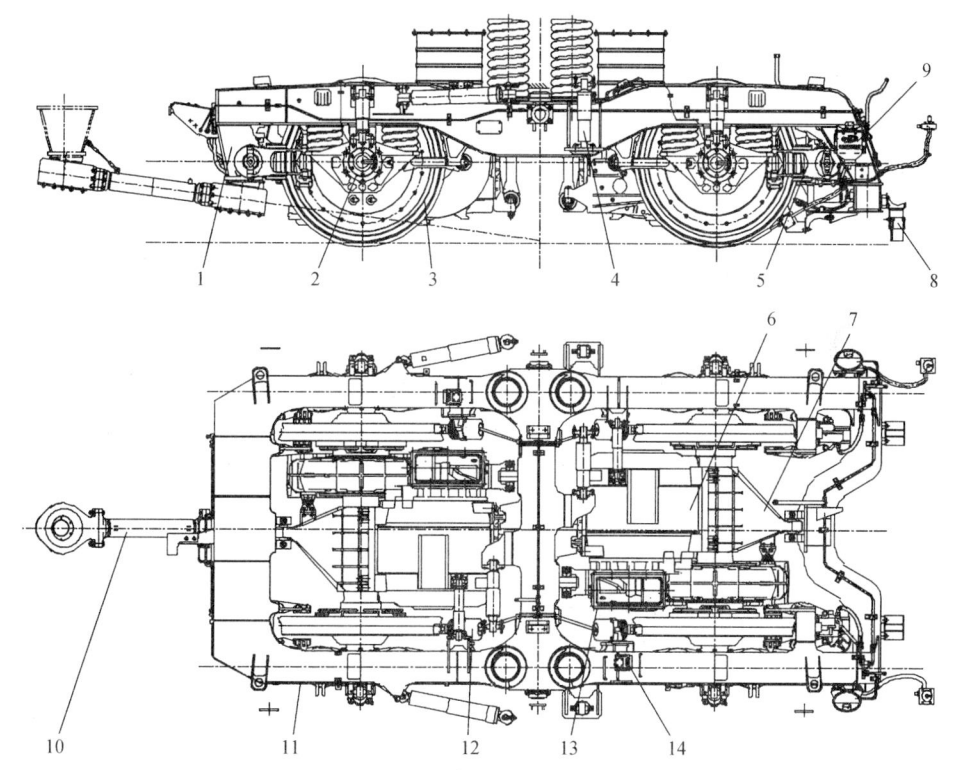

1—构架装配；2——系悬挂装置；3—驱动装置；4—轮对装配；5—二系悬挂装置；6—基础制动装置；
7—电机悬挂装置；8—附件装配；9—车梯装配；10—轮缘润滑执行装置；
11—轴温布线；12—配管装配；13—牵引杆装配；14—进风道装配。

图 3.23　转向架总装配图

一、主要材料

螺母、标准件螺栓、力矩扳手、纱布、擦车布。

二、主要设备及工具

钳工常用工具、检点锤、钢板尺。

三、转向架组装过程

（1）按照原位置安装风管路、风管路夹板螺栓，螺栓紧固力矩 10 N·m；安装轮缘润滑管路夹板螺栓，螺栓紧固力矩 10 N·m（适量涂紧固胶）；安装车梯安装螺栓，螺栓紧固力矩 200 N·m；安装砂管支架安装座螺栓，螺栓紧固力矩 200 N·m；安装扫石器支架安装螺栓，螺栓紧固力矩 196 N·m；安装制动夹钳吊安装螺栓，紧固紧固力矩 100 N·m；安装制动夹钳安装座螺栓，紧固力矩 280 N·m。

（2）将合格轮驱按照排轮顺序摆放至组装轨道上，轮驱朝向为正-正-反，轮驱轴距 2 350+2 000 mm 打好止轮器，用横梁将电机尾部撬起以便转向架安装。

（3）安装轴箱拉杆，紧固轴箱拉杆与轴箱连接螺栓 M24×110，8 螺母 M24，螺栓由拉杆芯轴侧穿入，紧固力矩 550 N·m，用支堆将构架侧轴箱拉杆支起。

（4）安装绝缘垫、调整垫及轴箱弹簧，轴箱弹簧按照白漆标识内侧相对安装，铭牌朝外，放置在轴箱安装座上。注意绝缘垫、调整垫以及轴箱弹簧必须落座，不得压在边缘上。

（5）用吊具起吊转向架专用的起吊吊点，并确定转向架一直在水平状态。缓缓落入指定位置，注意轴箱弹簧必须入槽，不得磕碰夹钳、构架等部件。图 3.24 为转向架起吊示意图。

（6）用吊具钩住轮对驱动装置后部吊耳处，调整电机上前、后支承座及齿轮箱后部支承座，使得支承座与构架螺栓孔对准，依次插入电机上前支承座（长吊）螺栓（M27×150，10.9 级），螺栓由下向上穿入，装入前吊挂 M27、4 mm 厚垫片及螺母 M27，紧固力矩 1250 N·m。齿轮箱后支承座螺栓 M27×110，短套 L=20 mm，紧固力矩为 1250 N·m。电机吊座（短吊）螺栓 M27×140，长套 L=50 mm，紧固力矩为 1250 N·m。

（7）安装安全托铁，紧固螺栓 M16×35，10.9 级，平垫，紧固力矩 260 N·m。

（8）依次安装一系油压减振器螺栓 M16×85，8.8 级，紧固力矩 196 N·m；二系油压减振器螺栓 M16×70，8.8 级，紧固力矩 196 N·m；抗蛇形油压减振器与构架连接螺栓 M20×80，8.8 级，紧固力矩 383 N·m。油压减振器安装时按标识决定朝向，组装后记录各个减振器的安装位置。

（9）将轴箱拉杆与构架连接，连接螺栓 M24×180，穿入 M24 垫片，再由芯轴处穿入，紧固螺栓力矩为 665 N·m。

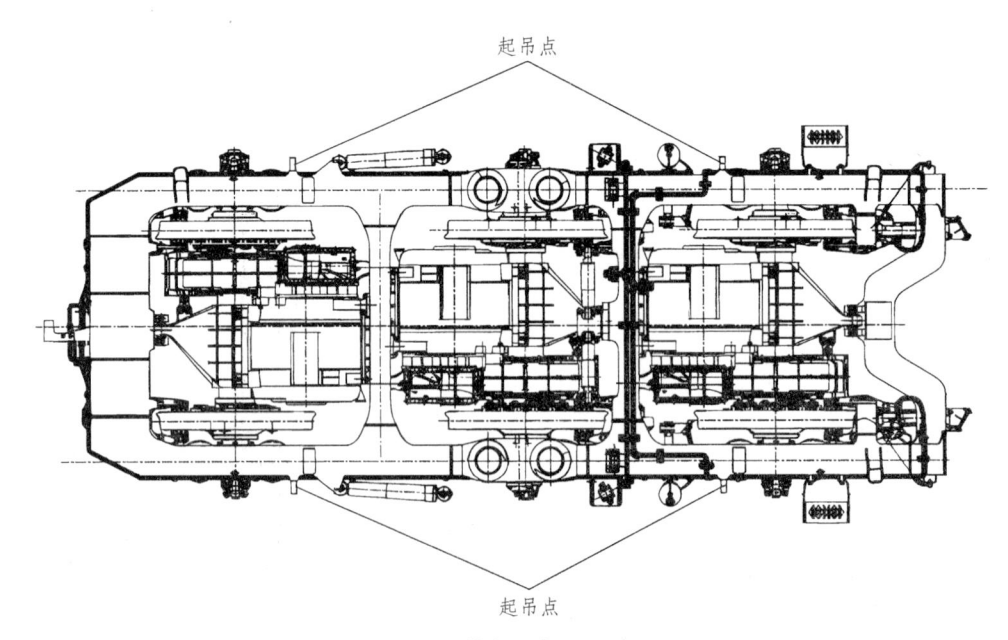

图 3.24 转向架起吊示意图

（10）安装二系弹簧绝缘垫、调整垫片，用吊具将二系弹簧装入构架弹簧座，二系弹簧偏移标识向外、铭牌向外。

（11）打开齿轮箱注油口，使用风动油泵注入齿轮箱润滑脂，加油至接近油位表的上端标志位置，大约需要9 L油；紧固齿轮箱注油堵，拧紧力矩130 N·m；更换铜垫。

（12）所有需按照力矩紧固的螺栓必须预拧紧，留 1/2～1 圈打紧余量，严禁超力矩紧固螺丝。紧固螺栓时螺纹孔内及螺栓有油必须清理干净。转向架组装有关限度见表3.2。

表 3.2　转向架装配限度表

轮对			
名称		原形	C5 修限度
滚动圆直径及轮缘厚度	滚动圆直径	$\phi 1250^{+3}_{0}$	$\geqslant \phi 1210$
	轮缘厚度	$34^{0}_{-0.5}$	$\geqslant 29.5$
轮辋宽度		140^{+3}_{0}	$\geqslant 136$
轮对内侧距		$1353^{+0.3}_{-1.0}$	$1353^{+0.3}_{-1.0}$
同轴轮对内侧距差		$\leqslant 1$	$\leqslant 1$
同一轴滚动圆直径差		$\leqslant 0.5$	$\leqslant 1$
同一转向架滚动圆直径差		$\leqslant 0.5$	$\leqslant 2$
同一机车滚动圆直径差		$\leqslant 0.5$	$\leqslant 4$
轮缘高度		28^{+0}_{-1}	28^{+0}_{-1}
踏面偏差		$\leqslant 0.5$	$\leqslant 0.5$
构架及附属装置			
砂管出砂口距轨面高度		$25\sim30$	$25\sim30$
砂管出砂口距踏面距离		$15\sim30$	$15\sim30$
扫石器橡胶板距轨面高度		30	30 ± 5
单元制动器闸片厚度		34	$\geqslant 24$
		30	$\geqslant 20$
弹簧悬挂装置			
轴箱弹簧自由高度		232.5 ± 2	232.5 ± 4
轴箱弹簧试验工作高度		193 ± 2	193 ± 4
二系弹簧自由高度		715.5^{+5}_{-2}	715.5^{+7}_{-5}
二系弹簧试验工作高度		584^{+3}_{-2}	584^{+5}_{-4}
同一轮对轴箱弹簧试验工作高度差		$\leqslant 1$	$\leqslant 2$
同一转向架轴箱弹簧试验工作高度差		$\leqslant 2$	$\leqslant 4$
同一转向架二系弹簧试验工作高度差		$\leqslant 3$	$\leqslant 4$

总　　结

　　本章结合现场介绍了交流电力机车车体、车钩及缓冲装置、转向架高级修的检修工艺。它们可以看作是本书第一篇检修基础的实践与应用。本章的目的是使学生理解、体会和掌握车钩及缓冲装置、转向架检修过程、具体的检修方法及程序。第一节介绍了车钩及缓冲装置的检修工艺；第二节介绍了轴箱装置的检修工艺过程；第三节主要介绍了轮对的检修工艺过程；第四节介绍了构架、悬挂装置和牵引装置的检修工艺过程；第五节介绍了转向架组装工艺过程。学习本章应具有车钩及缓冲装置、转向架结构的知识基础，通过理论教学与实践操作相结合的教学模式方式会取得更好的学习效果。

复习思考题

　　3.1　简述车钩"三态"的检查过程。

　　3.2　车钩零件不得有裂纹，哪些情况禁止焊修？

　　3.3　试述轴箱体的检修工艺过程。

　　3.4　试述接地装置的检修工艺。

　　3.5　简述组装中间轴轴承及轴箱体的过程。

　　3.6　试述轴箱轴承的测量过程。

　　3.7　试述轮对装置的检修工艺过程。

　　3.8　轮对装置检查的要求是什么？

　　3.9　如何进行车轮踏面的检查？

　　3.10　如何进行轮对相关尺寸测量？

　　3.11　试述检修转向架构架的检修工艺。

　　3.12　简述悬挂装置检修工艺。

　　3.13　简述牵引装置检修工艺。

　　3.14　试述制动单元检查的技术要求及性能试验的内容。

　　3.15　简述转向架的组装过程。

第四章　三相交流异步电机检修

【本章内容提要】

（1）三相异步电机主要故障：常见故障、原因和处理；
（2）三相异步电机解体与组装：一般性介绍电机解体与组装的步骤和方法；
（3）三相异步电机的试验：一般性介绍电机的试验方法与程序；
（4）三相异步电机绕组浸漆和机械部分的修复方法：绕组浸漆的方法、机械部分的修复方法；
（5）HXD3D 型交流电力机车牵引电机 C5 级修检修工艺：HXD3D 型机车牵引电机 C5 级修检修工艺过程；
（6）HXD3B 型交流电力机车牵引电机 C5 级修检修工艺：HXD3B 型机车牵引电机 C5 级修检修工艺过程。

本章分别介绍 HXD3D 型和 HXD3B 型交流电力机车牵引电动机 C5 级检修内容及工艺过程，供使用者根据需要选择。

第一节　三相异步电机主要故障

三相交流异步电机故障通常分为电气故障和机械故障两个方面，比较常见的有：

一、电机缺相运行

（1）表象特征：缺（断）相运行。三相异部电动机在运行过程中，断一相电源线或断一相绕组就会形成缺相运行。如果轴上负载没有改变，则电动机处于严重过载状态，定子电流将达到额定值的 1.5 倍甚至更高，时间稍长电动机就会烧毁。

缺相运行其绕组特征是很明显的，拆开电机端盖，会看到电机绕组端部的 1/3 或 2/3 的极相绕组烧黑或变为深棕色，而其中的一相或两相绕组完好或微变色。

（2）原因：主要是线路和电机引线连接有浮接现象，引起接触电阻变大，使连接处逐步氧化而造成断相。

（3）处理方法：重绕电机绕组。

二、匝间短路

（1）表象特征：绕组中相邻两条导线之间的绝缘损坏后，使两导体相碰，就为绕组短路。发生在两相绕组之间的绕组短路称为相间短路。发生在同一相绕组中的绕组短路称为匝间短路。无论是匝间短路还是相间短路，都会使某一相或两相电流增加，引起局部发热，使绝缘老化，缩短电动机的使用寿命甚至损坏电动机。

在线圈的端部，就能够清楚地看到线圈的几匝或整个线圈甚至一个极相绕组烧焦，烧焦部分呈裸铜线，其他均完好。一般短路情况下保护电器动作，起保护作用。

（2）原因：主要是嵌线质量不高或机械磨损，造成本相绕组中导线绝缘损伤，引起匝间短路。

（3）检查：

① 排除法。当发生上述故障时，首先要检查电动机电源电缆对地绝缘和相间绝缘情况是否完好，如电缆对地绝缘或相间绝缘为零，要及时更换电缆或检查电动机。

② 直流电阻测试法。将电源电缆摘掉，测试电动机的绕组间直流电阻，即可发现绕组间的直流电阻不平衡，从而判断电动机的绕组短路。此时要重新缠绕的电机的绕组或更换绕组。

③ 观察法。打开电机发现绕组有烧坏变黑，可闻到浓浓的焦糊味。

（4）处理方法：可局部修理的，换一个线圈或一组线圈即可；不宜局部修理的，重绕全部绕组。

三、相间短路

（1）表象特征：在短路处发生了爆断并熔断了很多导线，附近会有很多熔化的铜屑，其他处均完好无损。

（2）原因：主要是端部相间绝缘、双层线圈层间绝缘没有垫妥，在电机受热或受潮时，绝缘性能下降，击穿形成相间短路。也有线圈组间连接套管处理不妥，绝缘材料选用不当等原因。

（3）处理方法：重绕电机绕组，并注意相间绝缘要垫妥，选用合适的绝缘材料。

四、电机接地

（1）表象特征：用兆欧表测试电机绕组与地之间绝缘电阻小于 $1\ \mathrm{M\Omega}$。

（2）原因：主要是嵌线质量不高，造成槽口绝缘破损；高温或受潮引起绝缘性能降低；电机长时间过载运行；有害气体、粉尘的腐蚀；定子、转子摩擦引起绝缘灼伤；引出线绝缘损坏与机壳相碰；过电压击穿。

（3）检查：

① 观察法。目测绕组端部及线槽内绝缘，观察有无损伤和焦黑的痕迹。

② 兆欧表测试法。用兆欧表的 500 V 挡测量每组的绝缘电阻，若读数值很小或为零，则表示该相绕组接地。

③ 同样用兆欧表测试法测试电缆故障。

（4）处理方法：从嵌线质量、绝缘材料选用上提高要求。

五、过　载

（1）表象特征：三相绕组全部焦黑。

（2）原因：主要是电机端部电压太低；接线不符合要求，Y、△接不分；机械方面，不注意电机的使用条件和要求；电机本身定、转子间气隙过大，鼠笼式转子铝条断裂，重绕时线圈数据与原设计相差太大等。这些都是造成过载的原因。

（3）处理方法：重绕电机绕组后再找原因，并针对性处理。

六、电动机轴承过热

（1）表征现象：用温度计法测得滚动轴承温度高于 95 ℃。

（2）原因：轴承润滑脂过多或过少或有杂质；润滑脂装载量不符合要求；轴承与轴颈或端盖配合不当（过紧或过松）。

（3）处理方法：调整相关因素。

七、电动机运行中振动过大

主要原因：

（1）转子不平衡（如配重螺丝脱落）；

（2）转轴弯曲；

（3）安装底座固定不稳，地脚螺丝松动；

（4）笼型转子导条断或绕线转子绕组断，使负载电流时大时小，产生振动。

处理方法：

（1）校正转子，使转子重心在转子中心轴上；

（2）更换转轴；

（3）重新固定安装底座；

（4）对铜导条转子作焊补或更换，铸铝转子应更换。

第二节　三相异步电机解体与组装

三相交流电机较高级修程工艺过程一般包括以下工序：解体→清洗→检查测量→修复(如绕组浸漆等)→组装→试验等。本章将对过程中主要工序予以一般性的介绍。

一、三相异步电动机解体

1. 解体前的准备

（1）切断电源，拆开电机与电源连接线，同时做好与电源线相对应的标记，以免恢复时相序搞错。

（2）备齐拆卸工具，特别是拉具、套筒等专用工具。

（3）熟悉电机的结构特点。

（4）测量并记录齿轮与轴台间的距离。

（5）标记电源线在接线盒中的相序、电机的出轴方向及引出线在机座上的出口方向。

2. 解体步骤

（1）卸齿轮；

（2）旋下前后端盖紧固的螺钉，并拆下前轴承外盖；

（3）抽出转子；

（4）卸下前端盖，最后拆卸前后轴承及轴承内盖。

3. 主要部件的解体方法

1）轴承的拆卸

① 用拉具进行拆卸。拆卸时拉具钩爪一定要抓牢轴承内圈，以免损坏轴承，如图4.1所示。

② 用铜棒拆卸。将铜棒对准轴承内圈，用锤子敲打铜棒，如图4.2所示。用此方法时，要注意轮流敲打轴承内圈的相对两侧，不可敲打一边，用力也不要过猛，直到把轴承敲出为止。

在拆卸端盖内孔轴承时，可采用如图4.3所示的方法，将端盖止口面向上平稳放置，在轴承外圈的下面垫上木板，但不能顶住轴承，然后用一根直径略小于轴承外沿的铜棒或其他金属管抵住轴承外圈，从上往下用锤子敲打，使轴承从下方脱出。

③ 铁板架住拆卸。用两块厚钢板架住轴承内圈，铁板的两端用可靠支撑物架起，使转子悬空，如图4.4所示，然后在轴上端面垫上厚木板并用锤子敲打，使轴承脱出。

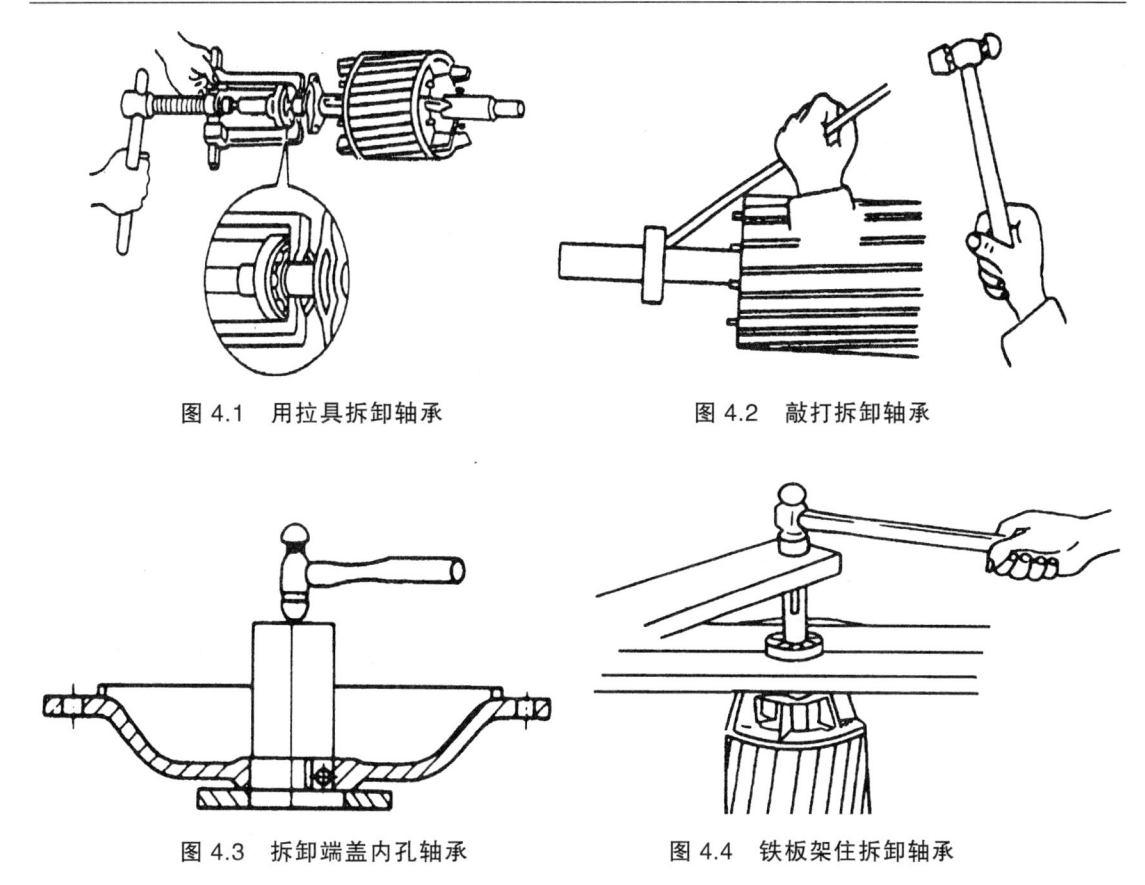

图 4.1　用拉具拆卸轴承　　　　　图 4.2　敲打拆卸轴承

图 4.3　拆卸端盖内孔轴承　　　　图 4.4　铁板架住拆卸轴承

2）抽出转子

在抽出转子之前，应在转子下面气隙和绕组端部垫上厚纸板，以免抽出转子时碰伤铁心和绕组。对于小型电机的转子可直接用手取出，一手握住转轴，把转子拉出一些，随后另一手托住转子铁心逐渐往外移。在拆卸较大的电机时，可两个人一起操作，每人抬住转轴的一端，缓缓地把转子往外移。对于大型的电机，必须用起重设备吊出。

二、三相异步电机组装

（一）组装前的准备

先备齐装配工具，将可洗的各零件用汽油冲洗，并用棉布擦拭干净，再彻底清扫定子、转子内部表面的尘垢。接着检查槽楔、绑扎带等是否松动，有无高出定子铁心内表面的地方，并做好相应的处理。

（二）组装步骤

组装按解体时的逆顺序进行，并注意将各部件按拆卸时所做的标记复位。

（三）主要部件的组装方法

1. 轴承的装配

轴承的装配方法分冷套法和热套法。冷套法是先将轴颈部分擦拭干净，把清洗好的轴承套在轴上，用一段钢管（其内颈略大于轴颈直径，外颈又略小于轴承内圈的外径）套入轴颈，再用手锤敲打钢管端头，将轴承敲进。也可用硬质木棒或金属棒顶住轴承内圈敲打，为避免轴承歪扭，应在轴承内圈的圆周上均匀敲打，使轴承平衡地行进，如图4.5所示。

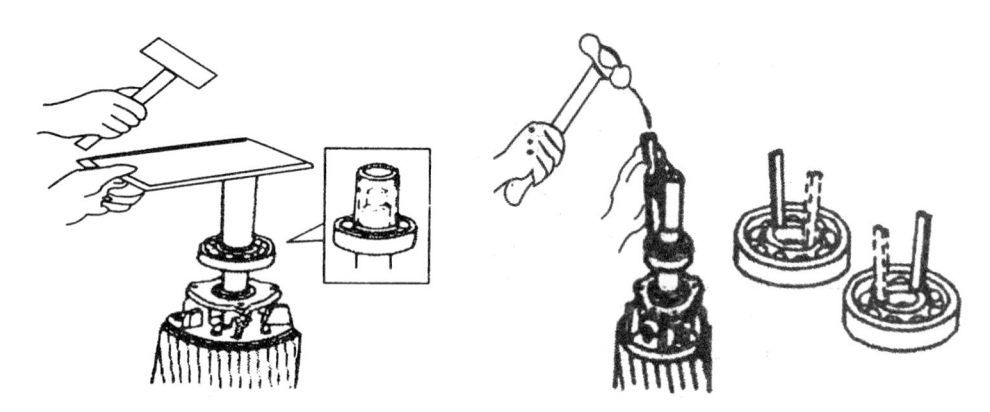

图 4.5 冷套法安装轴承

热套法是将轴承放入 80～100 °C 变压器油中 30～40 min 后，趁热取出迅速套入轴颈中，如图 4.6 所示。

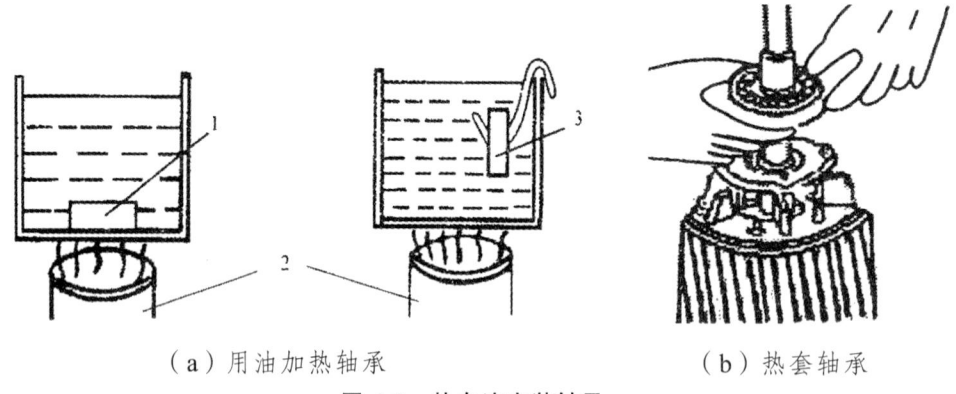

（a）用油加热轴承　　　　　　　　（b）热套轴承

图 4.6 热套法安装轴承

注意：安装轴承时，标号必须向外，以便下次更换时查对轴承型号。另外，在安装好的轴承中要按其总容量的 1/3～2/3 容积加注润滑油，转速高的按小值加注，转速低的按大值加注。如果轴承磨损严重，外圈与内圈间隙过大，造成轴承过度松动，转子下垂并摩擦铁心，轴承滚动体破碎或滚动体与滚槽有斑痕出现，保持架有斑痕或被磨坏等，都应更换新轴承。更换的轴承应与损坏的轴承型号相符。

2. 后端盖的装配

将轴伸端朝下垂直放置，在其端面上垫上木板，后端盖套在后轴承上，用木槌敲打，如图 4.7 所示。把后端盖敲进去后，装轴承外盖。紧固内外轴承盖的螺栓时注意要对称地逐步拧紧，不能先拧紧一个，再拧紧另一个。

3. 前端盖的装配

将前轴承内盖与前轴承按规定加够润滑油后，一起套入转轴，然后在前内轴承盖的螺孔与前端盖对应的两个对称孔中穿入铜丝拉住内盖，待前端盖固定就位后，再从铜丝上穿入前外轴承盖，拉紧对齐。接着给未穿铜丝的孔中先拧进螺栓，带上丝扣后抽出铜丝，最后给这两个螺孔拧入螺

图 4.7 后端盖的装配

栓，依次对称逐步拧紧。也可以用一个比轴承盖螺栓更长的无头螺丝（吊紧螺丝），先拧进前内轴承盖，再将前端盖和前外轴承盖相应的孔套在这个无头长螺丝上，使内外轴承盖和端盖的对应孔始终拉紧对齐。待端盖到位后，先拧紧其余两个轴承盖螺栓，再用第三个轴承盖螺栓换下开始时用以定位的无头长螺丝（吊紧螺丝）。

第三节　三相异步电机的试验

为了保证三相异步电机组装的正确性，在组装过程中安排了许多检查、测量、试验环节，通过对一些参数的控制，确保电机的检修质量。这是一个重要过程。

牵引电机拆卸重新组装后必须进行试验检查，以确认电机是否正常。电机组装到车上后，要按照该类型电机的技术要求做一次严格的试验，以评定该电机的检修装配质量及其技术性能。试验项目见表 4.1。

表 4.1　三相异步电机试验检查项目

序号	入场试验项目	出场试验项目
1	冷态直流电阻测量	冷态直流电阻测量
2	绕组对地绝缘测量	堵转试验
3	轴承对地绝缘测量	磨合试验
4	堵转试验	转速传感器输出波形测量
5	磨合试验	空载试验
6	转速传感器输出波形测量	轴承温升试验（MB-5120-A）
7	空载试验	绕组对地绝缘测量
8	外观结构检查	匝间绝缘试验

续表

序号	入场试验项目	出场试验项目
9		绝缘耐压试验
10		介质损耗试验
11		转子固有频率
12		外观结构检查

第四节　三相异步电机绕组浸漆和机械部分的修复方法

一、三相异步电机常规检查修复的内容

（1）检查电机各部件有无机械损伤，若有则作相应修复或更换。

（2）对拆开的电机进行清理，清除所有油泥、污垢。清理中，注意观察绕组绝缘状况。若油漆为暗褐或深棕色，说明绝缘已老化，对这种绝缘要特别注意不要碰撞使它脱落。若发现有脱落，应进行局部绝缘修复和刷漆。

（3）拆下轴承，浸在柴油或汽油中彻底清洗后，再用干净汽油清洗一遍。检查清洗后的轴承是否转动灵活，有无振动。根据检查结果，确定对润滑油脂或轴承是否进行更换。

（4）检查定子绕组是否存在故障。使用兆欧表测量绕组绝缘电阻，从绝缘电阻的大小可以判断出绕组受潮程度或短路情况。若有，要进行相应处理。

（5）检查定子、转子铁心有无磨损和变形，若观察到有磨损痕迹或发亮点，说明可能存在定子、转子铁心相擦。可以使用锉刀或刮刀将亮点刮低。

（6）对电机进行装配、安装，测试空载电流大小及对称性，最后带负载运行。

二、电机绕组浸漆

对于牵引电机较高级修程，检修过程中对绕组要进行严格的绝缘处理，以提高绕组机械、电气及其他防护性能。浸漆处理是解体绕组重新组装的关键工序。

（一）浸漆处理的目的

对绕组进行浸漆处理，使绝缘漆浸透到绝缘材料内部及导线之间、线圈与铁心槽壁之间，并在表面形成漆膜，从而达到以下目的：

（1）提高电机绝缘的耐潮性和化学稳定性。

潮气和水分使绝缘材料的绝缘强度下降。经过浸漆处理，绝缘漆将纤维材料的毛细管及缝隙填满，并在表面形成一层光滑的漆膜，使潮气和水分不易侵入，灰尘和腐蚀性气体也不

能与绕组直接接触。

(2) 改善电机绝缘的电气性能。

经过浸漆处理后,绕组匝间与绝缘层之间以及绝缘材料内部的空隙均被绝缘漆填满。再经过烘干,形成绝缘性能较好的漆膜。

(3) 增加电机绕组的导热能力。

浸漆前绕组中存在着大量的空隙,充满着空气,而空气的热导率只有 0.025 W/(m·K),导热性很差,影响绕组热量的散出。浸漆处理后,绝缘漆填充绕组的空隙,把空气挤跑,而绝缘漆的热导率为 0.3 W/(m·K),这就使导热能力大为提高。

(4) 提高电机绝缘的耐热性能。

绕组浸漆处理后,在绕组表面形成一层漆膜,减少了与空气的接触,使氧化过程缓慢,耐热性能得到提高。

(5) 加强绕组的机械强度。

绝缘漆把绕组各导线黏接成一个坚实的整体,加强了绕组的机械强度。

(二) 浸漆工艺与浸渍漆

1. 浸漆工艺

(1) 普通浸漆。利用毛细作用和浸渍剂微小的静压力,使浸渍剂充满绕组空间的工艺方法,称为普通浸漆。这种工艺方法直接将工件浸没在浸渍剂中进行浸漆,很难避免绕组存在没有浸到的小空间,所以只适合于低负荷绕组的浸渍,在机车牵引电机制造检修中基本不采用。

(2) 真空压力浸漆。利用真空度对绕组进行彻底干燥,排除内部残留气体,使浸渍过程减小阻力,再通过增大压力强迫浸渍剂充满绕组空间的工艺方法,称为真空压力浸漆。真空和压力是两个过程,每个过程对浸透性都是非常有利的。经过真空压力浸漆后的绕组,各方面性能都有明显改善,一次真空压力浸漆的质量超过了两次普通浸漆的效果。真空压力浸漆被广泛应用在电机制造业。

2. 对浸渍剂的要求

为了达到浸漆的目的,绝缘浸渍漆必须具备下列性能:

(1) 具有良好的浸透性。浸透性是浸渍剂的一个重要参数,它直接影响工艺的效果,虽然我们已经采取了改进外部环境的办法来提高整个系统的浸透性,但对于浸渍剂的浸透性还是有严格的要求。

(2) 具有良好的电气绝缘性能。一般要求浸渍漆在 20 ℃ 时的击穿强度不低于 30 kV/mm。

(3) 能很好地黏合在组合材料上。浸渍剂必须与各种材料都有良好的结合强度,能把必要零件牢固地黏接在一起,实现结构的一体化。

(4) 固化时收缩要小。普通有机溶剂浸渍漆由于含有大量有机溶剂,固化时溶剂挥发体积收缩较大,固化后留下的空隙较多,使绕组的防潮能力、导热能力、机械强度和电气强度都不是很高,因而只适用于小容量电机的浸漆。

（5）运用中机械和电气性能稳定。运用中各方面性能稳定是工艺的最终目标。早些时候曾有人尝试用浸渍化合物（主要成分是沥青，通过再处理和添加物提高滴点）作为浸渍剂，但由于其机械强度受温度影响较大，运用中不稳定，最终被淘汰。

（6）化学性能稳定。这里有两方面的含义：一是浸渍剂易于存储；另一个指的是浸渍剂固化后化学性能稳定。

在大容量电机上，常用的浸渍剂均为无溶剂型，主要有环氧树脂、聚二苯醚等。

（三）真空压力浸漆的工艺过程

真空压力浸漆设备如图 4.8 所示。

（1）预烘。将工件吊入烘干炉，升温至 110~120 °C，保温 2 h。

（2）入罐。将预烘好的工件吊入漆罐中，密封罐口。

（3）抽真空。开动真空泵，抽出浸漆罐中的空气。剩余压力 0.099~0.1 MPa。

（4）输漆。利用浸漆罐内的真空度，将浸渍漆输入浸漆罐内，漆液面应高于工件浸渍部位，保压 15 min。

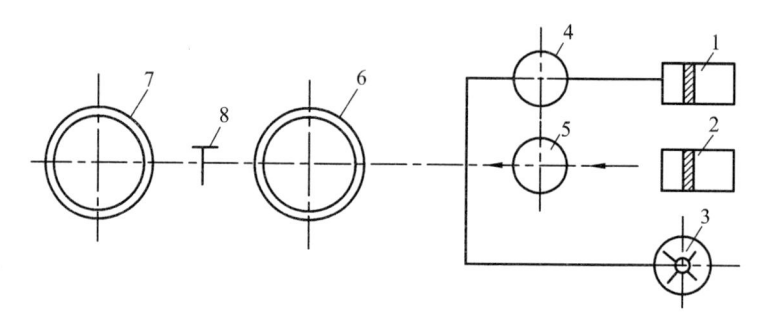

1—真空泵；2—空气压缩机；3—鼓风机；4—冷凝器；5—空气过滤器；
6—浸漆罐；7—储漆罐；8—阀门。

图 4.8 真空压力浸漆管道示意图

（5）排压。开通气阀，破真空。

（6）加压。开动空气压缩机，将过滤的干燥空气打入浸漆罐内。当气压升至 0.5~0.6 MPa 时保压 15 min。

（7）排漆。开排漆阀，利用浸漆罐的余压，将漆压回储漆罐内。

（8）排气。开动鼓风机，将浸漆罐内的挥发物抽出。

（9）开罐。待工件余漆滴干后（从排完漆开始 30 min 左右），撤除浸漆罐的密封。

（10）加热固化。将滴干后的工件吊入烘炉，关好炉门。升温操作中，先低温预热 3 h，温度为 80~100 °C；逐步升高到 120~130 °C，烘燥 10 h 左右（以绝缘电阻稳定为准）。

（11）出炉。为了更好地达到浸漆的目的，牵引电机一般要进行两次浸漆，第一次主要是使浸渍漆渗入匝间绝缘层内，一般要求浸渍漆黏度较低，浸渍时间可稍长，使之浸透。第二次浸漆目的在于形成漆膜和填充绕组、铁心、绝缘之间的缝隙，浸渍漆黏度略大，浸渍时间稍短。绕组经过第一次浸漆后，以后的浸漆对匝间几乎没有作用。所以电机在大修中如果不解体绕组，再进行一次压力浸漆即可（只需恢复漆膜，填充缝隙）。

三、电机机械部分检修

电机的机械部分,如电机轴和轴承等,也是电机的关键部件,机械部分的损伤,同样会影响电机的正常工作。牵引电动机轴承严重烧损时,运用中会使轴承固死,造成机械故障,影响运输。下面主要介绍轴承的检修。

(一) 轴承检查

1. 外观检查

仔细检查轴承滚柱及内、外圈,不许有裂纹、剥离、凹坑及过热变色现象,保持架不许有折损、裂纹、飞边,铆钉损坏应不超过总数的1/3,否则应更换轴承。轴承转动灵活,无卡滞,作用良好,不允许有异声、阻力。

2. 预测径向间隙

为了提高生产效率,保证组装后的轴承间隙,轴承在检修中要求预测径向间隙。

测量采用千分表进行。如图4.9所示,将轴承3放在平台4上,内圈用紧固螺栓1固定在平台与压板2之间,千分表5放在轴承外圈的中心面上,调整百分表使其压缩到适当的刻度。测量时,先将轴承推向离开百分表的位置上,然后再推向千分表,两次读数之差即为轴承自由径向间隙。

(二) 轴承的修复和更换

1. 轴承的修复

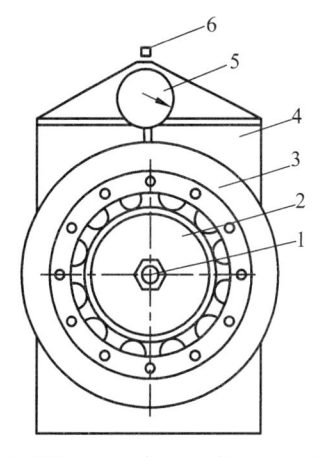

1—紧固螺栓;2—压板;3—轴承;4—平台;
5—千分表;6—千分表调整螺钉。

图4.9 检查轴承自由状态径向间隙

轴承自由径向间隙过小,允许将轴承内圈外径在磨床上加工后选配。轴承外圈与端盖轴承孔的配合间隙应符合要求,若与规定值不符,可镀铬或磨床加工修复。保持架铆钉断裂或松动不超过总数1/3时,可更换铆钉或加固后使用。

2. 轴承的更换

轴承发生不能修复的损伤时要成套更换,并分别在内、外圈上标明安装日期,下次中修时外圈要转动90°~120°。更换轴承内圈必须检查轴承内圈与轴径的配合尺寸,选配过盈量应符合技术要求。轴承拆装时,严禁直接锤击,应采用加热的办法,注意加热温度不要超过120 ℃。检查内圈与轴的接触情况可采用测量接触电阻的方法,一般要求接触电阻值不大于统计平均值的3倍。测量接触电阻使用接触电阻检测仪。

第五节　HXD3D 型交流电力机车牵引电机 C5 级修检修工艺

HXD3D 型机车牵引电机 C5 级修检修工艺，为不分解检修。牵引电动机的外形如图 4.10 所示。

一、主要设备及工具

钳工工具、1000 V 兆欧表。

二、工艺过程

（1）检查牵引电机可见部位各零件紧固螺栓的紧固状态，防缓标记良好。

图 4.10　HXD3D 型电力机车牵引电动机外形

（2）外观检查机座、小吊挂座良好，电机铭牌应完好、清晰，安装牢固。
（3）外观检查电机三相电缆、传感器电缆良好，三相电缆引线夹及传感器电缆紧固夹良好，电缆上的插头良好。检查插头上胶圈状态良好。
（4）检查端盖上的网罩板应良好。
（5）检查牵引电机轴报传感器及连线状态良好
（6）轴承密封结构外部以及邻近清洁无油污。
（7）用 1000 V 兆欧表测量牵引电机任意绕组对地绝缘，绝缘值 ≥ 50 MΩ，测量各插芯对插头外壳绝缘都不许低于 50 MΩ。
（8）连线前，检查插头、插座内部可见部位应清洁，可见处插头、线芯接触面良好，不许有烧损、锈蚀等故障，否则更新插头或插座。检查插头与插座连接法兰平面应平整、干净，插头插座连接正确，颜色标识清晰，紧固螺栓时检查螺栓状态良好，弹平垫齐全，紧固到位后做好防缓标识。机械间内地板下线槽排水孔状态良好，不许堵塞，线槽内清洁状态良好。
（9）大线卡板状态良好，螺栓紧固到位，弹平垫齐全，防缓标识清晰。

第六节　HXD3B 型交流电力机车牵引电机 C5 级修检修工艺

HXD3B 型机车牵引电机 C5 级修检修工艺，需要分解检修（HXD3B 型机车为货运机车）。HXD3B 型交流电力机车牵引电机外形如图 4.11 所示，其剖视图如图 4.12 所示。

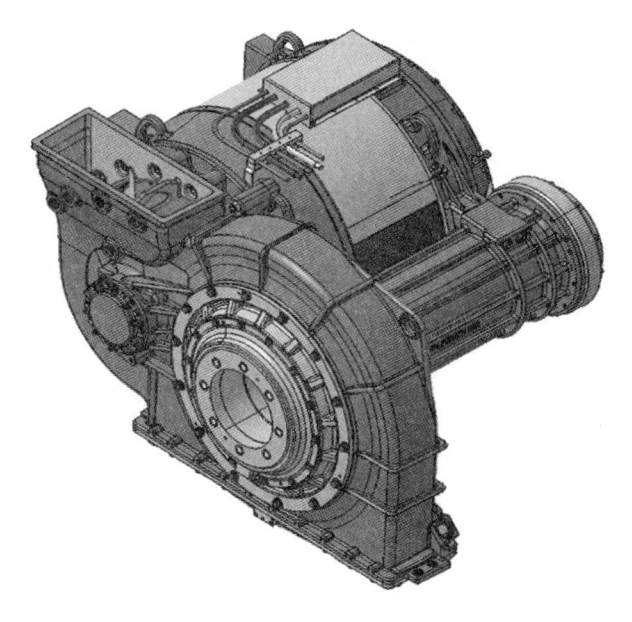

图 4.11　HXD3B 型交流电力机车牵引电机外形（包含驱动装置）

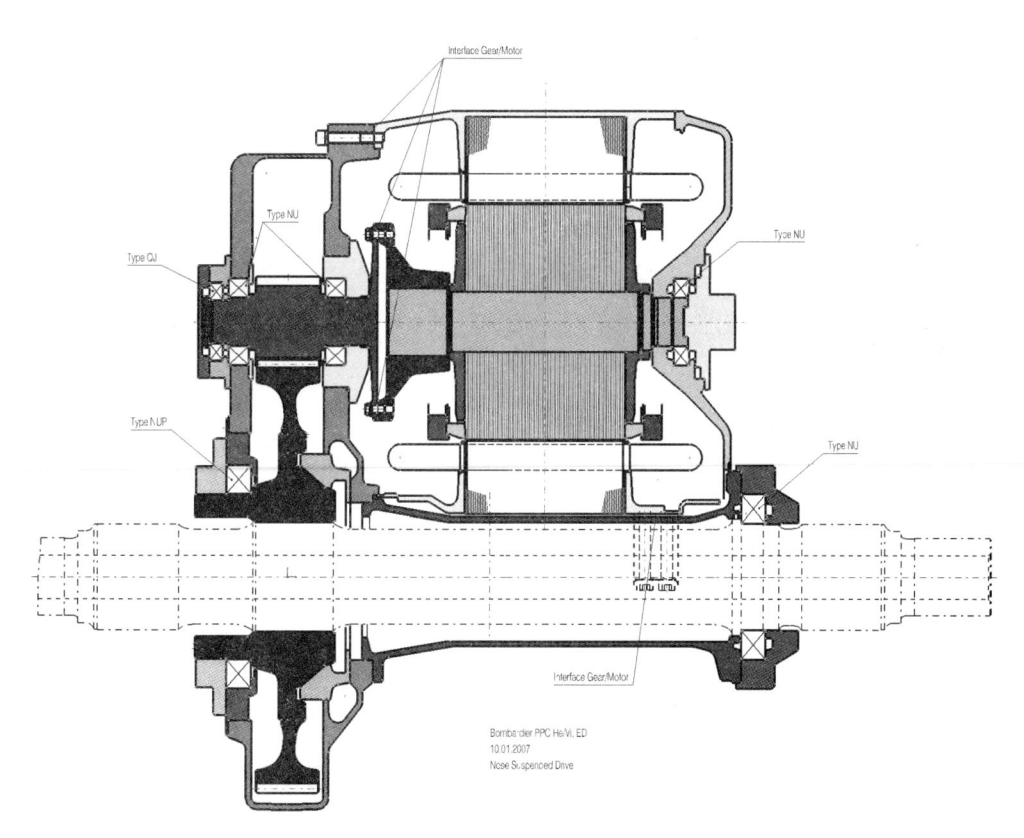

图 4.12　HXD3B 型电力机车牵引电机（包含驱动装置）剖视图

HXD3B 型电力机车牵引电机检修工艺流程：电机分解→电机清洗→电机检修→电机组装→电机试验→装车前检查。

一、牵引电机分解

场地要求：电机拆解工作场地要始终保持清洁整齐，包装材料及废品应及时清除，并保持工作场地上没有污渍。

（一）牵引电机解体前的检查

（1）清除外表面灰尘。
（2）电机整体外观检查。
（3）检查电机引出线、接地线、各传感器电缆是否完整，各连接器插头是否完整。
（4）检测电机定子绕组对机座的绝缘电阻，用 1000 V 兆欧表测量应不低于 40 MΩ。
（5）检测电机定子绕组直流电阻（用双臂电桥）。

（二）电机解体

（1）拆除驱动端防护板，安装转子支撑架，然后再拆除支撑板。如图 4.13 所示。

图 4.13　拆防护板，安装支撑架，拆除支撑板

（2）拆除速度传感器，如图 4.14 所示。

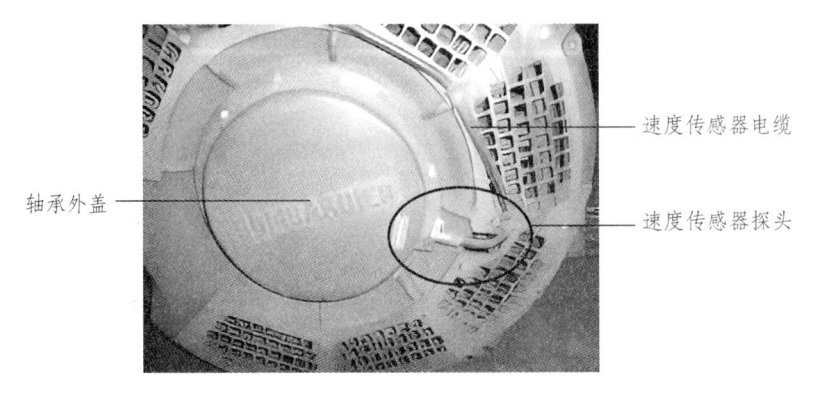

图 4.14　拆除速度传感器

① 卸下 6 个紧固速度传感器电缆（M8×16）及 2 个紧固速度传感器（M8×20）的螺栓，从轴承外盖抽出速度传感器探头。

② 拆除传感器电缆夹板（M8×55）螺栓。

③ 对速度传感器探头加以保护。

（3）拆除轴承外盖。

（4）拆除速度传感器齿盘。

（5）拆除轴承压板。

（6）拆除转子。

（7）拆除端盖，见图 4.15 所示。

（8）拆除轴承内环：用轴承内环液压拆卸工装，将轴承内环从轴上拉出。

（9）拆除轴承外环。

（10）拆除温度传感器。

图 4.15　拆除端盖

(三) 电机解体完毕后处理

（1）解体后每台电机的零部件应标注清晰，各零部件应有专用转运箱。

（2）每台电机的轴承内环、轴承外环应放置在一起。

（3）电机解体后各零部件要妥善保护，防止运输、检修过程中受损。

（4）填好电机拆解记录。

(四) 电机清洗工序前探伤检查

按要求先进行相关部位的探伤检查。

(五) 电机解体后处理

电机解体后，还需对定子线圈绕组并接点、三相线引线部位及防水部位进行检查。

二、牵引电机的清洗

电机各零部件在运输和清洗过程中不能损伤,每台电机各部分零件标识在清洗过后应恢复,避免混淆。

(一)电机定子的清洗

(1)用铲刀、刷子清除定子金属件表面的油垢污物,黏接在定子绕组上的污垢硬壳要用竹片仔细刮掉,用清水边冲洗边清除表面污物,但不可用铲刀等工具,以免损伤绕组绝缘。如图 4.16 所示。

(2)电机定子清洗后要求表面露出绝缘漆、覆盖漆的本色。

(3)清水冲洗完毕的电机定子,用压缩空气吹去残留在内、外表面的水。

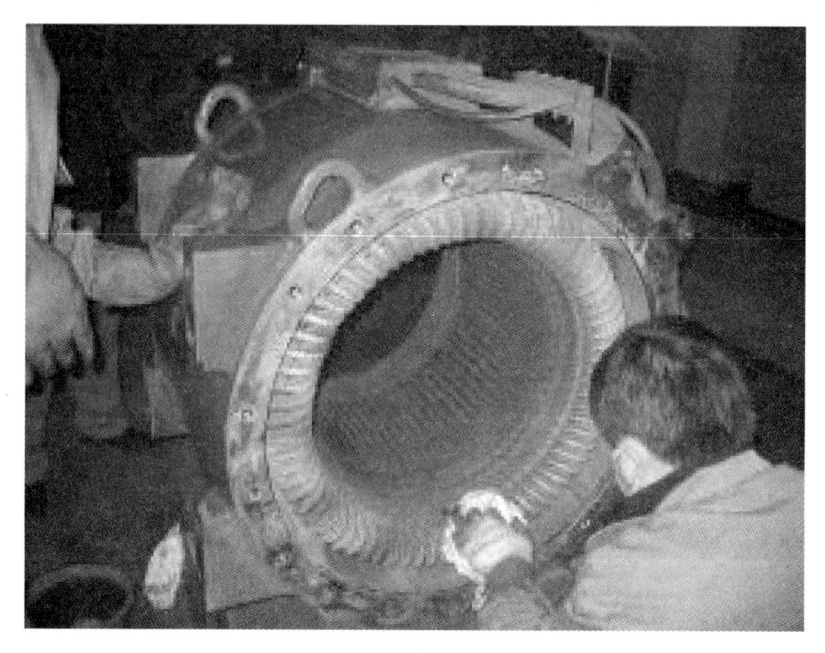

图 4.16 清洗定子

(二)电机转子的清洗

(1)用铲刀、刷子清除转子各部件外表面的油垢污物,用清水边冲洗边清除表面污物。

(2)电机转子清洗后要求表面露出绝缘漆、覆盖漆的本色。

(3)清水冲洗完毕的电机转子,用压缩空气吹去残留在表面的水。

(三)端盖的清洗

电机端盖清洗,清洗时可用刷子、铲子配合刮刷,直到洗净为止。清洗过程中,不能对安装面造成损伤。端盖清洗干净后,轴承室、止口等安装面要立即擦干,并涂抹一层润滑油。

(四)电机速度传感器齿盘、定子密封环、轴承压板及轴承外盖等部件的清洗

电机速度传感器齿盘、定子密封环、轴承压板及轴承外盖等部件用煤油和清洗剂 X-36 清洗,清洗时可用刷子、铲子配合刮刷,直到洗净为止。清洗过程中,不能对安装面造成损伤。

(五)定子和转子的烘燥

(1)把清洗干净的电机定子、转子吊入烘箱。烘燥时要逐步升温,要求 1 h 到 120 ℃,然后烘燥 3 h。

(2)在彻底烘燥后,用 1000 V 兆欧表测量绕组对地绝缘电阻,热态状态下电阻测量值不低于 10 MΩ,否则应延长烘焙时间。将干燥后的热态电阻实测值填写在记录单上。

(六)电机零部件摆放

电机各零部件清洗后,要按标记放置,不可混乱。

(七)电机各零部件清洗烘干后要进行相关防护

电机各零部件的安装面、螺孔要进行防锈处理。

(八)电机各零部件标识

电机各零部件清洗过后,应恢复每台电机各部分零件标识,避免混淆。

(九)对电机各零部件在清洗和运输过程中的损坏,要进行部件编号登记并追索

三、牵引电机的检修

(一)电机定子的检修

(1)目视定子全貌,看清洗是否干净。定子内腔凹陷处不得残留清洗污渍。
(2)目测定子机座止口、电机安装座、悬挂吊鼻等处,不许有裂纹。
(3)定子止口安装面清理是否干净,止口安装面上的黏接剂要用刮刀清除干净。
(4)定子机座悬挂处进行探伤检查并填写探伤记录表。探伤工艺执行规定标准。
(5)对定子端部绕组进行目测检查,看绕组绝缘是否有破损、老化等缺陷。
(6)检查电机定子绕组端部的外层绝缘是否有局部划伤破损。若有,要求用自干型 200 级绝缘清漆进行涂刷修复。
(7)清洗后检查合格的电机,对其前后端定子绕组用自干型 200 级绝缘清漆表面喷涂一遍。
(8)目测检查电机三相引出线,电缆外层绝缘局部损伤以不裸露内层绝缘为合格。

（9）目测检查电机接地线、温度传感器、速度传感器电缆不许有松动及破损，出线端密封良好。

（10）检查定子底部前后端的漏水孔（螺孔）是否畅通，其中驱动端螺孔有螺塞。

（11）检查接地标识、电缆标识是否齐全。

（12）定子机座各螺纹孔在检修后应涂抹防锈油。

（二）电机转子的检修

（1）目视转子全貌，检查清洗是否干净。

（2）目测转子各部位的状态，检查重点部位是否有擦伤、划痕等缺陷。

（3）目测各处螺纹孔有无损伤。

（4）目测转子导条与短路环焊缝有否松动、裂纹的情况。

（5）目测转子平衡块有否松动、脱落。

（6）转子联轴器法兰止口、轴承位、轴伸表面进行探伤检查并填写探伤记录表。探伤工艺执行规定标准。

（7）电机转子动平衡检查按照要求、方法和程序进行。

（8）转子驱动端螺纹孔在检修后应涂抹防锈油。

（9）对电机转子进行补漆。底漆喷涂聚氨酯防锈漆，面漆喷涂 RAL7044 丙烯酸聚氨酯磁漆。喷涂面漆与底漆间隔时间：环境温度在 20 ℃ 时，涂装间隔 5 h。

（三）端盖的检修

（1）目测端盖清洗是否干净。

（2）目测端盖止口、肋筋、轴承室有否裂纹、凹陷等缺陷；测量轴承室内径，保证在 180 ± 0.15 mm。

（3）端盖止口安装面清理是否干净，止口安装面上的黏接剂要用刮刀清除干净。

（4）目测各处螺纹孔有无损伤。

（5）端盖止口进行探伤检查并填写探伤记录表。探伤工艺执行规定标准。

（6）对电机端盖进行补漆。底漆喷涂聚氨酯防锈漆，面漆喷涂 RAL7022 丙烯酸聚氨酯磁漆。喷涂面漆与底漆间隔时间：环境温度在 20 ℃ 时，涂装间隔 5 h。

（四）轴承的检修

轴承更新，用轴承测量仪（塞尺）检测轴承径向间隙，应在 0.105～0.140 mm 之间。

（五）温度传感器的检修

（1）用 500 V 兆欧表测量温度传感器连接电缆对地绝缘电阻，应不低 40 MΩ。

（2）PT100 温度显示正常，与电机定子铁心外侧温度相比较偏差≤3℃。

（六）速度传感器的检修

（1）检查速度传感器电缆是否有破损。

（2）用示波器检测速度传感器功能是否正常，CH1 波形比 CH2 波形超前 90°。相位差：90°±45°以内。

（七）齿轮圆盘的检修

检查齿轮圆盘的齿是否完好，有无机械损伤。

（八）轴承压盖的检修

检查轴承压盖有否变形等缺陷。

（九）轴承外盖的检修

（1）目测轴承外盖有否损伤，止口是否完好。

（2）检查轴承外盖止口安装面清理是否干净，止口安装面上的黏接剂要用刮刀清除干净。

四、牵引电机的组装

（一）准备工具及材料

工具：平台式压力机，风动扳手，液压油枪，500 V 兆欧表，10~200 N·m 力矩扳手 1 套，M24 套筒，M12 套筒，C 型吊臂，假轴，千分表，感应加热器等。

材料：润滑脂，螺纹锁固剂，黏接剂等。

（二）端盖装配

（1）端盖清理。

使用压缩空气对所有部件的配合安装面和缝隙进行清洁，确保表面洁净、无灰尘，安装面残余的表面密封剂以及螺纹密封胶等需用刮刀清除干净。

（2）将端盖外侧向上置于压力机平台上。

（3）清理注油道。

① 使用液压油枪将润滑脂通过注油嘴压入，将油道内颜色较深的润滑油脂顶出，直至有颜色较浅的新润滑油脂从出油孔溢出为止。润滑脂用量 10~15 g。

② 操作过程中需在出油孔侧加垫洁净的抹布以接住挤出的旧润滑油脂，将其处理干净。

③ 将端盖轴承室密封环对应部位的圆周凹槽涂满润滑油脂，使用刮板刮去多余油脂。润滑脂用量 110~120 g。

(4)安装定子密封环。

按照定子密封环上的定位销所对应的圆周位置装入定子密封环。

(5)安装轴承外环。

在端盖轴承室的轴承安装配合面上均匀涂抹一薄层润滑脂,将轴承外环摆正,放上辅助压板,将带滚柱的轴承外环压入端盖的轴承室内。轴承压装压力严格控制在 15~20 MPa。轴承压靠后,释放压力,进行二次复压。测量轴承端面与轴承压板安装面压装尺寸。均匀测量 4 点,4 点偏差应在 100 μm 内。在进行轴承外环安装前必须确认标记,不能与其他轴承混淆。

(6)绝缘电阻测量。

使用 500 V 兆欧表测量轴承滚柱对端盖的绝缘电阻,阻值要求大于 5 MΩ。

(7)向轴承与密封环之间的空间和轴承滚柱之间涂抹润滑脂,润滑脂用量 70~75 g。如图 4.17 所示。

图 4.17 涂抹润滑脂

(8)安装轴承压板。

在端盖轴承室端面与轴承压板配合面涂抹一薄层黏合剂,安装并紧固 6 个 M8×35 紧固螺栓,紧固力矩为 42 N·m,螺栓螺纹前端 5 圈涂润滑脂。紧固螺栓时需循序渐进按对角线方向进行紧固,不可以一次拧紧。

(9)在轴承与轴承压板之间填充润滑脂,要求涂抹均匀,润滑脂用量 70~75 g。

(三)安装端盖

(1)使用压缩空气对定子内部各部位进行清洁,确保定子内部清洁、无灰尘。如图 4.18 所示。

图 4.18 压缩空气对定子内部清洁

（2）在端盖的止口安装面上涂抹一薄层黏合剂。

（3）在定子端安装 2 个导向杆，利用导向杆对准安装孔后，安装并紧固 12 个 M16×100 螺栓，紧固力矩为 195 N·m，螺栓螺纹前端 5 圈涂润滑脂。紧固螺栓时需循序渐进按对角线方向进行紧固，不可以一次拧紧。

（4）在端盖两个对称的工艺螺孔中旋入保护螺塞，螺塞要涂抹螺纹锁固剂。

（四）安装转子

（1）使用吊车和吊带将转子吊到指定工作平台，转子下方加楔形垫块，防止转子滚动。

（2）检查转子外观无损坏，使用压缩空气对表面和铁心通风孔进行清洁，确保洁净无灰尘。

（3）安装轴承内环。

① 在安装轴承内环的转子轴颈处均匀涂抹一薄层润滑脂。

② 使用感应加热器将轴承内环加热至 100~120 ℃，将轴承内环套入转轴，推至紧靠密封环位置后，左右缓慢旋动至轴承内环冷却固定才可松手。

（4）将轴承内环工作面上涂抹一薄层润滑脂。

（5）在转子驱动端的法兰上安装假轴，将 C 形吊臂固定在假轴上，调整吊臂重心位置，确保转子处于水平，在转子非驱动端的轴孔中安装导向杆。

（6）将转子吊起后，缓缓地将转子移入定子中，在转子接近定子时，使用导向杆对转子进行调整，注意转子不要撞到定子线圈及定子铁心。如图 4.19 所示。

（7）转子安装到位后，通过定子驱动端底部的工艺孔安装转子支撑架。

（8）拆除非驱动端导向帽。

图 4.19 安装转子

（五）安装速度传感器齿盘

（六）安装轴承外盖

（七）在轴承外盖两个工艺螺孔中旋入保护螺塞，螺塞要涂抹螺纹锁固

（八）安装通风罩

（九）安装速度传感器

（1）将速度传感器探头放到装配位置，对准安装孔，安装并紧固 M8×20 螺栓，紧固力矩为 42 N·m。探头安装面涂抹黏合剂。
（2）固定速度传感器电缆。

（十）安装温度传感器

（1）温度传感器安装孔需添加导热膏（适量）。
（2）将检修合格的温度传感器插入安装孔中。
（3）螺纹孔涂抹螺纹锁固膏，用 2 个 M6×20 内六角螺栓上紧，紧固力矩为 10 N·m。

（十一）安装传感器电缆夹板

（十二）安装接线盒盖

（十三）安装驱动端辅助端盖

（十四）电机装配后，紧固螺栓应画防松标记

（十五）电机机壳止口及机座悬挂安装面需涂防锈脂

（十六）引出线插接头要进行防护和绑扎

（十七）安装支撑板

（十八）安装防护板

将防护板放到装配位置，对准安装孔，安装紧固螺栓。

（十九）涂漆

对电机定子外壳进行整体喷漆。底漆喷涂聚氨酯防锈漆，面漆喷涂 RAL7022 丙烯酸聚氨酯磁漆。

（二十）在原铭牌右侧并排位置安装 C5 修铭牌

（1）铭牌"编号"打印相应电机的原铭牌编号。
（2）铭牌"检修级别"打印"C5 修"。
（3）铭牌"检修日期"打印年月。

（二十一）按要求更换必换件（密封件等）

五、牵引电机的试验

（一）设备、工具、仪器

天车、电机综合性能试验台、活动扳手、钢丝吊绳、1000 V 兆欧表、500 V 兆欧表、双臂电桥或微欧计、4FIA785 型牵引电机假轴、堵转工装。

（二）试验准备

（1）试验前，试验操作人员应认真阅读电机试验大纲及试验方法。
（2）电机底脚紧固在试验地板上。
（3）确保电机试验工作场地安全、清洁。
（4）在电机传动端安装假轴后，检查电机转子转动应平稳、轻快，轴承无停滞现象，声音均匀无杂音，电机部件应完整无缺，无污损、碰坏、裂痕等现象。如果转子卡滞或转不动

需找原因，待排除故障后方可进入下道工序。

（5）确认连线相序正确。

（三）试验项目

（1）定子绕组冷态直流电阻测量。

用双臂电桥或微欧仪测量定子绕组直流电阻值，换算到 20 °C 时，R_{uv}，R_{uw}，R_{vw} 应该 37.02 ~ 40.92 MΩ。

（2）检测电机定子绕组的冷态绝缘电阻。

用 1000 V 兆欧表测量定子绕组对地绝缘电阻，阻值不低于 40 MΩ。用 500 V 兆欧表测量绝缘轴承圆柱滚子对端盖的绝电阻，阻值不低于 5 MΩ。

（四）试验内容及方法

1. 空载运转试验

用调频调压三相电源平稳地提升电压，确认电机转向，控制电机转速，在 500 r/min 左右运行 10 min，在转速 1500 r/min 运行 60 min，检测定子绕组和非传动端温升。当冷却空气温度不超过 40 °C 时，定子绕组、电机轴承允许温升限值为 40 K。

2. 空载试验

50 Hz 电机输入电压 2 183 V/50 Hz，检测三相电流平均值，在三相电源平衡的情况下，任一相空载电流与三相空载电流的平均值的偏差不大于三相空载电流平均值的 10%（电流范围 132.3 ~ 161.7 A）。

3. 电机振动检测

电机转速在 1500 r/min 空载运行的状况下，在电机非驱动端，用振动检测仪测量电机的振动，记录电机传动端和非传动端的水平、垂直和纵向三个方向的振动值。各点的振动值均不应大于 3.5 mm/s。

4. 最大转速试验

将电机转速调整至 3338 r/min，时间 2 min，观察电机运行状态，无影响正常运行的现象发生。

5. 速度传感器的检测

电机空载运行，从非传动端看为顺时针，在 12 V 直流电源下测量 A 相 B 相波形。$U_h \geq 10$ V，$U_L \leq 1$ V，相位差为 54° ~ 126°。

6. 堵转试验

输入电压 372（1±1%）V，50 Hz，10 s，检测三相电流平均值（473.1 ~ 552.9 A）。

7. 对地绝缘介电强度试验

定子绕组对地：工频 5520 V，时间 1 min；温度传感器对地：工频 800 V，时间 1 min。

（五）注意事项

（1）电机试验时应认真遵守各项安全操作规程，注意人身和设备安全。
（2）遵守工艺规则，做好各项试验记录。

六、牵引电机装车前检查工艺

此项工作的目的是确保牵引电动机装车前符合技术要求及质量标准。

（一）主要设备及工具

钳工工具、1000 V 兆欧表。

（二）工艺过程

（1）外观检查可见部位各紧固螺栓应紧固到位、防缓标识清晰。
（2）电机铭牌应完好、清晰、安装牢固。
（3）外观检查电机三相电缆、速度传感器电缆、温度传感器电缆、接地线电缆应无破损，插头状态良好，插头与连线连接处两紧固螺栓应紧固状态良好，三相电缆卡板及传感器电缆紧固夹不许有脱落。三根大线插头颜色标识清晰，红、白、蓝分别对应 U、V、W。
（4）检查电机底部排水孔不许堵塞，下部检查孔盖密封良好，螺栓紧固良好。
（5）电机注油嘴状态良好。
（6）用 1000 V 兆欧表测牵引电机任意绕组对地绝缘电阻值≥40 MΩ，测量 3 个绕组线芯对插头绝缘电阻值≥40 MΩ。
（7）检查车上牵引电机大线线槽排水孔通畅，否则疏通排水孔。清洁线槽内部杂物。
（8）插头、插座连接后，检查锁闭卡簧作用良好。插头与插座连接到位后，应保证插头上的锁闭卡簧位于下部，便于日常检查卡簧状态。
（9）电机大线卡板状态良好，卡板与大线间应有防护胶皮，避免破坏大线绝缘，卡板螺栓紧固到位，做好防缓标识。检查绑扎电机卡板与机车卡板间线束，不许有接磨。因传感器线束与电机大线粗细不同，安装卡板时不可反装，避免传感器线束卡不住、大线被压扁。
（10）机车试运后，上传并分析轴报数据，电机轴承不许有异常。
（11）外观检查插座与线槽紧固螺栓紧固良好，三个插座颜色标识清晰，红、白、蓝分别对应 U、V、W，插芯清洁无烧损、变形、变色，插座锁闭功能良好。

总　结

本章介绍了三相异步电机的常见主要故障、原因及其处理方法；讲述了三相异步电动机解体及组装的工艺过程；重点讲解了三相异步电机浸漆、机械部分检修等基本内容；讲述了牵引电机试验的基本知识，并具体介绍了 HXD3D 型电力机车和 HXD3B 型电力机车牵引电动机 C5 级修的检修工艺过程。

复习思考题

4.1　三相异步牵引电机主要常见故障有哪些？
4.2　试述三相异步电动机匝间短路的主要原因及处理方法。
4.3　试述异步电动机接地故障的主要原因及处理方法。
4.4　如何用拉具分解三相牵引电动机的轴承？
4.5　三相异步牵引电动机常规检修的内容有哪些？
4.6　电机在检修过程中，进行浸漆处理的目的是什么？
4.7　电机轴承在检修前应做哪些检查？
4.8　交流电力机车牵引电机组装后需要做哪些试验项目？
4.9　简述 HXD3D 型交流电力机车牵引电机 C5 级修检修的工艺过程。
4.10　简述 HXD3B 型交流电力机车牵引电机 C5 级修检修的工艺过程。

第五章　交流电力机车关键电器装置检修

【本章内容提要】

（1）受电弓检修：受电弓检查、检修和试验；
（2）真空断路器检修：检查、检修和试验；
（3）牵引变压器检修：清洗、检查、检修和试验；
（4）主变流器检修：清洗、检查、检修和试验；
（5）司机控制器检修：清洗、检查、检修和试验；
（6）有触点电器检修：检查、测试、检修和试验；
（7）电空阀检修工艺：检查、测试、检修和试验。

电器装置是交流电力机车的重要组成部分。本章主要讲授高压电器、低压电器中关键典型电器的检修工艺。

第一节　受电弓检修

HXD3D 型机车所用受电弓主要由底架、铰链机构、弓头部分、升弓装置及气路组装等几大部分构成，如图 5.1 所示。

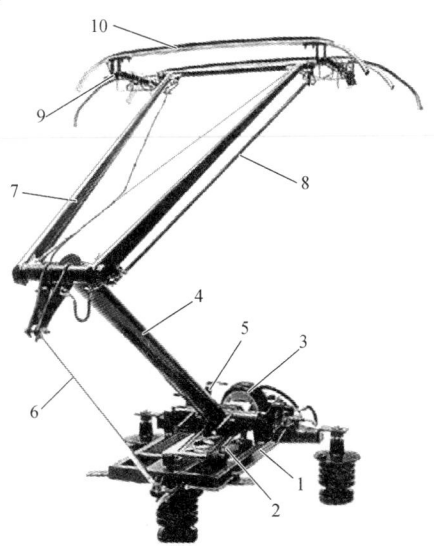

1—底架；2—阻尼器；3—升弓装置；4—下臂；5—弓装配；6—下导杆；
7—上臂；8—上导杆；9—弓头；10—滑板。

图 5.1　DSA200D 型受电弓总成

本节内容主要讲授受电弓 C4 级修检修工艺过程。

HXD3D 型电力机车 DSA-200D 型单臂受电弓的检修工艺流程：清扫检查→底架及铰链机构检修→弓头部分检修→传动机构和控制机构检修→试验→受电弓及升弓阀盘检修调试后应配对装车→安装受电弓到机车车顶上。

一、主要材料

无纺布，美孚，黑色防水绝缘胶带，热缩管，尼龙扎带，肥皂水，毛刷。

二、主要设备及工具

受电弓试验台，弹簧秤（100 N），钢板尺（300 mm），扭矩扳手（15 N、60 N），秒表，高度尺（0 ~ 3000 mm），水平仪（1 m 长），注油枪，橡胶锤，锉刀，电器钳工常用工具。

三、工艺过程

（一）从车顶拆下受电弓

（1）松开受电弓与车顶母线、避雷器之间连接软编织线的紧固螺栓，拆下软线。
（2）拆除两根绝缘管，对绝缘管进行防护，防止异物进入。
（3）松开受电弓底座与三个支撑绝缘子间的固定螺栓，取下螺母和垫片。
（4）将吊装用的钢丝绳装入受电弓底座上的吊装孔，用天吊将受电弓从车顶吊下，轻轻放在平整的地面上，然后运送到解体的地点。

（二）底架及铰链机构检修

（1）清扫检查底架及铰链机构各部件不许有弯曲、变形、肉眼可见的裂纹；轴、销及套不许有不正常磨耗；各杆件接头螺纹完好，不许有松动；紧固件齐全完好，紧固良好。上臂张紧绳及其附件齐全完好，开口销作用良好，与 PU 软管无接磨，两根张紧绳手感张力合适。ADD 关闭阀在工作位，并且绑扎良好。拆除受电弓输出端子螺丝上的防雾闪热缩管，检查内部螺丝的状态，螺丝应从下部向上穿，检查完毕后重新缠绕新的 35 kV 防雾闪热缩管。
（2）更新上臂导杆关节轴承：
① 用扳手拆下上臂导杆杆端轴承与上、下臂的连接螺栓，取下上臂导杆；
② 用扳手松开上臂导杆两端杆端轴承螺母；
③ 拆下左、右旋杆端关节轴承；
④ 更新关节轴承，按相反步骤进行安装。
（3）更新下臂导杆关节轴承：

① 用扳手拆下下臂导杆杆端轴承与下臂、底架的连接螺栓，取下下臂导杆；
② 用扳手松开下臂导杆两端杆端轴承螺母；
③ 拆下左、右旋杆端关节轴承；
④ 更新关节轴承，按相反步骤进行安装。
所有受电弓拆卸部件的紧固力矩按照相关规定内容要求执行。

（4）检查下臂轴承、下臂导杆关节轴承、上臂导杆关节轴承、升弓装置内插式销轴、受流器关节轴承外观状态良好、转动灵活；检查油嘴、油路外观良好、畅通，油润良好；对各关节轴承滑动部位涂抹美孚，对于升弓装置销轴处的润滑，可在拆卸升弓装置重新安装完毕后用注油枪向润滑油杯内注美孚，注完后用油杯帽密封。

（5）检查各导流线紧固状态良好，导流线角度正确，其中上下臂间导流线安装的角度约为90°，升降弓过程中不会造成导流线异常拉伸；检查导流线截面积缺损不超过原形的5%，否则须更新。

（6）检查橡胶止挡不许有老化、龟裂和变形，安装牢固；检查弹簧座外观状态良好，安装牢固，弹簧座头部、底部与弹簧安装锁紧的螺钉紧固良好，弹簧座头部胶皮垫齐全、完好。

（7）检查底架各风管及安装状态良好，无变形、破损及可见裂纹，风管卡子安装牢固无别劲。

（8）检查弓体漆面状态，对脱漆处所及外露的铁质零件进行除锈、涂漆处理。

（9）受电弓出线端子及连线检查：
① 将受电弓出线端子部位的防雾闪拆除，拆下紧固螺丝，取下高压套管软线和避雷器的软连线。
② 检查受电弓出线端子铜排无裂损，铜排表面平整、无烧损、无锈蚀，否则应进行打磨处理；检查高压套管软连线、避雷器软连线线鼻子表面平整、无烧损、无锈蚀，端子压接部位压接牢固，检查编织线的断股程度不许超过总数的5%，否则应更换，更换编织线时，应将防雾闪热缩管同时更换。注：断股实际应为线芯的折断，即线芯的折断数量不许超过总数量的5%，由于该种编织线有3层，线芯较多，不易检查，应根据实际情况，对有争议的问题由质检、技术、验收人员共同鉴定，确定修程。
③ 安装软连线时，首先须将线鼻子面积大的先安装，然后再安装面积小的软连线；安装软连线前，须检查软连线线鼻子与受电弓出线端子铜排的接触面，对影响接触的油漆进行去除、磨平，保证接触面良好。
④ 安装紧固螺丝时，必须保证螺丝尖端朝上，并更新防缓螺母，按照80 N·m的力矩进行紧固。紧固完毕后，须检查铜排、线鼻子之间的接触状态，不许有缝隙，螺丝必须露出2扣以上，否则应更换螺丝。
⑤ 按照防雾闪检修工艺要求，对端子部位进行缠绕防护，检查密封状态应良好。

（三）弓头部分检修

（1）测量滑板厚度不许小于29 mm（含基座），前后滑板厚度差不大于3 mm，滑板出现切口的宽度应小于 15 mm，否则应进行更换。若需要更新滑板时，按如下步骤进行：

① 拆除滑板连接气管；

② 松开滑板安装螺栓；

③ 更换新的滑板，在滑板安装座接触表面涂抹导电接触脂，确保滑板托顶平面平整，滑板与滑板托密贴良好，无异常间隙；

④ 紧固滑板安装螺栓，螺栓力矩为 15 N·m；

⑤ 安装滑板连接 PU 管，确保 PU 管不得拧劲。

（2）清扫检查弓头、弓角不许有裂损、锈蚀、变形，4 个塑料支架安装牢固，无丢失和过度磨损；弓头及弓角安装牢固，弓角与滑板之间须平滑过渡；弓角绝缘防护良好。

（3）检查弓头支撑滑动轴承状态良好；弓头的活动部分在任何高度均能动作灵活。

（4）检查各弹簧不许有变形、裂损、锈蚀。

（四）传动机构和控制机构检修

（1）检查阻尼器应无漏泄；阻尼器防尘套无老化破损；检查阻尼器橡胶关节应无异常磨损、裂损及旷动，否则更换。更换阻尼器按以下步骤进行。

① 装配前，手动检查，在竖直方向上完整地拉伸和压缩阻尼器 5 次，无卡死现象；

② 在落弓位置按 l_1=54 mm，l_2=480 ± 1.5 mm 进行安装。阻尼器结构如图 5.2 所示。

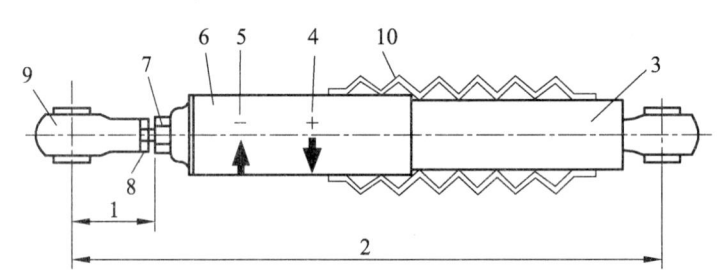

1—长度 l_1；2—长度 l_2；3—阻尼器；4—右侧；5—左侧；6—防尘盖；7—锁紧螺母（气缸）；
8—锁紧螺母（安装座）；9—安装座；10—防护套。

图 5.2 阻尼器结构

（2）检查升弓装置外观无变形、裂纹，各部位无接磨、磨损，气囊裂缝达到长 20 mm 或深 1.2 mm 或泄漏者更新，更新依据有关工艺进行。

（3）更新气囊胶管（2 根），重新安装时注意调整胶管安装角度，确保胶管橡胶软管和扣压部分平滑过渡，胶管部位无过度弯曲、变形及接磨。

（4）检查钢丝拉绳安装状态及润滑状态良好，钢丝拉绳应无破损、断股，否则需更新，更新钢丝拉绳按以下工艺执行：

① 松开下臂线导向上方压板的两个紧固螺栓，取下压板、螺丝、垫片和螺母，将钢丝拉绳从线导向中取出，并将钢丝拉绳两端与升弓装置分离，取下钢丝拉绳；

② 更新钢丝拉绳及防缓螺母，将垫片及防缓螺母预装在钢丝拉绳两端；

③ 首先将钢丝拉绳的两端嵌入升弓装置支架组焊端部槽内，然后将钢丝拉绳放入下臂

线导向的槽内,确保两端对齐,安装压板后,用扳手将钢丝拉绳两端防缓螺母拧紧,最后在拉绳上涂抹美孚润滑油。在降弓位置检查钢丝绳的松紧程度,两侧张紧程度应一致。

(5) 检查各软管状态,更新 PU 软管,PU 管装车前必须核对生产日期,生产日期距装车的时间间隔不许超过 12 个月。PU 管更新工艺基本要求如下:

① 使用专用切管器对 PU 管进行裁剪,确保 PU 管端面平整光滑。

② 严禁在安装 PU 管时使用热风枪、火烤等高温加热的方法安装,避免 PU 风管过热失效。

③ 下臂 PU 风管接头及锁紧螺母须配套使用,严禁不同厂家、批次混用。

④ 拐臂侧风管接头安装时,须保证双凸台侧位于下臂内部。

⑤ 下臂 PU 风管安装时,须先安装气囊侧接头,再安装拐臂侧接头,避免安装过程中由于拉伸 PU 风管,导致拐臂侧风管接头磕伤风管内壁。

⑥ 下臂接头使用开口扳手紧固至极限位置后,做好防缓标识,紧固过程中避免发生 PU 风管随锁紧螺母转动拧劲问题。

(6) 升弓阀盘检修。

① 清扫检查升弓阀盘各部件外观及安装状态,清扫前用胶冒或防护胶带对进风口、出风口进行封堵防护,防止清扫升弓阀盘时,导致杂物进入管路内部。

② 将滤清器外罩拆下,检查滤清器橡胶垫状态应良好,否则更新,取下滤芯,用洁净空气从滤芯内部往外吹扫,保证滤清器滤芯清洁,然后将滤芯固定,安装滤清器外罩。

③ 分别拆下控制升弓速度、降弓速度的两个节流阀柱塞,用清洗剂清洗柱塞表面,检查柱塞表面应良好,紧固柱塞。

④ 调压阀风表下车校验,风表量程为 0~1.0 MPa。

⑤ 用专用工具对升弓阀盘各部件连接的管路接口、各部件的紧固螺丝进行紧固校验。

⑥ 用万用表分别测量受电弓风管压力开关的 1、2 触点及 1、3 触点,1、2 触点应导通,1、3 点关断;将风管连接到受电弓风管压力开关上,压力调整到 0.26~0.3 MPa 后,用万用表分别测量受电弓风管压力开关的 1、2 触点及 1、3 触点,1、2 触点应关断,1、3 点导通;如此则证明压力开关功能良好。使用微欧仪分别测量 1、2 触点及 1、3 触点接触电阻应小于 200 MΩ。

⑦ 升弓阀盘的试验:

a. 将升弓阀盘管路与受电弓管路进行连接,然后接通总风进行升弓试验。

b. 将受电弓升弓高度固定在距落弓位 1400 mm,然后将精密调压阀输出压力增大,直至升弓阀盘安全阀排风,此时输出压力应为 0.45(1±10%) MPa。

c. 用肥皂水对升弓阀盘各管路接口、部件体进行涂抹试验,不得有漏风现象。

d. 控制受电弓升弓高度距车顶盖 1600 mm 时,测量受电弓静态接触压力,通过旋转精密调压阀手轮,调整静态接触压力,夏季压力应为 70~75 N,冬季压力为 75~78 N(冬季 10 月初-3 月末),当静态接触压力达到设定值后,拧紧精密调压阀手轮的锁紧螺母,调压手轮不能再转动。精密调压阀属于耗气装置,精密调压阀在工作过程中,为保证输出压力稳定,溢流孔始终有压缩空气微量排出,主排气孔有间歇性压缩空气排出,属正常现象,但其他密封部位不应存在漏泄。上下拉动受电弓,观察精密调压阀压力表表针应无明显波动。

e. 试验节流阀性能良好,通过旋转节流阀柱塞可对升降弓时间进行调整。

(7) 检查快速排风阀外观及安装状态良好,阀体及连接风管无漏泄。

(8) 更新升弓电磁阀及线圈。

(五)受电弓试验

试验工作须由两人进行,一个人进行受电弓功能及数据测试,另一人进行升降弓操作。

(1) 调整下臂导杆:用扳手扭动下臂导杆的调整螺母,可以使下臂上下移动,最佳位置是调整到下臂落下后与支撑下臂的橡胶柱恰好相贴,无间隙。

(2) 气囊密封性能试验:断开升弓阀盘与气囊驱动装置相连管路,直接将受电弓进气口与 3L 的储气缸相连,并充以 400 kPa 的额定气压后关闭气源,10 min 后气缸中的气压下降不超过 5%。

(3) 在最小工作气压 375 kPa 下,弓头须能顺利上升至最大高度 3000 ± 150 mm 而不许有呆滞现象,若最大升弓高度超出范围,可通过调整钢丝绳的调整螺母进行调节,如果高度偏低,则缩短钢丝拉绳,如果高度偏高,则反之,两螺母紧固行程要相同,避免升弓装置松弛,使得最大升弓高度达到要求。

(4) 在工作高度 300~2200 mm 范围内及额定工作气压下,受电弓的接触压力及接触压力差(不带阻尼器)须符合表 5.1 的规定。

表 5.1 受电弓的接触压力及接触压力差

序号	名 称		技术要求
1	接触压力	静态接触压力/N	70 ± 10
		弓头上升单向压力/N	≥55
		弓头下降单向压力/N	≤85
2	接触压力差	弓头在同一高度上升与下降时压力差/N	≤20
3		落弓位保持力/N	≥120

① 静态接触压力、接触压力差的测量与调整。

a. 拆下阻尼器。

b. 松开调压阀锁紧螺母,在高出底架 1600 mm 处用弹簧秤拉住使受电弓不再上升。顺时针旋转精密调压阀手轮增大接触压力,逆时针旋转减小接触压力。

c. 通过弹簧秤以 0.05 ± 0.005 m/s 的速度将受电弓向下拉约 500 mm,测量拉力应≤85 N;然后再稍微减小弹簧秤拉力,以 0.05 ± 0.005 m/s 的速度升高 500 mm,再次测量拉力应≥55 N。两次测量值的平均值即是静态接触压力,应为 70 ± 10 N;两次测量值的差值即是接触压力差,绝对值应≤20 N。

d. 拧紧精密调压阀手轮的防松螺母。

e. 安装减振阻尼器。

② 受电弓在落弓位时，将弹簧秤挂在弓头转轴上，垂直向上逐渐增加拉力直至产生位移，此时弹簧秤拉力即为落弓位保持力，应≥120 N。

（5）升弓时间和降弓时间测试。

① 在额定工作气压下，滑板从落弓位上升至 1400 mm 所需时间≤5.4 s（不计充气时间），滑板从 1400 mm 下降到落弓位所需时间≤4 s，升弓时须平稳、无回跳，降弓时先迅速下降而后再缓慢落至止挡，不许有引起损坏的冲击。

注意：由于和谐型机车升弓风缸停泵压力为 750 kPa，因此为保证车下测量和车上测量升弓时间一致，要求升弓阀盘供风风压为 750 ± 10 kPa。

② 升降弓时间调整。

a. 调节升弓速度：使用升弓节流阀（左侧）调节升弓速度，向右旋转增加升弓时间，向左旋转减小升弓时间。

b. 调节降弓速度：使用降弓节流阀（右侧）调节降弓速度，向右旋转增加升弓时间，向左旋转减小升弓时间。

（6）调整弓头的水平度。

① 将受电弓拉到距落弓位 1400 mm 处，并用支架将受电弓固定在此处。

② 将水平尺分别放在两条碳滑板和受电弓底座上，检查两者应相对水平，之后分别测量两滑板中间及两滑板两侧靠近两端平整位置的三处水平度。

③ 如果不平，则松开弓头导杆两端的调整螺母进行调整。调整好后，将调整螺母紧固，并画好防缓标。

（7）自动降弓装置试验。

① ADD 关闭阀置"开"位，ADD 试验阀置"工作状态"位。

② 受电弓升起后，用手将升起的受电弓拉到距落弓位 600 mm 处，然后将试验阀调至"TEXT"位，升弓机械装置内的压力应立即下降，自动降弓装置动作，并在自动降弓装置的 ADD 阀处伴有明显的排气声，受电弓在 1 s 内迅速降到降弓位。如果以上操作不能达到标准，则对自动降弓装置进行检查，排除故障。

（六）受电弓及升弓阀盘检修调试后处理

受电弓及升弓阀盘检修调试后应配对装车；装车完毕后，使用辅助风泵打风进行升弓试验，待受电弓升起后，逆时针旋开升弓阀盘滤清器下部塞门进行排水，排水完毕后顺时针拧紧，然后使用肥皂水对升弓管路各接头、部件漏泄情况进行检查，确保无漏泄处所。

第二节　真空断路器检修

真空断路器是交流电力机车的总开关，起到接通与断开 25 kV 电网进入车内通路的作用，同时还是交流电力机车的电气总保护。

本节介绍 HXD3D 型电力机车真空主断路器（22CBDP1）的检修工艺流程、工艺要求及质量标准。其结构图如 5.3 所示。

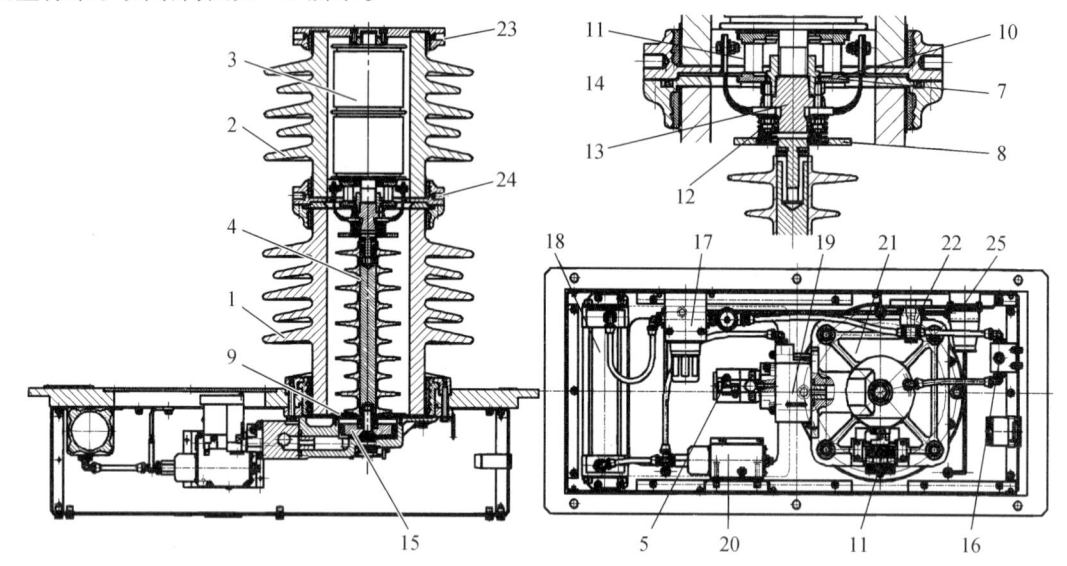

1—下绝缘子；2—上绝缘子；3—真空开关管；4—传动杆；5—电磁阀；6—辅助触头；7—压紧环；8—传动盘；9—活塞限位环；10—弹簧座；11—主弹簧；12—恢复弹簧；13—连接块；14—软连线；15—活塞；16—节流阀；17—调压阀；18—储气缸；19—转换阀；20—压力开关；21—气缸；22—进气接头；23—上接线端；24—下接线端；25—电连接器。

图 5.3　22CBDP1 型真空主断路器

一、主要设备及工具

电器钳工常用工具，真空主断路器试验台，真空度测试仪，万用表，微欧仪，气密性试验设备，节流阀压力测试设备，2 500 V 兆欧表，1 000 V 兆欧表，毛刷，游标卡尺，锉刀，力矩扳手，花头螺丝刀，全套内六角工具，塞尺。

二、工艺过程

（1）各部清洁；检查主断外观良好；检查电缆绝缘层不许有破损及老化，电气连接件及紧固件不许有松动；检查插座外观良好，插针无变形、烧损、缩针等异常现象；检查各机械运动机构外观良好，无损伤、变形。

（2）绝缘子检修按相关工艺执行。

（3）主断路器接触板与接地开关接地夹接触良好，接触长度不小于 20 mm，接地触头工作表面不许有结瘤，使用游标卡尺测量接地触头厚度不小于 9.3 mm。

（4）所有管路系统及气动元件（不含精密调压阀）不许有泄漏；空气过滤器清洁，气路畅通。

（5）节流阀输出压力在 70~80 kPa 范围内，测量工艺如下：

① 试验所需设备及连接方式如图 5.4 所示，在节流阀出口与主断路器下绝缘子间风管路加装一个三通，并在三通上安装一块风压表，要求风压表最小刻度为 1 kPa。

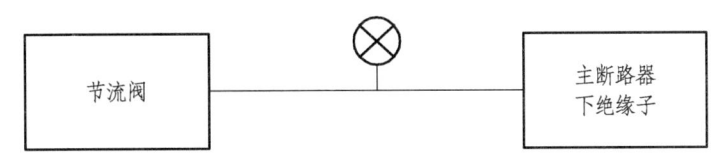

图 5.4　节流阀测量设备

② 使用主断路器试验台为主断路器供风后，观察压力表压力，并通过调节节流阀旋钮，使压力表压力达到 70～80 kPa 之间，调整完毕后，锁紧背帽，并画防缓标。

（6）在调压阀上安装风表，调整调压阀压力，使得微动开关保证在 345～358 kPa 断开，在 390～420 kPa 之间闭合（用万用表测量触点导通状态）。调整调压阀压力，压力应在 483～497 kPa 范围内，锁紧背帽，取下风表，安装阀堵。

（7）检查电磁阀动作良好，不许有漏泄。常温下，用万用表测量电磁阀线圈电阻值应为 1000（1±8%）Ω，超限者须更新。电磁阀更新工艺如下：

① 将电磁阀线圈上电源线拆下。
② 用 4 mm 内六角扳手将电磁阀两个固定螺母松开，取下电磁阀。
③ 新电磁阀安装按照拆解逆序完成。注意检查电磁阀风口处密封胶垫，胶垫破损、变形、回弹性能下降必须更换。

（8）主触头磨损量应不大于 2.5 mm。

（9）检查缓冲垫组成，缓冲垫表面有缺损、裂纹或厚度小于 4 mm 者更换。

① 用 13 mm 扳手将底座 4 个固定螺栓松开，用 4 mm 内六角扳手将辅助连锁开关固定支架 4 个固定螺栓松开。
② 用 22 mm 扳手将底座中心上螺帽取下，用 8 mm 内六角扳手将内部螺栓松开并取下。
③ 将底座取下并取出活塞，取出缓冲垫组成，用花头螺丝刀将外圈螺丝取出，更新内部缓冲垫。
④ 更新完成后将外圈螺丝涂抹乐泰 243 胶进行紧固，按照拆解逆序完成，用 30 N·m 的力矩将螺纹涂有乐泰 243 胶的螺栓与绝缘子进行紧固连接。

（10）用电阻测试仪测量辅助触指接触电阻不大于 200 mΩ，否则更新微动开关。更新后组装时，为防止安装螺栓过劲导致辅助触指外壳变形引起卡滞，应使用 0.5 mm 塞尺塞入辅助触指与支架间，待紧固完毕后取下塞尺。

（11）检查辅助触指安装支架及凸台板是否进行改造，没有改造的必须进行改造。使用游标卡尺测量辅助触指上端面与凸台板间距离，并填写在检修记录备注栏内，应保证在主断路器断开位时距离为 14.9 mm，闭合位时距离为 20 mm，上下偏差不应大于 0.1 mm。具体测量位置如图 5.5 和图 5.6 所示。

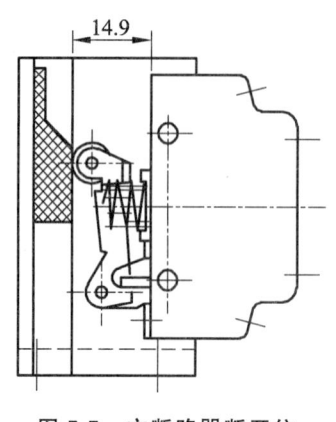

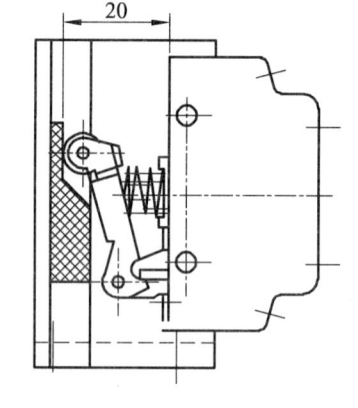

图 5.5 主断路器断开位　　图 5.6 主断路器闭合位

（12）真空主断路器试验要求：

① 使用真空度测试仪测试真空管的真空度优于 0.066 Pa。

② 在 DC77 V 与 DC137.5 V、450 kPa 与 1000 kPa 下，主断路器均能正常可靠地分、合 10 次。

③ 在额定控制电压、额定工作气压下，真空主断路器主触头、辅助触头分闸时间不大于 40 ms，合闸时间不大于 100 ms。

④ 使用微欧仪测量主触头接触电阻不大于 200 μΩ。联锁触头开闭正常。

⑤ 用 1000 V 兆欧表测量，低压电路对地绝缘电阻大于 10 MΩ；用 2500 V 兆欧表测量，高压电路对地绝缘电阻大于 500 MΩ；用 1000 V 兆欧表测量，两主触头之间绝缘电阻大于 200 MΩ。

⑥ 气密性试验，按以下工艺进行：

a. 试验所需设备如图 5.7 所示，风源供风压力不低于 1000 kPa，空气滤清器 1 台，调压阀 1 个（压力调节范围涵盖 0~1000 kPa），塞门 1 个，1 L 储风缸 1 个，压力表 1 个（量程 1200 kPa），按以下方式进行连接。

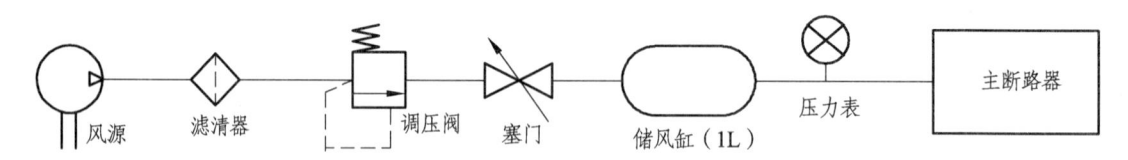

图 5.7 气密性试验设备

b. 将 22CBDP1 型真空主断路器进风口与图 5.7 中压力表后部管路连接，确保连接可靠。

c. 调整调压阀输出压力 900 kPa 后打开塞门，检查塞门、储风缸、压力表及主断各风管接头无漏泄。

d. 向真空主断路器电磁阀线圈提供 77 V 直流电源，待主断路器可靠动作后，关闭塞门，并开始计时。

e. 保压 10 min 后，观察压力表压力，应保证压力下降不超过 90 kPa。

第三节　牵引变压器检修

本节介绍 HXD3D 型电力机车主变压器检修工艺流程、工艺要求及质量标准。主变压器外部结构布置如图 5.8 所示。

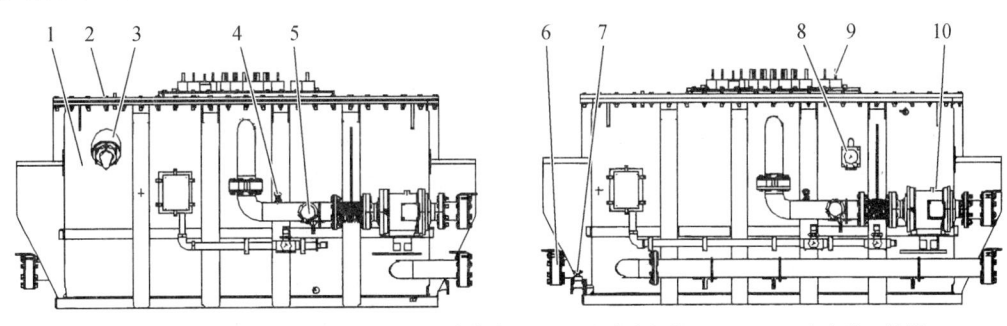

1—油箱；2—箱盖；3—高压端子；4—温度传感器；5—油流继电器；6—Dn100 真空偏心蝶阀；
7—Dn15 波纹管阀；8—压力释放阀；9—低压端子；10—油。

图 5.8　主变压器外部结构布置

一、主要材料

棉布，纱布，毛刷，防锈漆，绝缘漆，塑料绑带，胶布，变压器油。

二、主要设备及工具

压缩空气装置，工作灯，兆欧表，万用表，电器钳工常用工具，真空注油机。

三、工艺过程

（一）主变压器器身检查

（1）外观检查主变压器器身，不许有损坏、渗漏。

（2）检查主变压器与车体安装螺栓紧固状态良好，若螺栓松动，需要重新紧固时，按 740 N·m 力矩进行校验。

（3）检查主变压器与车体间密封良好，密封垫无错位、破损、丢失。

（4）检查主变压器身接地线齐全，紧固良好，接地线断股不应超过截面积的 10%，接地线规格为截面积 96 mm²、长度 0.4 m 的编织软连线。

(二) 油管路检查

(1) 检查各油管路、蝶阀、活门、波纹管及其附件齐全、清洁，不许有损坏、渗漏；各蝶阀均应在开启状态(旋钮平行于管路)。拆卸或更换蝶阀时，螺丝重新紧固力矩为 150 N·m；拆卸管路时，更新管接头的密封垫。检查各活门均应在关闭位，绑扎状态应良好（共 5 个阀门），放油口紧固良好无漏泄；主变压器与布赫继电器间油管安装良好，两端快速接头绑扎良好，手动试验牢靠，快速接头无法打开，其中主变压器侧使用尼龙扎带进行绑扎，布赫继电器侧使用喉箍绑扎，绑扎方式如图 5.9 和图 5.10 所示。

图 5.9　主变压器侧绑扎　　　图 5.10　布赫继电器侧绑扎

(2) 检查主变压器各油管路及其附件安装状态良好，各法兰连接螺栓紧固无松动，油管卡子紧固良好。

(3) 检查各法兰口、旁路油管接头无渗漏。

(4) 检查各螺丝、管接头防缓标应良好。

(三) 保护装置检查

1. 油流继电器检查

(1) 清扫检查油流继电器外观及安装状态良好，防护盖安装紧固，安全链连接良好无丢失，油流继电器表盘玻璃外罩无裂损。

(2) 检查油流继电器进线口状态良好，紧固件齐全无松动。

(3) 结合高压试验，待油泵工作后，观察油流继电器指针动作迅速，无卡滞、抖动，触点导通状态良好，微机显示屏无相关故障报出。

2. 压力释放阀检查

(1) 清扫检查压力释放阀外观及安装状态良好，各部件齐全，紧固良好，微动开关驱动销卡簧（位于外壳内，可在排油口处观察）无丢失。

(2) 检查压力释放阀蝶阀两侧法兰、压力释放阀阀口应无渗漏。

(3) 结合低压试验，按压微动开关，触点导通状态应良好，微机显示屏上应报压力释放阀动作信息。

3. 温度传感器检查

（1）清扫检查温度传感器外观及安装状态良好，开盖检查接线状态。

（2）在微机显示屏上检查3个温度传感器的温度检测值，偏差不超过10 ℃。

4. 布赫继电器检查

（1）检查布赫继电器油管螺帽无裂纹，紧固良好，无渗漏。

（2）检查布赫继电器接线盒内线路连接正确、紧固，线路无接磨，无渗油。

（3）试验复位按钮功能应良好，排气阀开、关功能应良好，接线盒内部无渗油痕迹，否则应处理或更换。

（4）布赫继电器两侧管路接头防缓标应良好。

（5）用针管向布赫继电器内部打气，空气在225～275 mL时，布赫继电器应一级动作报警，微机显示屏应提示故障信息。

（四）高低压套管检查

（1）擦拭检查高低压套管外观状态，绝缘瓷瓶应清洁，无裂损、掉块，绝缘瓷瓶与铜排无放电、爬电痕迹；T形头电缆头及高压电缆外部绝缘涂层表面完整无破损、龟裂，防尘帽绑扎良好，接地线接地状态良好。

（2）检查高低压套管根部无渗漏，各标识齐全、清晰。

（3）检查所有与主变压器连接的电缆外部绝缘不许有损伤，接线端子连接处的紧固件安装须牢靠，不许有松动，接线端子无氧化、烧损痕迹。

（4）若检修需要对T形头及A端子拆卸或更换时，按以下工艺进行：T形头解体→T形头组装→A端子更换工艺。

（五）油泵检修

（1）检查油泵的安装应紧固，连接管路不渗油；检查油泵接线盒内线路规整，无接磨、破损、过热痕迹，检查接线端子无氧化、烧损痕迹，并保证连接紧固；在接线时，防止用力过猛将接线柱瓷瓶紧裂，造成漏油。

（2）油泵重新装车时，更新两侧法兰密封垫圈，确保安装螺栓紧固良好。

（3）使用500 V兆欧表测量油泵电机绕组对地绝缘不低于10 MΩ。通电试验油泵运行状态，应无异音及异常振动。

（4）安装接线盒盖后，确保紧固螺母紧固到位，为保证密封效果，对接线盒盖、盒体前后法兰面（2处）打胶密封，涂胶前应对旧胶彻底清除，并保证涂胶平整；

（六）主变压器接线及配线管检修

（1）开盖检查主变压器接线盒内部接线状态，线路应无接磨、破损、过热痕迹，接线端子无氧化、烧损痕迹，连接紧固。

（2）外观检查配线管状态良好、无破损，安装牢固，各接头、封盖、管卡安装紧固。

（七）车下主变压器各插头、进线口防护要求

（1）防护部位：变压器接线盒进线口，油流继电器进线口，三通、四通接线盒进线口，油泵接线盒进线口，温度传感器进线口。

（2）防护标准：

① 对上述进线口的密封胶带状态进行检查，破损的部位须拆除，重新缠绕，并用扎带绑扎；若原有的胶带未损坏，为保证密封性，须在原有的基础上继续缠绕新胶带并绑扎。

② 将高压橡胶自黏带隔离膜去掉，以半搭式缠绕于各整治部位，缠绕方向与插头、进线口紧固件扭紧方向相同。为确保密封效果，应从直径较大端向较小端缠绕，前两圈和最后两圈采用全搭式缠绕，缠绕完毕后，用力挤压自黏带，确保可靠黏合。整治过程中，严禁佩戴线手套。

（3）对变径处或电缆护套端部可多缠绕数圈进行加固，防止自黏带破损后影响密封效果。

（八）变压器油位检查及吸湿器检修

（1）观察储油柜上的油标，如果油位显示的温度（用点温计测量油温，合电后也可以查看微机显示屏显示的油温）与实际油温误差大于 30 ℃，应对主变压器进行补油或放油（壳牌变压器油），使油标温度与油温相符。

（2）外观检查吸湿器状态良好，吸湿剂变色不许超过三分之二，否则须脱水或更新。检查紧固螺栓紧固到位，密封垫圈作用良好。

（3）吸湿器油杯内部油位应在红线以上。

（九）变压器油样化验

（1）机车上台前、试运后均须化验油样。如果检修过程中发生滤油，则在滤后和试运后需再次进行化验。

（2）车间必须安排专人进行接油，接油容器必须使用化验室提供的专用透明清洁的容器，每次接油必须由质检员现场卡控油样接取过程，并在容器上签字确认；油样接取后到化验不得超过 5 h。接取油样前，应将变压器油从接油口排出一部分，然后用变压器油将容器冲洗干净后，再次接取油样。接取油样后将接油阀紧固良好，重新标记防缓标。

（3）油样化验项目及标准：

① 对变压器油进行耐压试验及理化分析,色度、闪点(闭口)、酸值、介质损耗因数(90 ℃)、击穿电压（间距 2.5 mm）、水溶性酸或碱（pH）及水分须满足有关质量标准。

② 对变压器油进行气相色谱分析，满足有关质量标准。

（十）主变压器放油、滤油、上油工艺

根据需要进行放油、滤油、上油。

（十一）主变压器落修检修工艺

主要检修工序如下：
（1）分离车体与转向架。
（2）分离车体与主变压器。
（3）车体与主变压器组装。
（4）车体与转向架组装。
（5）注油。
（6）高压试验：
① 检查主变压器油泵的工作状态应良好，不许反转，油流继电器工作正常；
② 检查6个主变压器蝶阀和1个压力释放阀蝶阀应在开启状态；
③ 检查主变压器各处不许有漏油迹象。
（7）试运。
① 试运前，机车应达到试运条件，各项功能试验良好；
② 试运完毕后，检查各拆装部件的紧固状态应良好。

第四节　主变流器检修

本节介绍 HXD3D 型电力机车主变流器 C4 级修的检修工艺流程、工艺要求及质量标准。

一、主要设备及工具

万用表、电器钳工常用工具、吸尘器、毛刷、兆欧表。

二、工艺过程

（一）变流器检修

（1）清扫主变流器柜内、外灰尘，检查变流器柜不许有锈蚀和油漆剥落；检查内部部件应齐全；检查各插头、插座安装状态良好，连线无过烧、无接磨；检查整流单元体、逆变单元体、控制单元体、母排、铜排、导线等部件安装状态应良好。
（2）检查各电路板、插头及电缆状态良好，电子部件无烧损、过热。

（3）检查整流单元体和逆变单元体外观及线路连接状态良好，结合机车高压试验对整流单元体、逆变/OVTR 单元体等进行单品绝缘耐压、门电路基板性能、IGBT 开关性能等遮断性能测试，检测性能良好。

（4）冷却系统检修要求：

① 更换冷却液时，在添注前测量冷却液中乙二醇溶液浓度为 60%～62%；注入冷却液时，检查水位应在"灌注后水位"，冷却液循环后，检查液位在"运行时水位"范围之内；压力传感器安装牢固无漏泄，车上试验压力检测功能良好。

② 检查水泵外观良好，安装牢固，接线紧固、正确。用 500 V 兆欧表测量水泵绕组对地绝缘，绝缘电阻不低于 10 MΩ。检查水泵断路器安装牢固，接线紧固、正确，用万用表测量触点导通状态应良好，脱扣手动合、断正常。水泵电机运转时不许有异音，冷却液循环正常；检查各管路、法兰、水箱、接头及特氟隆软管不许有变形、泄漏。检查各管路塞门、排水阀、排气阀功能良好，位置正确，绑扎牢固。

③ 对拆解部位的水管路密封垫更新。

（5）检查柜内线路外表绝缘完好；端子、端子排及各可见导体不许有变形、变色及过热破损；各导体不许有变形、裂纹、过热及电腐蚀现象，铜排局部缺损不许超过原截面积的 5%，搪锡部分有氧化、过热进行更新；安装螺丝紧固。光纤不许有严重变形、明显变色、损伤，安装紧固件不许有松动；光纤连接器不许有严重变形、明显变色、损伤；用光纤测试仪测量光纤的衰减，测量值要求在 -23 dB 以上。

（6）滤波电容器检修要求：检查滤波电容器不许有鼓胀、破损，用电容测试仪测量每个 CI 的总群电容，总群容量不小于 5 940 μF，若不符合要求，应测量单群单个电容，每个电容容量不小于 1980 μF，否则单群更换。每个变流柜共有 9 个电容。

（7）交流接触器检修要求：检查接触器外观应良好，可见部位无烧损，插头、接线连接紧固、正确。开盖检查 LTCH250 AC1500 V/250A 型接触器主触头状态良好，无过热烧损，否则应打磨处理或更换。

（8）检查 P-DCPT 外观良好，通过机车静态及动态调试确认 DCPT 工作正常。

（9）P-GR 单元检修要求：

① 外观良好，电阻不许有明显变色、变形、烧伤痕迹。

② CI 充电电阻、APU 充电电阻、CI 放电电阻、散热片热敏电阻外观良好，不许有明显变色、变形、烧伤痕迹。

（10）检查各电阻外观良好，电阻不许有明显变色、变形、烧伤痕迹。

（11）检查 APU 功率单元外观良好，结合机车高压试验对 APU 单品绝缘耐压、门电路基板性能、IGBT 开关性能等遮断性能测试检测性能良好；散热片清洁，不许有堵塞。

（12）检查各熔断器外观良好，熔断信号反馈正常。

（13）检查 AVR 电源单元外观良好，电路板不许有焊接裂痕、烧损痕迹，插头安装牢固，线路防护良好；用示波器测量各交流输出端子电压为 50±2 V，用万用表测量直流输出端子电压为 24±1 V。

（14）检查 CI 控制单元、APU 控制单元、U-I/F 单元、AVR1-4 外观不许有变形、裂痕、明显变色；电路板不许有焊接裂痕、烧损痕迹；LED灯反应正常；高压指示灯状态正常；保护功能正常；结合机车高压试验对CI控制单元体、APU控制单元体，进行DI/DO信号性能检测性能良好，各部件工作正常。

（15）检查同步变压器、噪音过滤器NF、PT变压器，不许有变形、明显变色。结合机车高压试验，试验功能正常。

（16）检查电流传感器接线端子应清洁，不许有松动，导线与端子接触良好，安装牢固。

（17）检查风扇与电阻加热器盘外观良好，工作正常。

（18）检查柜内电线路连接正确、牢固，线路防护良好。

（19）整车试验确认牵引变流器（CI）功能正常。

（二）MPU功率单元拆装工艺

因为功率单元进行强制循环水冷，所以更换时，需要进行排水等的作业。功率单元配置如图5.11所示。

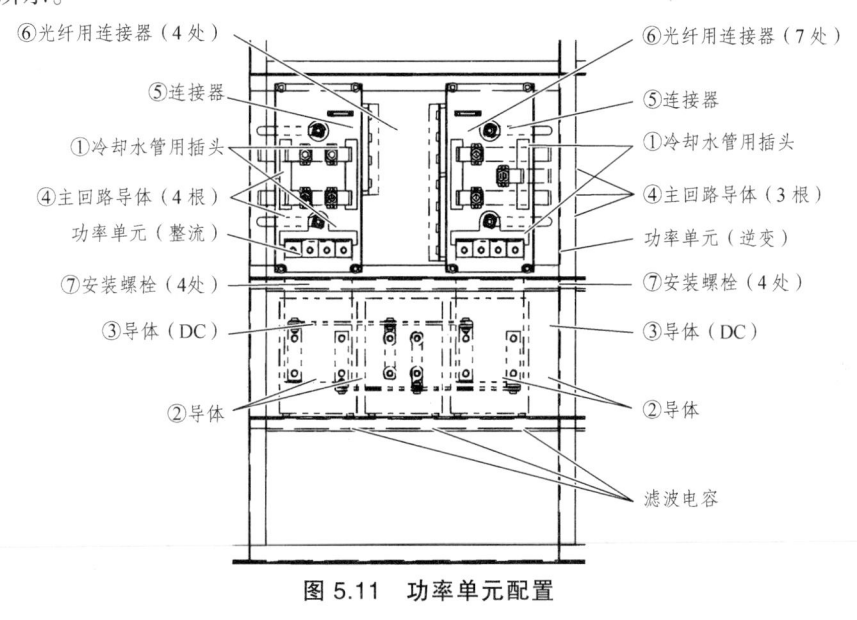

图5.11 功率单元配置

（1）拆卸功率单元：

① 卸下冷却水用的插头。

② 拆下滤波电容。

（2）拆下电容正面垂直方向设置的2根（P，N）导体。

（3）拆下滤波电容正面的导体（DC）。

（4）拆下功率单元正面的主回路导体。

（5）将主回路配线、接地线分离。

（6）将控制配线用连接器分离。

（7）将光纤用连接器分离。

⑧ 拆下安装螺栓。

（9）从装置正面使单元体旋转 90°，拉至跟前，放到升降台上。另外，功率单元的整流单元重量是 59 kg，逆变单元是 53 kg。需由 2 个人进行作业，要充分注意安全。

（10）请按照与上述相反的步骤进行安装。

(三) APU 功率单元拆装工艺

APU 功率单元配置如图 5.12 所示。

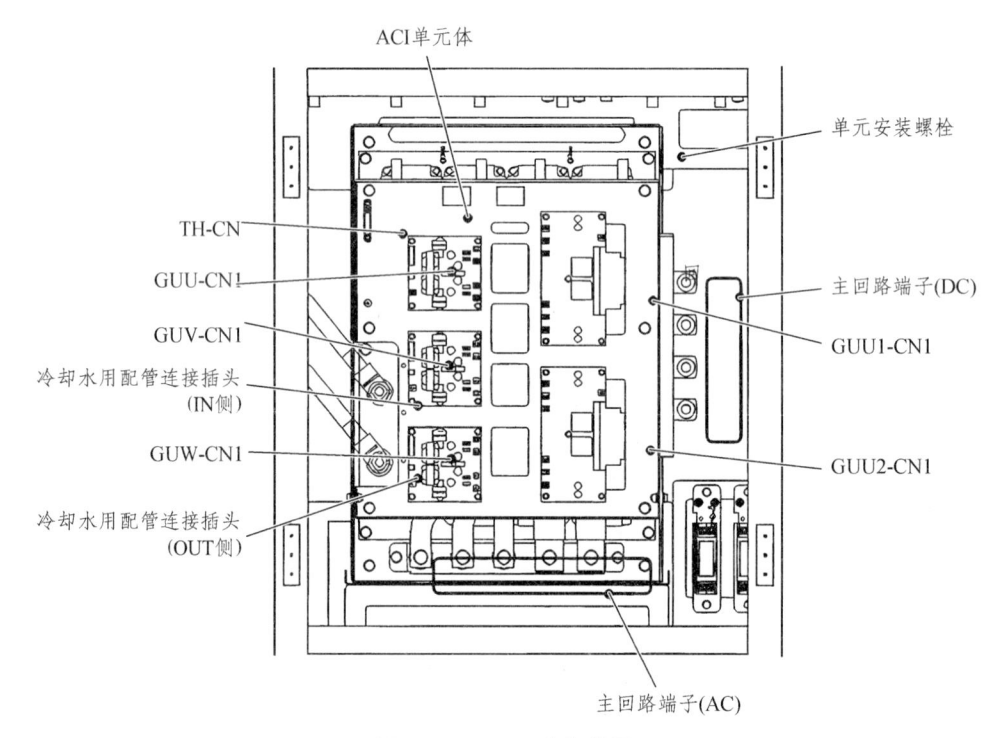

图 5.12　APU 功率单元

ACI 拆卸时，请 2 个人操作，并适当地使用升降机，注意重心位置，安全作业。

（1）拆下主回路端子（DC 侧）的螺栓（M8），将主回路端子（DC）分离。

（2）拆下主回路端子（AC 侧）的螺栓（M10），将连接到主回路端子（AC）上的配线及导体分离。

（3）将控制回路连接器全部分离。

（4）拆下冷却水用配管连接插头（IN 侧，OUT 侧）。通过一次操作即可拆卸。

（5）拆下单元体安装螺栓（M8）。

（6）将单元体拉到跟前。

（7）按照与上述相反的顺序进行安装。

（8）安装结束后，请对配管联轴器进行标识。

第五节 司机控制器的检修

本节介绍 HXD3D 型电力机车司机控制器 C4 修程的检修工艺流程、工艺要求及质量标准。

一、主要材料

无纺布，弹簧片，速动开关，电位器，螺纹胶。

二、主要设备及工具

压缩空气，毛刷，H2.0 内六角扳手，斜口钳，H4.0 内六角扳手，十字螺丝刀，H3.0 内六角扳手，工装，T6 星形螺丝刀，直流可调电源，万用表，微欧仪，500 V 兆欧表，综合试验台。

三、工艺过程

（一）清扫

用 0.2~0.3 MPa 的干燥压缩空气吹扫及用毛刷清扫各部灰尘，使用无纺布将各润滑部位润滑油脂擦拭干净。

（二）弹簧片更新

按以下工艺进行。

（1）使用 H3.0 内六角扳手拆下控制手柄弹簧片组件后，更新控制手柄弹簧片组件，带上固定螺钉后先不要拧紧，通过弹片上的长圆孔可以调整弹片组件的位置，反复调整弹片组件的位置以保证弹片组件安装好时控制手柄（被锁在"0"位）前后转动的间隙均匀，且弹簧片组件滑轮位于控制板"0"位凹坑的中心。调整位置后拧紧安装螺钉。

（2）使用 H3.0 内六角扳手拆下换向手柄弹簧片组件后，更新换向手柄弹簧片组件，带上固定螺钉后先不要拧紧，通过弹片上的长圆孔可以调整弹片组件的位置，反复调整弹片组件的位置以保证弹片组件安装好时换向手柄（被锁在"0"位）前后转动的间隙均匀，且弹簧片组件滑轮位于控制板"0"位凹坑的中心，调整位置后拧紧安装螺钉。

（三）外观检查

外观检查凸轮鼓状态，凸轮应无破损、表面光滑无毛刺，凸轮与轮轴过盈配合良好无旷动。

（四）微动开关检查

检查微动开关外观状态良好，安装牢固（紧固时不要过力，防止微动开关壳体变形，造成微动开关卡滞），接线牢固，触头不许有烧痕，机械运动部件动作良好，无卡滞。

（五）机械结构检查

检查机械结构各部不许有裂损、松旷及异常磨耗。解体主手柄两侧标识框，对内部定位销及滑道进行检查，发现定位销松动、磨损或滑道磨损的对定位销和滑道进行更换，各穿销配合良好，有断裂者更换。定位螺栓不许有松动，弹簧不许有断裂及永久变形。鼓轮和定位机构不许有松动、变形。标牌完好、清晰。

（六）接线检查

检查各接线紧固，插头、插座、接线排清洁完整，不许有烧痕，插针不许变缩针，插接良好。各线号齐全、清晰，绝缘不许有破损、老化。检查插座进出线口处线路防护状态，确保线路绝缘无破损、防护良好、线路无挤压。

（七）发光片及逆变电源检查

检查发光片及逆变电源状态，外观检查发光片无烧损，引出线可见部位良好，检查逆变电源无损坏、鼓包，接线正确、牢固。

（八）试　验

1. 机械动作试验

（1）控制手柄在各个挡位之间应转动灵活，无机械卡阻，相邻两档位之间不应出现停滞现象。

（2）换向手柄在各个挡位之间应转动灵活，无机械卡阻，相邻两档位之间不应出现停滞现象，且手柄在"0"位时应顺利卸下。

（3）检查机械联锁锁闭正确，作用可靠，操作灵活、正确，不许有旷动、过位、卡滞；换向手柄置"0"位时，控制手柄锁闭；换向手柄置"前""后"位时，按下控制手柄顶部按钮，方可将控制手柄移至牵引区并检查按钮顶丝应紧固到位，移至制动区时无须按压控制手柄顶部按钮。

（4）试验过程中，各机械结构部件应无异常旷动磨耗。

2. 微动开关动作试验

（1）控制手柄在各个位置下微动开关动作状态符合表 5.2 的要求。

表 5.2

工况	插头针位及线号		
	6	7	8
	506/606	507/607	508/608
牵引			■
0 位		■	
制动	■		

（2）换向手柄在各个位置下微动开关动作状态符合表 5.3 的要求。

表 5.3

<table>
<tr><td colspan="5">换向手柄闭合表</td></tr>
<tr><td rowspan="3">工况</td><td colspan="3">插头针位及线号</td><td rowspan="3">短接触点</td></tr>
<tr><td>2</td><td>3</td><td>4</td></tr>
<tr><td>502/602</td><td>503/603</td><td>504/604</td></tr>
<tr><td>前</td><td>■</td><td></td><td></td><td>■</td></tr>
<tr><td>0</td><td></td><td>■</td><td></td><td></td></tr>
<tr><td>后</td><td></td><td></td><td>■</td><td></td></tr>
</table>

（3）使用微欧仪测量各微动开关接触电阻阻值应不大于 200 mΩ。

（4）观察微动开关与凸轮配合良好，动作可靠。

3. 电位器功能试验

（1）用万用表测量电位器的阻值，在手柄转动范围内电位器阻值平滑变化，作用良好；电位器的阻值符合限度规定，电位器阻值牵引区 1 038～1 044 Ω+制动区 1 038～1 044 Ω。

（2）"*"位电压不大于 0.1 V，牵引 17 级和制动 12 级时输出电压不小于 23.6 V，且在手柄转动范围内，电位器输出电压平滑变化，停留在各个级位 10 s，电压不许有跳变，电压输出正常。

4. 绝缘测试

（1）用 500 V 兆欧表测量，各导电部分（电位器除外）间及对地绝缘电阻不小于 10 MΩ。为便于测量，可制作短接插头，在测量对地绝缘时，将电位器除外的其他所有接线短接，一次性测量，若绝缘电阻低于 10 MΩ，再单个测量排查。

5. 发光片及逆变电源试验

（1）用万用表交流电压挡测量逆变电源输出电压应在 90~110 V 之间，发光片亮起正常，无异常现象。

第六节　有触点电器检修

本节介绍 HXD3D 型电力机车有触点电器 C4 修程的检修工艺流程、工艺要求及质量标准。

一、主要材料

白布，砂布，轴承润滑脂，凡士林、酒精。

二、主要设备及工具

工作台，兆欧表，万用表，电器钳工常用工具，游标卡尺，毛刷、微欧仪。

三、工艺过程

（一）电磁接触器检修

1. 电磁接触器检修要求

① 标牌及符号齐全、完整、清晰、正确，紧固件齐全、紧固牢靠。
② 清洁各部件，各部件齐全完整并且安装正确。检查 KM11、KM12、KM20（AF400 型）接触器控制板，应无过热、烧损，各接线连接牢固。
③ 110 V 充电装置上的电磁接触器线圈两端抑制器中的二极管正常。
④ 主触头不许有熔瘤、裂损、开焊。
⑤ 联锁触头盒检修：
a. 用毛刷清扫开关各处灰尘，必要时使用酒精擦拭。
b. 零部件齐全完整，动作灵活可靠，滚轮与滚轮架侧边不许摩擦。
c. 测量触头的接触电阻值不大于 200 mΩ，不良者更换。有特殊规定的接触电阻值按照规定执行。
d. 有严重电蚀或动作不灵活的更换整个联锁触头盒。

2. 电磁接触器试验要求

① 动作灵活，不许有卡滞，衔铁释放时不许有严重回弹；三相触头通断一致；额定电压下可靠动作。

② 联锁触头动作准确、可靠，接触良好。

③ 工作电压为 380 V 的接触器用 500 V 兆欧表测量，主触头间及对地绝缘电阻不小于 10 MΩ；工作电压为 750 V 的接触器用 1000 V 兆欧表测量，主触头间及对地绝缘电阻不小于 20 MΩ。工作电压为 110 V 的直流接触器用 500 V 兆欧表测量，相互绝缘的带电部分之间及对地绝缘电阻不小于 10 MΩ。

（二）继电器检修

（1）继电器检修要求：

① 清洁继电器各部，接线正确且牢靠，安装紧固。

② 触头接触良好，不许有变形、过热及烧痕。CMP4-12A 调节旋钮锁定牢靠，不许有松动。

（2）继电器动作灵活、可靠，各联锁触头开闭良好。

（3）用 500 V 兆欧表测量，继电器各导电部分间及对地绝缘电阻不小于 10 MΩ。

（4）继电器整定值调整后锁定并加漆封。整定值符合设计技术规定。

（三）开关和按钮检修

（1）各按钮、扳键开关、转换开关、塑壳式断路器（自动开关）、刀开关的绝缘件安装牢固，不许有破裂、烧损；机械部件不许有裂损和严重变形，外壳完好；接线及弹簧状态良好；动作灵活，位置正确，作用可靠。检查各断路器（自动开关）安装牢固，接线紧固，保护值正确，手动试验断路器动作良好、无卡滞。

（2）各触头、触指清洁，不许有烧痕、断裂及变形，其烧蚀面积超过原形的三分之一时更新；触头接触可靠；扳键开关触头接触电阻值不大于 100 MΩ。

（3）刀开关的刀片与刀夹光洁，刀片的缺损宽度不大于原形的 10%。缺损厚度不大于原形的三分之一。动刀片的紧固压力适当，转动灵活，定位可靠。动刀片与静刀片或刀夹接触良好，其接触线（或面）长度在 80% 以上，夹力适当，手柄不许有松动。

（四）扳键开关组检修

（1）用 0.2~0.3 MPa 的清洁风源对扳键开关组各部进行清洁。

（2）用毛刷、无纺布、酒精对各部灰尘、油泥进行清洁，清洁度应良好。

（3）检查扳键开关面板各标识应清晰、正确；检查各扳键开关安装应牢固，各紧固件、定位销安装良好，弹簧无裂损、锈蚀，凸轮不许变形、破损及异常磨耗，开关应动作灵活，位置正确。

（4）检查锁片与电钥匙连接柱销的安装状态，采用焊接工艺的，应确保焊接满焊，且焊缝无开焊或松动，采用铆接工艺的，应确保铆接良好；检查锁片柱销应与锁片垂直，否则应更新。检查完毕后，在其滑道处少量涂抹润滑油进行润滑。

（5）检查各微动开关安装牢固，无裂损，与线路连接紧固，连接铜片位置正确、安装牢固、无裂损;扳动各开关,检查微动开关动作到位,无卡滞现象。对"主断""受电弓""压缩机"扳键开关定位销进行打胶固定,并对胶丝进行去除。检查完毕后,在各扳键机械摩擦部位涂少量润滑脂。

(6)检查各线路接线紧固,线号清晰、齐全、正确,走线整齐,套管齐全,绑扎良好,线路外观绝缘层良好;检查插座外观状态良好,安装牢固,绝缘护套良好;检查插头内部插针无缩针、变形、氧化、异形;检查母针内径应一致,内部簧片齐全完好。

(7)检查扳键开关组电钥匙开关作用良好,扳钮及微动开关安装牢固,使用万用表测量电钥匙开关在各位置时闭合关系应正确。

(8)检查扳键开关组联锁装置作用良好,电钥匙开关置"0"位时,受电弓、主断、压缩机扳键开关被锁定,无法操作;电钥匙开关置"1"位时,受电弓、主断、压缩机扳键能够正常操作。

(9)用电阻测试仪测量各个微动开关的接触电阻,应不大于 200 mΩ,否则应更新。

(10)用 500 V 兆欧表测量控制回路对地绝缘电阻不小于 10 MΩ。

(11)依次检查各开关触点开断正常、接触良好,试验次数不少于 5 次。

第七节　电空阀检修

本节介绍 HXD3D 型电力机车 TFK 型和 TFK1B 型电空阀 C4 修修程的检修工艺流程、工艺要求及质量标准。

一、主要材料

酒精,纱布,肥皂液。

二、主要设备及工具

试验台,压缩空气装置,电器钳工常用工具,万用表,毛刷,兆欧表(500 V),台钳,深度尺。

三、电空阀检修工艺过程

1. 解体清洗

(1)拆下外壳与铁心座连接螺丝、拆下接线座螺丝,将外壳与铁心座分开,然后取出阀杆、衔铁、导套、线圈。

（2）用酒精清洗各零部件，清洁度符合有关规定，检查各部件外观状态应良好。

（3）将阀座用台钳夹住，松开阀座底部螺栓，拆下阀座与铁心座的连接螺栓，取出上、下阀及复原弹簧。

（4）用酒精清洗，并用 0.2～0.3 MPa 压缩空气吹净内部。

2. 检　修

（1）阀座的检修。

外观检查阀座，无裂纹、拉伤，径向沟槽良好，无异物。阀座底螺纹良好。

（2）上、下阀胶件及防尘帽的检修。

外观检查各胶件，不许有龟裂、变形、老化现象，阀口黏接良好，否则应更新。

（3）阀杆芯杆的检修。

检查测量阀杆行程和铁心气隙，须符合限度表要求。调整行程、气隙，可用锉修或更换的方法。

① 铁心气隙的测量：取下阀座顶杆，让衔铁自然落座，以电空阀壳体上端面为基准，用深度尺测量壳体端面距衔铁顶部的距离为 L_1；将顶杆装入后，再次测量壳体端面距衔铁顶部的距离为 L_2；L_2-L_1 的距离为铁心气隙。

② 阀杆行程的测量：电空阀吸合后，以电空阀壳体上端面为基准，用深度尺测量壳体端面距衔铁顶部的距离为 l_1，电空阀失电后，用深度尺再次测量壳体端面距衔铁顶部的距离为 l_2；l_2-l_1 的距离为阀杆行程。

（4）复原弹簧及密封 O 形圈的检修。

① 检查弹簧不许有腐蚀、断裂，不许有压死状况且弹性良好。

② 更新"O"形密封圈。

（5）线圈的检修。

① 外观检查接线座，接线座应安装牢固，接线柱状态良好，螺纹良好，接线螺钉等齐全完好，线圈不许有过热、烧损，引出线外观良好，接线牢固。

② 用万用表测量线圈的电阻值，$R_{(20℃)}=892～1013\ \Omega$。

3. 组　装

（1）外壳、铁心、线圈的组装。

将线圈套在铁心座上，再将衔铁及导套装入铁心座内，然后将线圈连同衔铁、导套、铁心座一起装入外壳内，拧紧固定螺丝。要求衔铁动作灵活，无卡滞现象，线圈在外壳中不得有垂直方向松动。

（2）阀座的组装。

将阀杆、上下阀及复原弹簧装入阀座内，拧紧阀座底部固定螺母。要求上下阀及阀杆动作灵活，无卡滞现象。螺母紧固，密封垫圈良好。

（3）外壳部分与阀座的组装。

装上密封圈，再将阀座装在铁心座上。要求安装牢固，密封良好。

4. 检查

组装后的电空阀应保证衔铁（动铁心）动作灵活。

5. 绝缘电阻的测量

用 500 V 兆欧表测量线圈对地绝缘电阻值应不小于 1 MΩ。

6. 试验

（1）将组装好的电空阀安装于试验台上。

（2）在 20 ℃ 的条件下，接通额定气压 500 MPa、额定电压 110 V，及最小动作电压 77 V、最低工作气压 0.4 MPa，通断电源多次，检查动作性能。要求动作可靠，不得有卡滞、泄漏现象。

（3）气密性检查：

① 通以最小工作气压 0.4 MPa，在排大气孔处涂肥皂液，若有气泡产生，应维持 5 s 内部破裂。

② 在最大工作气压 0.65 MPa 下，通以额定电压的 50%，亦在排气孔处检查其气密性。

③ 在阀座与螺栓间涂肥皂液，不应有气泡产生。

7. 试验后处理

试验完毕后，用纸胶带将进、出气孔及排大气孔黏住，防止灰尘进入阀内，以保持阀内清洁。

8. 限度要求

以型号 TFK1B 为例，阀杆行程 1 ± 0.2 mm，铁心气隙（衔铁间隙）1.9 ± 0.2 mm。

总　结

交流电力机车所用电气装置数量大、种类繁多，其性能直接影响交流电力机车运行的可靠性。

本章选择具有代表性的交流电力机车电器装置（受电弓、真空断路器、牵引变压器、牵引变流器、司机控制器、电控阀和有触点电器），较详细地讲解了其检修工艺。希望读者通过掌握这些典型部件的检修知识与技能，对其他电气部件检修能力的掌握能起到触类旁通作用。

对于受电弓检修，主要讲述高级修的 C4 级修程内容，读者重点应掌握修程的检修技术要求、检修作业程序与方法。

对于真空断路器 主要从 C4 级修程高级修作业过程的角度讲述工艺过程。读者应重点掌握技术要求、作业程序和方法。

对于牵引变压器和牵引变流器 C4 级修程的高级修程，主要是依据状态进行检修。读者应重点掌握检修的质量标准、作业过程。

复习思考题

5.1 试述 DSA200D 受电弓底架及铰链机构的检修工艺。
5.2 试述 DSA200D 受电弓头部的检修工艺。
5.3 试述 DSA200D 受电弓试验过程。
5.4 试述真空断路器的检修过程。
5.5 试述真空断路器试验要求。
5.6 试述牵引变压器器身的检修要求。
5.7 试述牵引变压器保护装置的检查要求。
5.8 试述牵引变压器油泵的检修工艺。
5.9 如何对牵引变流器整流单元体和逆变单元体进行检查？
5.10 对牵引变流器冷却系统的检修要求是什么？
5.11 试述对滤波电容和交流接触器的检修要求。
5.12 对司机控制器需进行哪些项目的检查？
5.13 简述司机控制器的试验过程。
5.14 试述电磁接触器和继电器的检修工艺过程
5.15 简述电空阀的检修工艺过程。

第六章　制动系统检修

【本章内容提要】

（1）主压缩机检修：检查、修复、更换和试验；

（2）CCBⅡ制动机电控制动控制单元检修：EPCU 中 BPCP、ERCP、BCCP、16CP、13CP、20CP、DBTV、EBV 检修工艺过程，EPCU 的测试；

（3）升弓模块和停放制动控制装置检修：检查、检修和试验。

第一节　主压缩机检修

本节介绍 HXD3D 型机车主空气压缩机 C4 修修程的检修工艺流程、工艺要求及质量标准。主空气压缩机组如图 6.1 所示。

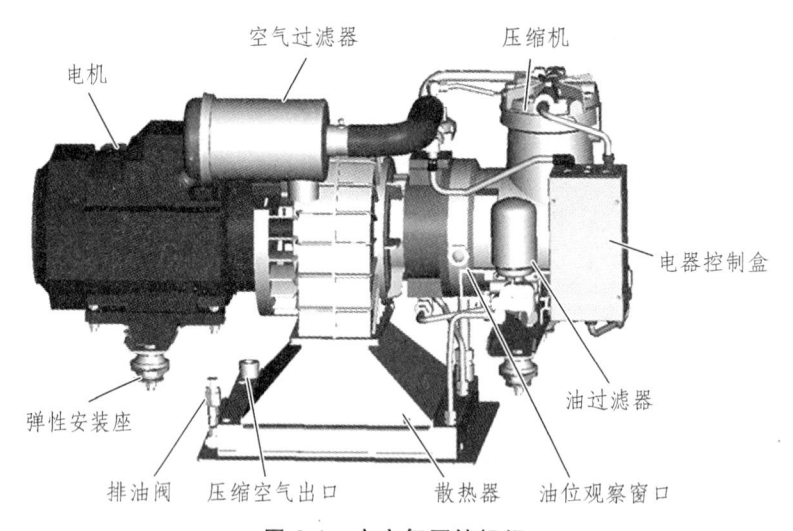

图 6.1　主空气压缩机组

一、主要材料

擦车巾，毛刷，中性洗涤剂，润滑油，油细分离器及垫片，油过滤器，空气滤芯，安全滤芯。

二、主要设备及工具

制动钳工常用工具，扭力扳手，皮带扳手，螺丝刀，万用表等。

三、工艺过程

下面以克诺尔 SL 型空气压缩机组为例进行介绍，其工作及结构剖视如图 6.2 所示。

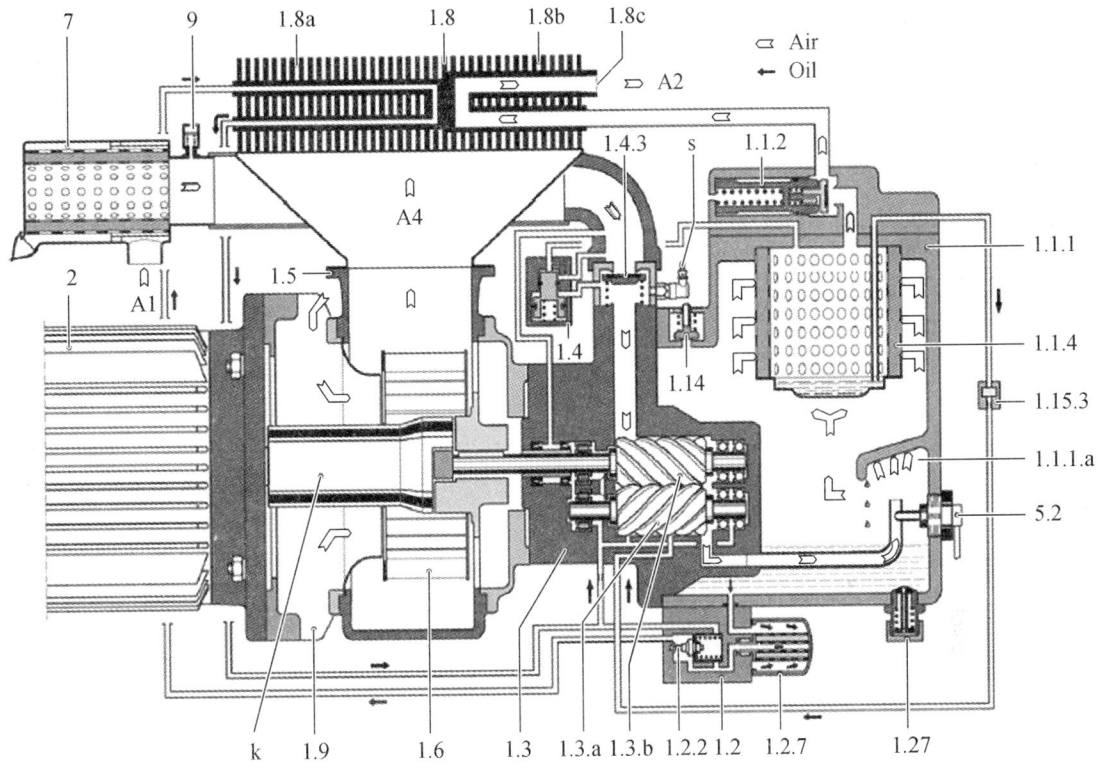

1.1.1—压缩机壳；1.1.1a—挡板；1.1.2—最小压力阀；1.1.4—油细分离器；1.2—油控制单元；1.2.2—温控器；
1.2.7—油过滤器；1.3—压缩机；1.3.a—阳转子；1.3.b—阴转子；1.4 —泄荷阀；1.4.3—进气阀；
1.5—风扇蜗壳；1.6—离心风扇；1.8—冷却器；1.8.a—油冷却器；1.8.b—空气冷却器；
1.8.c—压缩空气出口；1.9—外壳连接体；1.14—安全阀；1.15.3—回油过滤器；
1.27—排油阀；2—三相电机；5.2—温度开关；7—空滤器；9—真空指示器；
K—联轴节；s—压力开关；A1—压缩空气进口；
A2—压缩空气出口；A4—冷却空气。

图 6.2 空气压缩机组工作及结构剖视图

（一）外观检查与清洁

（1）空压机首先进行外观检查，外观检查空气压缩机组状态，各配件应齐全且无任何变形、破损等异样。

（2）检查空气压缩机散热器及其相连接的各管路连接良好，出风管防护良好。

（3）使用开口扳手将电机与泵头连接螺栓拆下，将空压机泵头与电机分离，对控制盒（泵头及电机）使用塑料袋或其他防水材料进行防护，避免清洗时进水。

（4）对电机、泵头整体、散热器上下表面、蜗壳及叶轮进行清洗保洁，禁止直接对控制盒进行直喷清洗，保证状态良好，散热器通透无堵塞。

（5）检查联轴节顶丝安装状态良好无松动，检查散热器叶片无倒伏，倒伏叶片使用螺丝刀等工具进行扶正，无法扶正的叶片不得大于叶片总数的 5%。

（6）将清洗完毕的泵头及电机进行组装，使用开口扳手对螺栓进行紧固，检查控制盒内部状态，应无水迹，如有水迹，对控制盒及线排进行吹干。

（7）检查温度开关、压力开关、熔断器、安全阀安装状态良好，各螺栓紧固良好，无松动。

（8）检查空气压缩机弹性支座状态，更换不良弹性支座。

（二）空气滤清器的解体及滤芯的更换

更换滤芯拆解组装如图 6.3 所示。

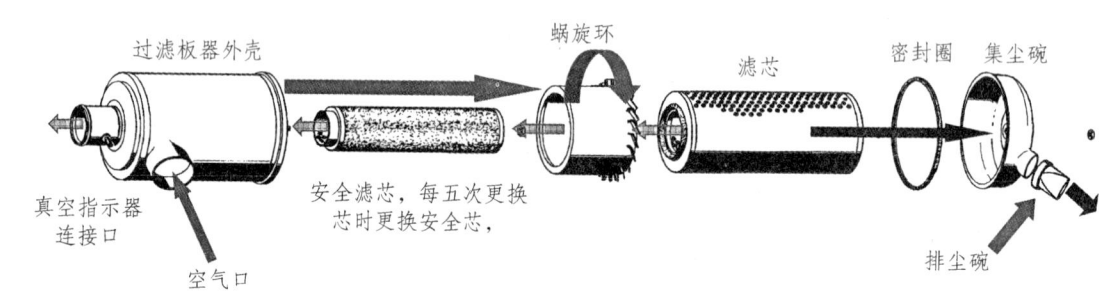

图 6.3 更换滤芯拆解组装示意图

（1）用手打开空气滤清器压扣，检查压扣状态。
（2）拿下壳体后盖，用开口扳手拆下锁紧螺母，取下滤芯。
（3）检查壳体应无破损、裂纹、变形等缺陷。
（4）用水（可加适量中性洗净剂）清洁壳体内表面及支架，之后用压缩空气吹扫干净。
（5）检查新滤芯有无破损或夹杂异物，将滤芯按图 6-3 所示装入壳内。安装过程中确保滤纸到空气滤清器出口无异物。
（6）用开口扳手装入锁紧螺母，扣上后盖，合上压扣，检查压扣是否牢固地锁紧后盖。
（7）检查进气过滤器上的真空指示器。

如果空气滤清器脏污，则随着负压升高，一个红色指示柱会被越来越多地被推入真空指示器外壳的可见区域。当负压达到约 50 mbar 时（用挡板适当遮挡进气口），指示柱卡入，即使关闭压缩机后仍可看到。接着操作复位按钮使真空指示器重新回到起始位置反复测试，真空指示器应动作灵活无卡滞，否则更新。

（三）油过滤器的更换工艺

油过滤器（控油单元）组成如图 6.4 所示。

(1)用开口扳手打开排油阀并插入放油管件,在空压机组冷却前排完机头内部及散热器内部的润滑油。

(2)排尽润滑油后,关闭排油阀。

(3)用皮带扳手或链条扳手拆除油过滤器,清理安装座表面及油杯内部。

(4)更换密封环之后,在新的油过滤器表面涂薄薄的一层空压机机油后,将新的油过滤器安装在压缩机上并把紧。

(5)更换油过滤器时,应注意润滑油的温度,避免烫伤。

(6)检查温控阀安装状态良好,用卡簧钳转动卡簧,确保卡簧完全入槽,位置正确,并做好防缓标记。

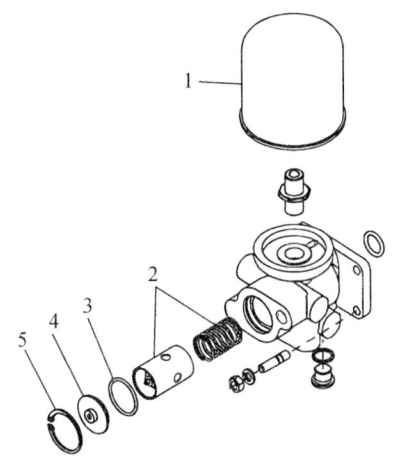

1—滤油芯筒;2—调温器;3—O 形环;
4—封堵;5—止推环。

图 6.4　油过滤器(控油单元)组成

(四)油细分离器的更换工艺

(1)更换油细分离器前,必须保证空气压缩机已经冷却,同时空气压缩机加油口盖必须在拧松状态。

(2)首先用开口扳手拆下外壳护盖和散热器之间的压缩空气管道。

(3)用开口扳手拧开油细分离器上盖的六角螺母,取下外壳护盖和密封圈。

(4)拆除油细分离器(除油元件)和两个垫圈。同时除掉所有黏在油气筒上的垫片,清理螺纹及密封面。

(5)装入密封件(在装入前先在油中浸 2 h),把压缩空气除油过滤元件装入压缩机外壳,将座孔对准夹紧销来找正外壳,并将它放到压缩机单元外壳上;外壳护盖上吸油管的下端必须插入压缩空气除油过滤元件下部的槽中(集油杯),以吸入滴落在那里的油。吸油管和压缩空气除油过滤元件长度必须互配。

(6)将油细分离器盖上的孔对准定位螺栓后,用 80±10 N·m 的扭力扳手将六角螺母和环形螺母交叉旋紧(必须给螺纹涂油!如果螺纹没有涂油,则紧固力矩为 100+10 N·m)。

(7)将压缩空气管道重新装到散热器与外壳护盖之间。

(8)检查注油口平面状态,对存在缺陷、凹痕的进行研磨,保证平面度良好。注入新润滑油后将量油尺连同新的密封圈密封拧入(拧紧扭矩 90~100 N·m);检查油位,如果需要则加满油。

(9)用万用表测量油细分离器与空压机壳体、上盖的接触电阻不得大于 5 Ω。

(五)回油管和止回阀的检修

回油管的结构如图 6.5 所示,止回阀的结构如图 6.6 所示。

1—螺纹管接件；2—角铁固定件；3—滤清器；4—止回阀；
5—钢管；6—钢管；8—固定件。

图 6.5 回油管的结构

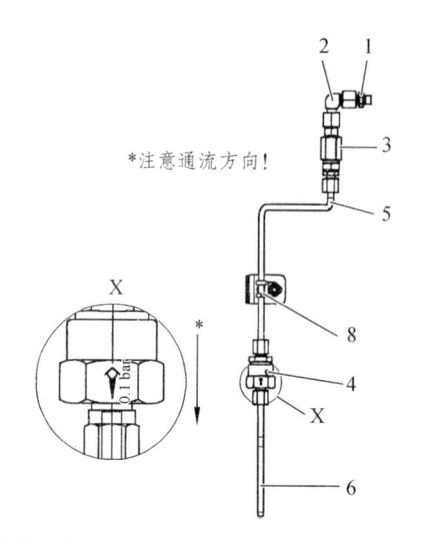

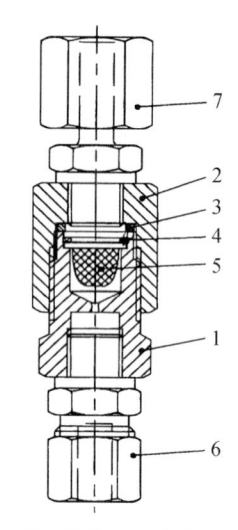

1—喷嘴；2—固定螺栓；3—密封环；4—止推环；
5—金属滤网；6—螺纹管接件；7—螺纹接头。

图 6.6 止回阀结构

将过滤器连同回油管一起拆下，松开回油管在外壳上的接口（持住螺纹管接件），卸下管夹、拆开过滤器。彻底清洁金属丝滤网，检查喷嘴是否通畅，清洁或更换堵塞的喷嘴；将金属丝滤网连同新的止推环一起放入喷嘴，将螺纹连接件垫上新的密封圈拧上；把过滤器连同回油管重新装上。用管夹固定管道。

（六）压缩机性能试验

1. 试验准备

检查各部应紧固螺纹是否紧固。

2. 漏泄试验

空气压缩机瞬时启动电动机，检查旋向是否正确；当旋向正确时，检查压力维持阀的开启是否正常，当压缩机壳内空气压力达到约 650 kPa 时，最小压力阀打开并将压缩空气送出；逐渐延长运行时间，用肥皂水检查管路连接处有无泄漏，卡套接头处若有难以消除的渗漏，可在管子与卡套处稍滴胶水。

3. 空压机排气量试验

一台空气压缩机工作时，总风缸压力从 0 上升到 900 kPa 的时间不大于 360 s；两台空压机同时工作时，总风缸压力从 0 上升到 900 kPa 的时间不大于 210 s。

4. 油位检查

先将压缩机启动运行 5 min，然后停止运转，在压缩机停止运转 5~20 min 内观察油位，油位须在油位表的 1/2～2/3 之间。补油或换油后，须对注油孔垫进行更新。

(七) 空压机装车后机油轻微乳化的处理方法

1. 机油乳化的原因

由于螺杆式空压机的压气原理所致，在空压机频繁短时间工作时容易产生机油乳化；其原因是空气在压缩时，空气中的水分在压缩时发生结露现象，凝结的水与油混合喷射在空压机工作腔内，由于频繁短时间工作使机油含水量增加、机油发生乳化；如果空压机工作时间长，机油油温升高，可以减少空气结露，增加水分的蒸发，减缓机油乳化。

2. 机油轻微乳化的处理

如果发现机油有轻微乳化现象，应及时进行处理，可按如下操作来去除乳化现象：压缩机静置 1～2 h，微开压缩机排油口（位于机头底部和散热器底部），将位于下层的液态水排出，直至有油排出时关闭排油口。

打开总风缸下方的排水塞门，使乳化的压缩机组连续运转 30～60 min 以上，停机后观察润滑油的状态，如果恢复正常可继续使用。如果乳化现象减轻但没有完全恢复，再连续运转 30～60 min，观察机油状态。可重复进行上述操作，直至乳化消失。

第二节　CCB Ⅱ 制动机电控制动控制单元检修

本节介绍 HXD3D 型电力机车 CCB Ⅱ 制动机 EPCU 电控制动控制单元的检修工艺流程、工艺要求及质量标准。

一、主要材料

润滑剂，管路密封剂适量，MR，BP 及 BCEP 滤清器滤芯总成一套。

二、主要设备及工具

常用制动钳工工具一套，1/4"，1/2" 和 3/4" 六角套筒及带 12" 加长件和 7/8" 套筒扳手一套，8" 活动扳手，20～100 N·m 力矩扳手一个，润滑剂（白凡士林、润滑硅脂），记号笔，清洁剂，毛刷，擦车巾。

三、技术要求

（1）CCBII 系统各管路及模块密封严禁使用生料带。
（2）各模块安装螺栓的紧固必须满足规定的力矩要求。

（3）更新各模块的紧固螺母及拆解部位橡胶密封件。

（4）滤清器各滤网应无破损、变形。

（5）滤清器各弹簧应无破损、变形、锈蚀现象。

（6）EPCU总成结构如图6.7所示。

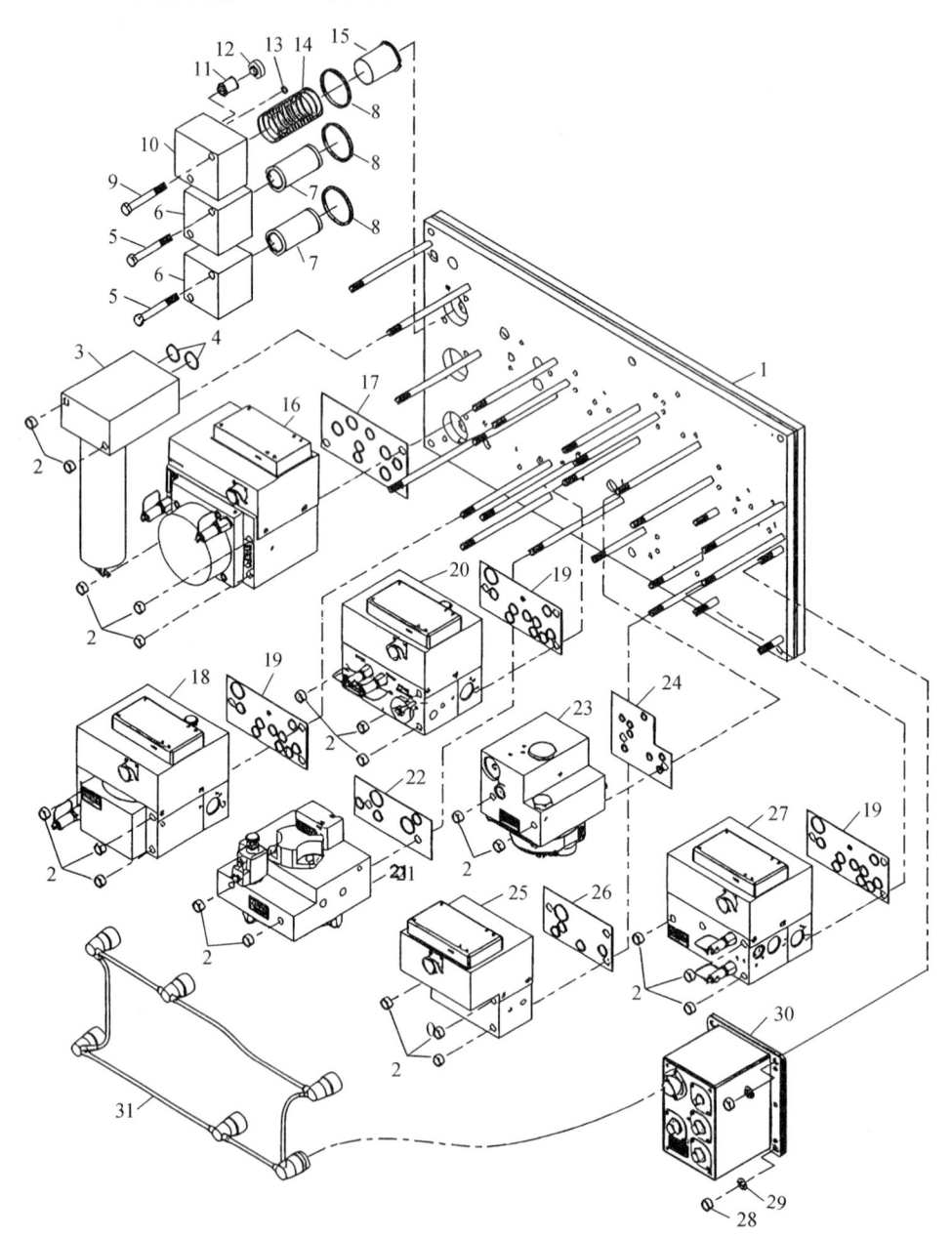

1—集管总成；2—六角螺母；3—MR滤清器总成；4—环形垫片；5—六角螺帽螺栓；6—滤清器外壳；7—滤芯；8—环形垫片；9—六角螺帽螺栓；10—BP滤清器总成；11—滤芯；12—滤清器固定器；13—O形环；14—弹簧；15—滤网；16—BP控制段；17—垫片；18—20控制段；19—垫片；20—ER控制段；21—BC控制段；22—垫片；23—DBTV段；24—垫片；25—13管段；26—垫片；27—16管段；28—弹性止动螺母；29—垫圈；30—电源接线盒总成；31—EPCU线览总成。

图6.7　EPCU总成结构

四、EPCU 检修工艺

（一）检修前的准备工作

（1）断开空气制动断路器。
（2）打开总风缸排水阀塞门，以便排放总风缸空气。
（3）打开总风滤芯排水阀塞门，泄放制动柜总风压力。
（4）打开车长阀用以排空列车管压力。

（二）EPCU 的检修

1. BPCP 的检修

（1）断开线缆总成连接器与 BPCP 的连接，检查插头插针状体，应无缩针、氧化、变形等现象，插座内圈应有密封圈。

（2）检查 3 个紧固螺母紧固状态，应无松动，防缓标识应清晰无断点。当模块发生故障需要更换时，使用棘轮扳手拆下 3 个六角螺母，从集管上拆下 BPCP 模块。

（3）向外抽出模块，注意模块应平直抽出，避免发生磕碰，抽出后对模块安装座进行防护，检查密封垫状态，应无裂纹、变形、破损，否则进行更换。

（4）将良好模块安装座防护膜撕掉后，顺着安装螺杆安装在集管上，使用力矩扳手将三个六角螺母进行紧固，拧紧至（75±2）N·m（干扭矩）。

（5）将线缆总成连接器与 BPCP 相连，保证链接时发出"咔"的一声，确保紧固到位。

2. ERCP 的检修

（1）外观检查模块状态，清洁模块，保证模块应无灰尘。断开线缆总成连接器与 ERCP 和 BPCP 的连接，检查插头插针状体，应无缩针、氧化、变形等现象，插座内圈应有密封圈。

（2）检查 3 个紧固螺母紧固状态，应无松动，防缓标识应清晰无断点，如模块发生故障需要更换时，使用棘轮扳手拆下 3 个六角螺母，从集管上拆下 ERCP。

（3）向外抽出模块，注意模块应平直抽出，避免发生磕碰，抽出后对模块安装座进行防护，检查密封垫状态，应无裂纹、变形、破损，否则进行更换。

（4）将良好模块安装座防护膜撕掉后，顺着安装螺杆安装在集管上，使用力矩扳手将 3 个六角螺母进行紧固，拧紧至（75±2）N·m（干扭矩）。

（5）将线缆总成连接器与 ERCP 和 BPCP 相连，保证链接时发出"咔"的一声，确保紧固到位。

3. DBTV 的检修

（1）外观检查模块状态，清洁模块，保证模块应无灰尘，检查两个紧固螺母紧固状态，应无松动，防缓标识应清晰无断点。当模块发生故障需要更换时，断开线缆总成连接器与 ERCP 和 16CP 的连接，检查插头插针状体，应无缩针、氧化、变形等现象，插座内圈应有密封圈。

（2）使用棘轮扳手拆下 2 个六角螺母，从集管上拆下 DBTV。

（3）向外抽出模块，注意模块应平直抽出，避免发生磕碰，抽出后对模块安装座进行防护，检查密封垫状态，应无裂纹、变形、破损，否则进行更换。

（4）将良好模块安装座防护膜撕掉后，顺着安装螺杆安装在集管上，将 DBTV 安装到集管上，使用力矩扳手将两个六角螺母拧紧至（75±2）N·m。

（5）将线缆总成连接器与 ERCP 和 16CP 相连，保证链接时发出"咔"的一声，确保紧固到位。

4. 16CP 的检修

（1）外观检查模块状态，清洁模块，保证模块应无灰尘；检查 3 个紧固螺母紧固状态，应无松动，防缓标识应清晰无断点；当模块发生故障需要更换时，断开线缆总成连接器与 16CP 和 PSJB 接口 J103 的连接，检查插头插针状体，应无缩针、氧化、变形等现象，插座内圈应有密封圈。

（2）使用棘轮扳手拆下 3 个六角螺母，从集管上拆下 16CP。

（3）向外抽出模块，注意模块应平直抽出，避免发生磕碰，抽出后对模块安装座进行防护，检查密封垫状态，应无裂纹、变形、破损，否则进行更换。

（4）将良好模块安装座防护膜撕掉后，顺着安装螺杆安装在集管上，将 16CP 安装到集管上，使用力矩扳手将三个六角螺母拧紧至（75±2）N·m。

（5）将线缆总成连接器与 16CP 和 PSJB 接口 J103 相连，保证链接时发出"咔"的一声，确保紧固到位。

5. 20CP 的检修

（1）外观检查模块状态，清洁模块，保证模块应无灰尘；检查 3 个紧固螺母紧固状态，应无松动，防缓标识应清晰无断点；当模块发生故障需要更换时，断开线缆总成连接器与 20CP 和 BPCP 的连接，检查插头插针状体，应无缩针、氧化、变形等现象，插座内圈应有密封圈。

（2）使用棘轮扳手拆下 3 个六角螺母，从集管上拆下 20CP。

（3）向外抽出模块，注意模块应平直抽出，避免发生磕碰，抽出后对模块安装座进行防护，检查密封垫状态，应无裂纹、变形、破损，否则进行更换。

（4）将良好模块安装座防护膜撕掉后，顺着安装螺杆安装在集管上，将 20CP 安装到集管上，使用力矩扳手将 3 个六角螺母拧紧至（75±2）N·m。

(5)将线缆总成连接器与20CP和BPCP相连，保证链接时发出"咔"的一声，确保紧固到位。

6. BCCP 的检修

(1)外观检查模块状态，清洁模块，保证模块应无灰尘；检查2个紧固螺母紧固状态，应无松动，防缓标识应清晰无断点；当模块发生故障需要更换时，使用棘轮扳手拆下2个六角螺母，从集管上拆下 BCCP。

(2)向外抽出模块，注意模块应平直抽出，避免发生磕碰，抽出后对模块安装座进行防护，检查密封垫状态，应无裂纹、变形、破损，否则进行更换。

(3)将良好模块安装座防护膜撕掉后，顺着安装螺杆安装在集管上，将 BCCP 安装到集管上，使用力矩扳手将2个六角螺母拧紧至（75±2）N·m。

7. 13CP 的检修

(1)外观检查模块状态，清洁模块，保证模块应无灰尘；检查3个紧固螺母紧固状态，应无松动,防缓标识应清晰无断点;当模块发生故障需要更换时,断开线缆总成连接器与13CP和 PSJB 接口 J103 的连接，检查插头插针状体，应无缩针、氧化、变形等现象，插座内圈应有密封圈。

(2)使用棘轮扳手拆下3个六角螺母。从集管上拆下 13CP。

(3)向外抽出模块，注意模块应平直抽出，避免发生磕碰，抽出后对模块安装座进行防护，检查密封垫状态，应无裂纹、变形、破损，否则进行更换。

(4)将良好模块安装座防护膜撕掉后，顺着安装螺杆安装在集管上，将 13CP 安装到集管上，使用力矩扳手将3个六角螺母拧紧至（75±2）N·m。

(5)将线缆总成连接器与 13CP 和 PSJB 接口 J103 相连，保证链接时发出"咔"的一声，确保紧固到位。

8. PSJB 的检修

(1)外观检查模块状态，清洁模块，保证模块应无灰尘；检查4个紧固螺母紧固状态，应无松动，防缓标识应清晰无断点；当模块发生故障需要更换时，断开线缆总成连接器与固定到 PSJB 上的任何其他电气连接器的连接，检查插头插针状体，应无缩针、氧化、变形等现象，插座内圈应有密封圈。

(2)使用棘轮扳手拆下4个放缓螺母，从集管上拆下 PSJB，废弃放缓螺母。

(3)向外抽出模块，注意模块应平直抽出，避免发生磕碰。

(4)将良好模块顺着安装螺杆安装在集管上，使用力矩扳手将4个新放缓螺母紧固，将 PSJB 安装到集管上拧紧。

（5）将线缆总成连接器与固定到 PSJB 上的任何其他电气连接器相连，保证链接时发出"咔"的一声，确保紧固到位。

五、EBV 的检修

1. EBV 的拆卸

（1）将自动制动手柄置于紧急位，使列车管压力排零后重新置于重联位。
（2）将单独制动手柄置于全制动位。
（3）断开空气制动断路器，确认制动系统电源已切断。
（4）拧下将制动阀控制器紧固到控制台的 4 个螺栓。
（5）将 EBV 从桌面上部分移开，以便能接近风管接头。
（6）从 EBV 底部拆下 2 个风管接头，并对风管接头与 EBV 紧急阀座进行防护。
（7）将通信线插头及接地线拆下，对插头进行防护。

（二）EBV 的安装

（1）将两个风管接头安装到 EBV 底部。
（2）将 EBV 放置在桌面靠近安装台附近，将通信线插头及接地线进行连接，确认已将正确的电缆安装至相应接口。注意：将连接器锁定到位时会听到咔嗒声，表明连接器已完全接合。连接后做好防缓标记。
（3）将 EBV 安装到控制台上，并用 4 个紧固螺栓固定。
（4）将 21 管及通大气软管接入 EBV 排气阀上对应位置。接后做好防缓标记。

（三）EBV 安装后的试验

（1）闭合空气制动断路器，必须确认制动系统上电完成。
（2）在机车处于本务模式时，进行五步闸试验。

六、IPM 的检修

（一）IPM 拆卸

（1）将自动制动手柄置于"重联"位，确认机车和列车制动缸压力正常。
（2）将单独制动手柄置于"全制动"位，断开制动系统电源。
（3）拆下 IPM 正面的插头和接地线。
（4）拧下将 IPM 紧固到安装底座上的 2 个翼形螺钉。

（二）IPM 的安装

（1）将 IPM 安装到安装底座上。
（2）拧紧将 IPM 紧固到安装底座上的翼形螺钉。
（3）安装接地线。
（4）将插头与 IPM 插座对应连接。
将连接器锁定到位时会听到咔嗒声，表明连接器已完全接合。

（三）IPM 检修后的试验

（1）闭合为制动系统供电的断路器。必须确认制动系统上电完成，这个过程约需要 60~90 s。
（2）将制动系统设为"本务切入"。
（3）显示屏返回主操作显示屏时，确认显示屏指示的模式为"本务切入"。
① 自动制动手柄位于"重联"位，单独制动手柄位于"缓解"位。
② 进行五步闸试验，无故障信息报出。

七、RIM 的检修

（一）拆　卸

（1）将自动制动手柄置于"重联"位，单独制动手柄置于"全制动"位。断开为制动系统供电的断路器，确认制动系统电源已切断。
（2）使用内六角扳手将 RIM 箱盖板的 4 个螺栓拧下。向后抽出盖板，注意盖板较薄，极易伤手。
（3）对 RIM 箱内线排、箱体下部、继电器进行清扫，保证清洁度。检查 RIM 箱内部继电器安装状态是否牢固，各线排接线有无虚松现象，各线路应无破损现象。

（二）安　装

（1）将 RIM 箱盖板按照安装槽位置插入故障位置。
（2）使用内六角扳手将固定螺栓拧紧。

（三）试　验

（1）闭合为制动系统供电的断路器。试验制动系统上电，这需要 60~90 s。
（2）注意显示屏上应无故障信息。

八、EPCU 检修后的测试

（1）通过倾听和触摸来感觉维修或更换后的各个 LRU 周围有无泄漏迹象。

（2）进入空气制动维护界面，对单独制动手柄、自动制动阀手柄位置进行校准。

① 进入空气制动维护，选择"控制校准"，输入密码"211213"。

② 选择自动制动，然后将自动制动手柄（大闸手柄）推向紧急位，此时屏幕选择紧急。将自动制动手柄拉回运转位，屏幕选择运转，然后进行保存，此时自动制动手柄校验完成。

③ 选择单独制动，然后将单独制动手柄（小闸手柄）推向全制位，屏幕选择全制位。将单独制动手柄拉回运转位，屏幕选择运转位，进行保存，此时单独制动手柄校验完成。

（3）对先前更换的各模块、DB 三通阀段或电子制动阀运行自检试验。

第三节 升弓模块和停放制动控制装置检修

在机车空气系统中，升弓模块和停放制动控制装置是较为重要的两个辅助部分，本节介绍 HXD3D 型电力机车升弓模块的检修工艺过程。

一、升弓模块检修

1. 主要材料

擦车巾，毛刷，绝缘型洗涤剂。

2. 主要设备及工具

扳手，管钳子，内六角扳手，制动钳工常用工具。

3. 工艺过程

（1）检查升弓模块 U43 安装状态，对升弓模块 U43 进行清扫。

（2）检查 U43.03 滤清器、U43.04 双向止回阀、U43.06 高压安全阀、U43.13 升弓风缸隔离塞门、U43.14 主断隔离塞门安装紧固状态良好，气密性良好、无泄漏。

（3）拆下 U43.05 升弓压力表，送仪表组校验。安装后，检查安装紧固状态良好，气密性良好、无泄漏。

（4）检查检查 U99 升弓钥匙控制塞门状态应良好、切断动作应灵活，塞门本身及底座联接部位应无泄漏。

（5）检查清扫主断减压阀，调整主断减压阀 U43.07 至 750 ± 20 kPa。

（6）检查升弓风缸及相关管路安装状态，确保相关管路无泄漏。

（7）检查升弓滤清器状态及升弓压力开关状态，确保安装牢固无泄漏。

（8）检查试验：启动辅助压缩机，当压力上升至 650±20 kPa 时，主断路器可以闭合；开启升弓风缸排水塞门 U88 排风，当压力降至 480±20 kPa 时，主断路器无法闭合。

二、停放制动控制装置检修

1. 主要材料

擦车巾，毛刷，绝缘型洗涤剂。

2. 主要设备及工具

扳手，管钳子，内六角扳手，制动钳工常用工具。

3. 工艺过程

（1）外观清洗停放制动控制模块。

（2）检查 B40.02 单向阀安装紧固状态应良好、无泄漏。

（3）检查 B40.03 脉冲电磁阀安装紧固状态应良好、无泄漏；电气线路应状态良好，线缆无破损现象。检查手动柱塞应活动灵活，功能正常。

（4）检查 B40.04 双向止回阀安装紧固状态应良好、无泄漏。

（5）检查 B40.05 减压阀安装紧固状态应良好、无泄漏。调压螺栓紧固良好，防缓表清晰无窜位，减压阀压力应为 550±20 kPa。

（6）检查 B40.06 隔离塞门应状态良好、切断动作灵活，无泄漏。

（7）检查模块紧固螺栓及防缓应良好，铭牌上标注信息应清晰。

（8）试验检查弹簧停放制动控制装置工作状态，试验方法：该模块接收司机控制指令，从而控制机车走行部弹簧停车制动缸压力。当弹簧停车制动缸中的空气压力超过 480 kPa 时，弹簧停车制动装置缓解，允许机车牵引；机车停车后，将弹簧停车制动缸中的压力空气排空，弹簧停车装置动作，闸瓦压紧轮对，避免机车因重力或风力的原因溜车。

（9）外观检查停放风缸及相关管路连接状态，管路及风缸应清洁无变形、泄漏，相关连接应牢固。

总　结

本章介绍了 HXD3D 型电力机车制动系统的检修工艺，主要包括主压缩机检修工艺过程；CCB Ⅱ 制动机各个控制模块的检修工艺过程；升弓控制模块和停放装置控制模块的检修工艺。这些设备都是制动系统的关键设备和重要设备，并具有典型性。掌握这些部件的检修方法，可以给从事制动系统的检修工作奠定坚实的基础。

复习思考题

6.1 试述主空气制动机的外观及清洁过程。

6.2 如何进行主压缩机空气过滤器的解体及更换?

6.3 如何进行主压缩机的性能试验?

6.4 主压缩机装车后机油轻微乳化后如何处理?

6.5 试述电控制动控制单元 BPCP 的检修过程。

6.6 试述电控制动控制单元 ERCP 的检修过程。

6.7 试述电控制动控制单 16PCP 的检修过程。

6.8 试述 EBV 的安装过程。

6.9 试述 IPM 的检修过程

6.10 简述升弓控制模块的检修过程。

6.11 简述停放制动控制模块的检修过程。

第七章　电力机车调试与试验

【本章内容提要】

（1）电力机车调试与试验基本知识；低压试验、空气管路系统试验、耐压试验、高压试验、称重试验、试运行试验等。

（2）HXD3D 型电力机车调试与试验：绝缘电阻测量；受电弓性能试验；低压试验；库内动车试验；CCBⅡ制动系统试验前整备及 CCBII 制动机测量数据；CCBⅡ制动系统试验；高压试验。

（3）机车线路试运行调试与试验：单机试验牵引试验电制动试验定速试验通风机转速自动控制 APU 工作状态

第一节　电力机车调试与试验基本知识

本章所述电力机车调试与试验是指机车出厂试验，也称例行试验，它所涉及项目最为全面，是最高级别修程的试验。其他低级别修程的试验项目相应减少。出厂试验是在机车组装完成之后，对机车各部件进行调整和整定的试验，检验电力机车结构、性能是否符合产品图样和整车系统的技术要求，以及装配质量和检修工艺是否良好。出厂试验一般包含的项目有：低压试验、空气管路系统试验、耐压试验、高压试验、称重试验、试运行试验等。

一、机车耐压试验

机车耐压试验又称机车绝缘介电强度试验。其目的是检验机车在组装过程中各种电路中的电气设备的绝缘状态是否良好。机车耐压试验因其各种电路额定电压等级不同，一般分为几个回路单独对地试验，而所有其他电路则应短接及接地。其中对可能受到损坏的电子设备不应接入。系统耐压试验前，应确认机车各电气设备齐全；电路连线完整、动作状态准确无误，然后分别对电路进行系统的耐压试验，耐压前后用相应兆欧表测量绝缘值应不小于要求值。试验电压取 50 Hz 正弦波电压，耐压时间为 1 min，应无击穿闪络现象。

二、机车低压试验

机车低压试验的目的是在机车组装完毕后对全车各电路、电气设备的连接正确与否，各电气设备的执行机构动作程序及逻辑关系正确与否做全面的检查。低压试验前应对机车上安装的各种电气部件或组件以及电气线路做一次一般性整备检查，并对某些电气和机械设备做必要的操作。

三、机车高电压试验

机车高压试验目的是检验机车在接触网供电工况下各辅助电气设备启动、运行情况，并初步验证机车牵引、制动性能。高压试验一般在工频 25 kV 接触网供电情况下升弓后静止进行，与工作无关人员要离开试验现场。

四、制动静态调试

制动静态调试包含电力机车用 CCB Ⅱ 制动系统静态试验、单机空气制动机试验及其他试验等。

五、机车试运行试验

机车试运行试验是机车在完成了低压试验、耐压试验、高压试验、空气管路试验等试验后进行的一项综合试验，目的是检验机车牵引性能、制动性能、空电联合制动性能等。

上述试验通常在两个场所进行，一个是厂内，另一个是正线。

第二节　HXD3D 型电力机车调试与试验

一、概　述

检修总组装后的机车，在正式投入运用之前应进行调试与试验。检查组装后的机车是否满足技术要求，并通过试验，调整机车各项参数，以确保机车组装正确、动作可靠、运行安全，并获得规定的性能。

HXD3D 型电力机车 C5 级修之后，线路试运行调试与试验前需要进行一般调试与试验，其项目有低压试验、制动试验、高压试验，试验须分别在两端司机室操作。

（1）按照设计技术条件进行以下低压试验项目：机车控制电源、操作端识别、TCMS 信号识别、辅助压缩机试验、受电弓动作、主断动作试验、电气安全互锁功能、机车空档试验、警惕试验、灯回路试验等，各试验结果均正确，性能良好，符合技术条件中相关规定。

（2）按照设计技术条件进行以下高压试验项目：辅机特性试验、空调以及各加热取暖设备试验、辅助机组试验、列车供电试验、风速继电器、油流继电器及水流检测保护试验、机车启动试验、动力切除试验、自动过分相试验、撒砂试验、充电装置试验、辅助变流器控制试验、主压缩机试验等，各试验结果正确，性能良好，符合技术条件中相关规定。

（3）制动系统须进行以下试验项目：基础制动装置、制动机自检、制动机模式设置、自阀试验、单阀试验、惩罚制动、紧急制动、停放制动、双管供风试验等，各试验结果均正确，性能良好，符合技术条件中相关规定。

（4）一般调试与试验在厂内进行，主要项目有：

① 绝缘电阻测量（防火）；
② 受电弓性能试验；
③ 低压试验（结合机车低压调试进行）；
④ 库内动车试验；
⑤ CCBⅡ制动系统试验前整备及CCBII制动机测量数据（防飑）；
⑥ CCBⅡ制动系统试验：（防飑）
⑦ 高压试验（结合网下调试进行）。

二、调试与试验工艺过程

为了清楚地表述，下面采用表格形式讲述。

（一）绝缘电阻测量

绝缘电阻测量的目的是检查各电气部分对地绝缘性能是否符合要求，具体内容见表7.1。

表7.1 绝缘电阻测量主要项目及试验技术要求

序号	试验内容	检查内容及要求	技术标准	测量结果（填写）
1	原边网侧电路对地绝缘	2500 V兆欧表测量，绝缘电阻≥ 5 MΩ		
2	主电路对地绝缘	1000 V兆欧表测量，绝缘电阻≥5 MΩ		
3	列车供电电路对地绝缘	1000 V兆欧表测量，绝缘电阻≥5 MΩ		
4	辅助电路对地绝缘	500 V兆欧表测量，绝缘电阻≥5 MΩ		

（二）受电弓性能试验

受电弓性能试验内容见表7.2。

表 7.2 受电弓性能试验主要项目及试验技术要求

序号	试验内容	检查内容及要求	技术标准	测量结果（填写）
1	工作高度范围静态接触压力	静态接触压力：	60~80 N	前： 后：
2	升降弓特性	升弓时间：	≤5.4 s	前： 后：
		降弓时间：	≤4 s	前： 后：
3	紧急降弓试验	关闭阀置"ON"位、检测阀置"OPERATION"位，将受电弓升高 600 mm；再将检测阀置"TEST"位		
4	最大升弓高度	受电弓缓慢升到最大高度测量	3000±150 mm	前：

（三）低压试验（结合机车低压调试进行）

低压试验内容见表 7.3。

表 7.3 低压试验主要项目及要求

序号	试验内容	检查内容及要求	技术标准	测量结果（填写）
1	试前检查	（1）控制柜上风机、油泵保险置隔离位，CI 转换开关置试验位，闭合蓄电池开关，TCMS 装置自检启动正常，"微机正常"状态灯显示正常。TCMS 故障履历中显示风机、水泵、油泵故障等信息，无其他报警信息。蓄电池电压符合标准	≥88 V	
		（2）操纵台钥匙开关联锁控制确认：LCDM 装置 60 s 内启动正常；微机显示屏亮度可调节		
		TCMS 显示屏启动后，在 TCMS 显示屏上选择检修模式，后点击网络控制，查看 TCMS 软件版本信息	一系 PU-MASTER: PU-SLAVE: SIF1: SIF2: DISPLAY: MDM:	二系 PU-MASTER: PU-SLAVE: SIF1: SIF2: DISPLAY: MDM:
		TCMS 显示屏启动后，在 TCMS 显示屏上选择检修模式，后点击网络控制，查看 CI 控制单元及 APU 控制单元软件版本信息	电源变换装置 1 CI1: CI2: CI3: APU1-I: APU1-C:	电源变换装置 2 CI4: CI5: CI6: APU2-I: APU2-C:

续表

序号	试验内容	检查内容及要求	技术标准	测量结果（填写）
1	试前检查	TCMS 显示屏启动后，在 TCMS 显示屏上选择检修模式，后点击网络控制，查看列供设备软件版本信息	LG1 C1RH: C2RH: C3RH: IORH: PURH: ENRH: SHRH:	LG2 C1RH: C2RH: C3RH: IORH: PURH: ENRH: SHRH:
		TCMS 显示屏启动后，在 TCMS 显示屏上选择检修模式，后点击网络控制，查看蓄电池充电单元、BCU 及 6A 软件版本信息	PSU1: PSU2: BCU: 6A:	
		通过制动显示屏（LCDM）查看制动系统软件版本，各设备软件版本均为最新版本	IPM SYSTEM: IPM VERSION: IPM EAB VERSION: EBV VERSION: ERCP VERSION: BPCP VERSION: 13CP VERSION: 20CP VERSION: 16CP VERSION:	
2	控制试验	（1）操作换向手柄，两位置转换开关应能正常转换，换向手柄在牵引"前"或"后"位及制动"前"或"后"位时，TCMS、监控显示正确。		
		（2）调速手柄离"零"位分别置"牵引位""制动位"时，TCMS 屏级位显示正确；监控显示正确		
3	辅助压缩机试验	（1）由 TCMS 自动控制辅助压缩机打风： 司机发出升弓指令→升弓风缸压力低于 480 kPa→压力开关 KP58（U43.02）发出的信号 812 未被激活→KMC1 接触器闭合→辅助压缩机开始打风→待升弓风缸压力高于 735 kPa→压力开关 KP57（U84）动作，信号 811 失电→KMC1 接触器打开→辅助压缩机停止运行； TCMS 自动控制辅助压缩机运行时间不超过 10 min，再次投入工作需间隔 20 min	≤10 min 735±10 kPa	打风时间： _____min 停止压力： _____kPa
		（2）直接按下空气管路柜内的辅助压缩机启动按钮 SB97→KMC1 闭合→辅助压缩机 U80 直接启动		
4	隔离开关动作试验	分别转换微机柜高压隔离开关扳钮，确认高压隔离开关动作是否良好、总风是否漏泄		

续表

序号	试验内容	检查内容及要求	技术标准	测量结果（填写）
5	主断控制风压试验	（1）确认辅助风压在 650±20 kPa 以上，主断能闭合		
		（2）打开辅助排风阀，当风压低于 480±20 kPa 时，主断应自动断开		
6	轴温监测装置功能测试	确认 TCMS 控制系统与轴温监测装置的 RS485 通信正常且显示正常		
7	库内送电	（1）操作 TCMS 显示屏开放 APU1，启动库内直流电源装置。测量直流电压	直流电压 660～770 V	_____V
		（2）APU2、PSU 启动正常，水泵应启动正常；变流装置水位正常。记录流量	流量 200～220 L/min	
		（3）将库用试验开关置于试验位；点击维护界面中的辅机测试软开关		
8	油泵、车体、牵引、冷却塔通风机运转试验	（1）分别闭合控制柜 2 个油泵保险开关，2 个油泵应对应得电启动，工作无异音，无泄漏		
		（2）分别闭合控制柜各风机保险开关，检查风机是否启动正常、无异音、无异常振动，风机转向是否正确		
9	空气压缩机、总风安全阀试验（防飏）	（1）闭合操纵台风泵开关： Ⅰ端操作微机自动判定风泵 2 启动； Ⅱ端操作微机自动判断风泵 1 启动。 记录风泵调压器动作值	750±20 kPa 开启 900±20 kPa 关闭	启：_____kPa 停：_____kPa
		（2）双风泵压力开关动作值	680±20 kPa 开启 900±20 kPa 关闭	启：_____kPa 停：_____kPa
		（3）空气干燥装置工作正常。记录干燥塔转换时间	90 s	
		（4）总风系统泄漏	<20 kPa/5 min	_____kPa/5 min
		（5）闭合强泵风开关、总风安全阀。记录排风压力和关闭压力	排风：980±20 kPa 关闭：880±20 kPa	排风压力：_____kPa 关闭压力：_____kPa
10	制动显示屏	制动显示屏 RS422 及通信正常		
11	多功能状态块	多功能状态模块功能检查正常		
12	弹簧停车装置试验（防飏）	（1）操作弹簧停车开关，状态指示灯显示正常，闸瓦相应制动、缓解		
		（2）在弹簧停车开关闭合状态，手动 1、6 轴手动缓解阀，闸瓦能正常缓解		
13	备用制动装置投入	（1）切断"QA69 制动微机"开关（并保持"QA50 制动柜"开关处于闭合状态）		
		（2）将操纵端备用制动手柄拉回到缓解位		
		（3）将操纵端转换塞门转到投入位		
		（4）列车管充风到定压，列车缓解	600 kPa	
		（5）将手柄推向制动位，均衡风缸开始减压，当减压至目标值即可松手，检查列车制动是否正常，连续试验制动、缓解两次		

续表

序号	试验内容	检查内容及要求	技术标准	测量结果（填写）
14	辅助装置试验	（1）检查卫生间照明、换气风扇、冲水（风压50 kPa）工作状态是否良好。（若"段封"与段方协商同意保留原样,则此项不填）		
		（2）司机室风扇试验,运转正常无异音		
		（3）暖风机、暖脚器试验,工作正常		
		（4）空调试验,制冷、通风工作正常		
		（5）电热玻璃加热试验正常		
		（6）微波炉、冰箱试验正常		
		（7）两侧司机室操纵台中控室中柜内照明正常		
		（8）刮雨器试验,工作正常		
		（9）重联电话试验,工作正常		
		（10）风笛试验,高、低音试验正常		
		（11）电台、监控、信号装置试验正常		
		（12）试验停车制动指示器,动作正常		
		（13）喷淋试验功能良好		
15	撒砂试验	脚踏撒砂控制阀,系统应工作正常;各撒砂管应撒砂,且撒砂量正常,撒砂量最大不超过 0.3～0.7 L/min。砂管加热良好		
16	警惕装置解锁试验	（1）静态下激活操纵端显示屏的"无人警惕测试"软开关,机车控制系统进入无人警惕测试模式		
		（2）60 s 内如果司机没有操纵任何复位开关,司机室的语音箱开始发出"无人警惕"的语音报警,微机屏同时进行无人警惕预警提示,如果再经过 10 s 仍没有施加任何无人警惕复位指令,TCMS 微机控制系统会发出惩罚制动指令,机车实施最大常用制动,列车管减压量为 140 kPa		
		（3）无人警惕功能被激活后,如果在 TCMS 发出惩罚制动指令前施加无人警惕复位指令,无人警惕功能将被复位清零,重新开始计时		
		（4）确认下列开关可实现无人警惕功能的复位:警惕脚踏开关、警惕按钮、高音风笛、低音风笛脚踏开关、电笛按钮、撒砂脚踏、司机控制器的级位转换、制动手柄的移动		

续表

序号	试验内容	检查内容及要求	技术标准	测量结果（填写）
17	轮缘润滑功能静态测试	（1）机车静态下通过微机显示屏进入轮缘润滑测试界面→使换向手柄离开零位→激活测试按钮→TCMS控制系统根据操纵端和方向手柄的位置来控制相应的电磁阀得电3 s→确认轮喷阀动作正常，并检查喷头喷脂状态，所喷油脂圆斑中心应基本对准轮缘过渡圆弧根部（不准偏向踏面方向）		
		（2）将轮缘润滑工作风压调整到600～700 kPa范围		
18	电气安全互锁功能试验	天窗的开闭程序确认（防脱）		
		电气柜高压电路用柜门开闭程序确认		
		打开天窗后，受电弓不能升起的确认（防脱）		
19	防滑静态试验	自动制动阀手柄置"运转"位，单独制动阀手柄在"全制"位，在防滑器主机上长按S2键2 s以上，防滑器主机显示窗口显示89代码，进入自检状态，自检通过后，显示窗口应显示9999代码		
20	保护试验：	断外电源，CI控制开关置"试验"位		
	1）CI控制保护	拔下牵引变流器控制单元MPU1～6中任意一个光纤插头，应跳主断，微机屏有故障信息显示，微机故障履历中有故障记录，恢复CI光纤插头后按"微机复位"按钮，应恢复正常		
	2）主变压力高保护（防火、爆）	闭合主断，用短接线短接主变接线盒355—441线，主断应分断		
	3）原边过流保护（防火）	合主断，在LV柜后用短接线短接355—435线，应跳主断，微机屏在短接瞬间有故障信息显示，微机故障履历中有故障记录		
	4）使主变压器压力释放阀动作	闭合主断，用短接线短接主变接线盒355—441，主断分		
	5）主回路接地保护	合主断，主回路开关打"库用"位，应跳主断		
	6）辅回路接地保护	合主断，辅助回路开关分别打"库用"位，应跳主断		
	7）高压接地保护	合主断，高压接地开关打"接地"位，应跳主断		
	8）自动过分相装置试验	（1）降弓，CI控制开关置"试验"位，闭合主断，确认自动过分相装置电源正常		
		（2）操作司控器置"前进"位，用永久磁铁在左前方、左后方感应器近旁滑动，主断应自动断、合		
		（3）操作司控器置"后退"位，用永久磁铁在右后方、右前方感应器近旁滑动，主断应自动断、合		
		（4）检查主机与车感器生产单位是否一致		
		（5）检查传感器对应关系是否正确，进行插头颜色管理		

(四)库内动车试验

库内动车试验内容见表 7.4。

表 7.4 库内动车试验及技术要求

序号	试验内容	检查内容及要求	技术标准	测量结果（填写）
1	试前检查	地面直流电源接主电路入库插座，主电路入库转换开关置外电源位，辅助库用开关置正常位，CI 转换开关置正常位，2、5 电机接地闸刀断开，单阀制动		
2	库内送电	闭合库内电源，进行外电源动车试验，TCMS 应显示 CI2 或 CI5 中间电压 660～770 V	660～770 V	_____V
3	动车试验	操纵司控器，分别使置牵引"前""后"位，牵引手柄置"牵引"位，2 或 5 位牵引电机有电流，机车应能移动		

(五)CCBⅡ制动系统试验前整备及有关数据测量（防飑）

1. 试验前整备

试验前整备内容见表 7.5。

表 7.5 试验前整备项目及技术要求

试验内容	检查内容及要求	技术标准	检查结果
制动系统关键部位漏泄检查（防飑）	1. EBV 下部风管接头无泄漏； 2. 司机室内各管路、塞门不漏风，不良者更换； 3. 车长阀在关闭状态，无泄漏； 4. 检查 1、2 总风缸排风塞门开关动作灵活，无卡滞，关闭状态下无泄漏； 5. 检查辅助压缩机管路各部件安装紧固状态，气密性良好，无泄漏； 6. 检查辅助压缩机滤清器、安全阀气密性是否良好； 7. 检查辅助干燥器再生风缸连接管路无泄漏； 8. 检查总风隔离塞门 A24 处气密性良好； 9. 检查升弓模块气密性良好，无泄漏； 10. 检查压力开关处无泄漏； 11. 检查防水装置控制模块安装紧固状态良好，无泄漏； 12. 检查停放制动模块安装紧固状态良好，无泄漏； 13. 检查 NB11 紧急制动阀和 KM-2 快速排风阀安装紧固状态良好，无泄漏； 14. 检查 EPCU 排气孔及各接头，排气孔畅通，接头连接正常，无泄漏； 15. 检查停放风缸排风塞门在关闭的状态下无泄漏； 16. 检查辅助风缸排风塞门在关闭状态下无泄漏，双针压力表接头处紧固良好，无泄漏		

2. CCBⅡ制动机试验

本项目检查的目的是保证制动机系统试验时的必要条件得到满足，试验内容见表 7.6。

表7.6 CCBⅡ制动机试验主要项目及技术要求

序号	试验项目	检查内容及要求	测量数据（填写）
1	总风联管压力开关A71（MREP）	（1）补机位模式下：拉动车长阀，列车管压力为零，制动缸压力不许有变化；（2）排放总风缸压力，当总风低于250±20 kPa时，机车制动缸上闸，单缓机车无效	
2	列车管漏泄试验	制动握手安装在机车两端列车管上，对制动机进行机能试验，检查列车管保压状态，握手处不许有泄漏，列车管泄漏5 min不超过20 kPa	
3	双风管总管压力试验	将带有风标表的制动握手安装在机车端部总风管上，确认握手风表及车上供风压力表压力均在600±20 kPa范围内，确认供风折角塞门完全开放后，后部两排风管不泄漏	
4	NB11紧急制动阀	大闸至紧急位排风口排风正常	
5	KM-2快速排风阀	大闸至紧急位排风口排风正常	
6	空气制动指示器	操作单阀手柄至制动区，指示器显示红色；操作单阀手柄至运转位，指示器显示绿色	
7	蓄能制动指示器	操作弹簧停车万能转换开关，弹停工作时指示器为红色，弹停缓解时指示器为绿色	

3. CCBⅡ制动系统试验（防飚）

CCBⅡ制动系统试验（防飚）内容见表7.7。

表7.7 CCBⅡ制动系统试验主要项目及技术要求

操纵顺序	LCDM设置	自动制动阀 运转位	初制位	全制位	抑制位	重联位	紧急位	单独制动阀 缓解位	运转位	全制位	试验标准及要求	检查结果
一											BC：450±15 kPa；BP：≤90 kPa；ER：0	
1											ER：↑500±7 kPa；BP↑和ER压差：≤10 kPa；BC：↓0 kPa	
2											ER、BP：↓440~460 kPa，压差：≤10 kPa；BC：70~110 kPa	
3											检查阶段制动是否稳定，减压量与制动缸压力是否成1：2.5正比	
4											ER、BP：335~355 kPa；BC：↑360±15 kPa	
5											ER、BP：500±10 kPa；BC：↓0 kPa	
6	货运位本务投入										ER、BP：↓360 kPa≤5~7 s；BC：↑340 kPa≤6~8 s后↑360±15 kPa	
7											ER、BP、BC不变	
8											使ER：300~320 kPa；BP和ER压差：≤10 kPa；BC：≤395±15 kPa	
9											ER、BP、BC不变	
10											BP：≤90 kPa；ER：0 kPa；BC：↑450±15 kPa	
11											BC：450±15 kPa；BP：↓0 kPa；ER：0 kPa，有"动力切除"信息	
12											ER、BP：500 kPa；BC：↓0 kPa	
13											BP：↓0 kPa≤3 s；ER：↓0 kPa；BC：↑200 kPa≤5 s后↑450±15 kPa；LCDM显示：动力切除，撒砂电磁阀得电，撒砂5 s	
14											BC开始下降，并最终降至0	

序号	项目	操作	标准
15			BC 恢复至 450±15 kPa
16			ER、BP：↑500 kPa；BC：↓0 kPa
17			ER、BP：335~355 kPa；BC：↑360±15 kPa
18			ER、BP 不变；BC：↓0 kPa
19			ER、BP、BC 不变
20			ER、BP：↑500 kPa；BC：0 kPa
21			ER、BP 不变； 单独制动阀的阶段制动、阶段缓解是否良好； BC 最大至 300 kPa
22			ER、BP 不变；BC：↓0 kPa
23			ER、BP 不变；BC：↑300±15 kPa≤3s BC 减压量≤15 kPa/min
24			ER、BP 不变；BC：0 kPa
25			BP：≤90 kPa；ER：0 kPa；BC：↑450±15 kPa
二 1			BP、BC 不变；ER：↑500 kPa
2			BP、BC 不变；ER：↓335~355 kPa
3	本务切除		BP、BC 不变；ER：↑500 kPa
4			ER、BP、BC 不变
5	本务投入		ER：500±7 kPa；BP↑和 ER 压差：≤10 kPa；BC：↓0 kPa
6			BP、BC 不变；ER：↓335~355 kPa
7	本务切除		BP、BC 不变；ER：↑500±7 kPa
8			ER、BP 不变；BC↑300 kPa
三 1	本务投入		压力稳定后使 ER↓100±10 kPa；BP 和 ER 压差：≤10 kPa；BC：↑200~230 kPa
2	本务切除		ER↓360±10 kPa；BC 有压力；BP 不变 BP 减压≤10 kPa/5 min
3			ER↑500±10 kPa 后使 ER↓100±10 kPa；BC 有压力；BP 不变，BP 减压≤10 kPa/5 min
四 1	本务投入		ER、BP：500±7 kPa；BC：↓0 kPa
2	非补风位		ER↓50 kPa；BP↓ER±7 kPa；BC 充风；使 BP 漏泄至 380~400 kPa；观察 1 min，BP 不增压
3	补风位		BP 恢复到 ER±7 kPa
			ER：↑600±7 kPa BP↑和 ER 压差：≤10 kPa
五	客运位		ER、BP：410~430 kPa； BC：↑420±15 kPa
			具有阶段缓解功能
六	列车紧急制动	拉下列车紧急制动阀	BP：迅速↓0 kPa；撒砂大约 5 s； ER：500±7 kPa；BC↑450±15 kPa； 显示："动力切除"
七	自检试验	操作 LCDM 装置运行自检程序（密码 312123）（漏泄检查后进行）	自检后应无故障信息
八	断电试验	1）断开开关柜的制动控制装置开关	仪表显示：BP 70±10 kPa；BC：↑400±15 kPa
		2）闭合开关柜的制动控制装置开关	LCDM 装置 60 s 内启动正常

4. 高压试验

高压试验内容见表 7.8。

表 7.8　高压试验主要项目及技术要求（结合网下调试进行）

序号	试验内容	检查内容及要求	技术标准	测量结果
1	1. 车顶绝缘检测试验	机车首次升弓前或处理相关高压部件，在库外进行车顶绝缘检测，绝缘应正常		
	2. 升弓试验	（1）确认各控制开关在运用位。机车接触网下升弓，闭合主断		
		（2）升弓压力：		前：_____ 后：_____
	3. 起动试验	分别试验 6 台牵引电机，6 台牵引电动机转向一致，换向器的方向与机车行进方向一致		
	4. CI 开放试验	（3）操作 TCMS 显示屏，确认 CI1～CI6 能否正常开放		
2	双风泵供风试验（防飏）	（1）开放总风排风阀，使总风排零，闭合风泵扳键开关，看双风泵是否同时启动		
		（2）打风时间：总风压力从 0 升至 900±20 kPa，空压机泵风时间	单泵不大于 360 s，双泵不大于 210 s	单泵：_____s 双泵：_____s
		（3）停机风压：	900±20 kPa	kPa
3	低风压保护试验	（1）隔离风泵开关，手柄置牵引位，打开总风排风阀，使总风压力低于 500±20 kPa，确认 TCMS 电机不能加载，并在显示屏上有相应指示（防飏）		
		（2）手柄置牵引位，合风泵开关，使总风压力上升到 600±20 kPa，确认 TCMS 电机能够加载		
4	APU 单机供电试验	（1）两组辅助变流器均正常时辅助系统运行试验：① APU2 的运行：APU2 输出三相定频定压交流电源 AC380 V/50Hz，向变压器油泵、变流柜水泵、机械间风机等设备供电		
		② APU1 的运行：APU1 设为三种工作模式："自动"模式、"25 Hz"模式、"50 Hz"模式，三种模式必选其一		
		③ APU1 正常模式下的运行：机车升弓合主断后，TCMS 将根据变压器油温、变流器冷却液温度及牵引电机温度决定 APU1 工作在 0Hz 或 25 Hz 或 50 Hz 的某一个工况，实现 APU1 的变压变频工况运行		
		④ APU1 在"25Hz"模式下的运行：机车升弓合主断后，APU1 按固定频率 25 Hz 输出；		

续表

序号	试验内容	检查内容及要求	技术标准	测量结果
4	APU 单机供电试验	⑤ APU1 在"50 Hz"模式下的运行：机车升弓合主断后，APU1 按固定频率 50 Hz 输出，此时确认风机频率 50 Hz 时，风机噪音、振动情况		
		（2）一组辅助变流器被隔离时机车辅助系统运行试验：通过微机显示屏隔离一组辅助变流器，确认有关接触器将被自动切换，机车辅助系统由另外一组辅助变流器采用定频定压方式进行供电，依次确认机车辅助加热回路的各个设备均可正常运行，此时可进入微机显示屏"数据输入—其他"设置界面，设置空压机的启动方式。① 单泵模式：机车升弓合主断后，空压机扳键至合位，应能看到在总风压力低时，只有一台空压机启动		
		② 双泵模式：机车升弓合主断后，空压机扳键至合位，应能看到在总风压力低时，先启动非操纵端空压机，然后启动操纵端空压机		
5	1）动力切除保护试验（单独制动阀置制动位）（防呲）	（1）操纵司控器置"牵引1"位，待机车有牵引力后自阀置"紧急制动"位，观察 TCMS 显示屏，机车应卸载；LCDM 显示"动力切除"，空气制动装置应符合紧急制动要求		
		（2）操纵司控器置"牵引1"位，待机车有牵引力后按"紧急制动"按钮，观察 TCMS 显示屏，机车应卸载；LCDM 显示"动力切除"，主断跳。空气制动装置应符合紧急制动要求		
		（3）操纵司控器置"牵引1"位，待机车有牵引力后操作监控装置，分别施行"常用制动" "紧急制动"试验，观察 TCMS 显示屏，牵引力是否降为 0，机车卸载；LCDM 显示"动力切除"。空气制动装置应符合常用制动、紧急制动要求，常用制动减压量为 80 kPa 和 130 kPa		
	2）辅机保护试验（单独制动阀置制动位）（防火）	（1）断开自动开关 QA13，微机显示屏出现复合冷却通风机 1 故障信息提示，机车牵引变流器 1、2 和 3 禁止功率输出；断开自动开关 QA14，微机显示屏出现复合冷却通风机 2 故障信息提示，机车牵引变流器 4、5 和 6 禁止功率输出		
		（2）断开自动开关 QA11，微机显示屏出现牵引通风机 1 故障信息提示，机车牵引变流器 1、2 和 3 禁止功率输出；断开自动开关 QA12，微机显示屏出现牵引通风机 2 故障信息提示，机车牵引变流器 4、5 和 6 禁止功率输出		

续表

序号	试验内容	检查内容及要求	技术标准	测量结果
5	2）辅机保护试验（单独制动阀置制动位）（防火）	（3）断开自动开关QA21，微机显示屏出现油泵1故障信息提示，牵引变流器1、2和3禁止功率输出；断开自动开关QA22，微机显示屏出现油泵2故障信息提示，机车牵引变流器4、5和6禁止功率输出		
		（4）断开自动开关QA19，微机屏显示压缩机1故障，机车由压缩机2来完成整车的打风，不影响机车正常运行；断开自动开关QA20，微机屏显示压缩机2故障，机车由压缩机1来完成整车的打风，不影响机车正常运行		
		（5）断开自动开关QA23或QA24，微机显示屏将出现车体通风机1或2的故障信息提示，但不影响机车正常运行。		
	3）弓网隔离保护试验	在升弓、合主断状态，手动扳降弓扳键开关，机车先断主断、后降弓		
	4）紧急降弓试验	分别试验1、2端受电弓，试验步骤：升弓，合主断，将升弓阀板上的排气孔打开进行排风，主断应瞬间断开，受电弓降下，弓网之间不会产生严重的拉弧现象		
6	客用与货用模式转换	插入列供钥匙，机车由货用模式进入客用模式		
7	DC110 V 充电器试验	（1）调整电源柜转换开关至"单元1"位，当辅助变流器投入运行时，充电模块PSU1开始运行，从微机显示屏上确认PSU1的输出电压、输出电流，从电源柜的仪表盘中可以查看蓄电池的充放电电流		
		（2）调整电源柜转换开关至"单元2"位，当辅助变流器投入运行时，充电模块PSU2开始运行，从微机显示屏上确认PSU2的输出电压、输出电流，从电源柜的仪表盘中可以查看蓄电池的充放电电流		
		（3）调整电源柜转换开关至"自动"位，辅助变流器投入运行后，充电模块PSU1、PSU2均投入运行，从微机显示屏上确认充电模块的输出电压、输出电流及蓄电池的充放电电流		
		（4）确认DC110 V充电电源装置快速充电和均衡充电功能正常		
		（5）确认DC110 V充电电源装置温度补偿功能正常		

续表

序号	试验内容	检查内容及要求	技术标准	测量结果
8	停车位置试验	（1）确认机车进入"停车位置"条件：操纵端电钥匙至合位，受电弓升起、主断闭合；司控器换向手柄置 0 位；机车速度为零；机车无故障报警； （2）按"停车位置"按钮，使机车进入停车位置模式："停车位置"指示灯亮；弹停制动自动投入；机车电机变流器禁止功率输出；如受电弓选择开关在"AUTO"模式下，机车发出升双弓指令； （3）3 min 内，电钥匙可以拔出，微机系统继续有电，到另一端合电钥匙，此时按动停车位置按钮，可解除"停车位置"模式，机车自动选择后弓，另一弓自动降下，弹停制动仍保留； （4）如 3 min 内未进行换端操作，微机发出断主断、降弓指令，然后微机控制系统自动失电； （5）操纵端司机室复位停车位置按钮，机车即可退出"停车位置"模式，停车位置指示灯灭，但弹停制动仍投入； （6）在另一端重新确认"停车模式"功能		
9	保护试验	（1）主电路接地保护试验：将主变压器的某个次边绕组接地，主断路器断开，微机显示屏显示相应的主回路接地，必须消除接地故障并按复位按钮或将故障 CI 通过微机显示屏隔离才能合上主断		
		（2）辅助电路接地保护试验：将变压器辅助电路中任一点接地，微机显示屏显示 APU1（APU2）接地，但 APU1（APU2）仍可以继续运行		
		（3）控制电路接地保护试验：在控制电器柜内，任意设置某个 DC110 V 供电回路的正极接地，确认控制电器柜内的自动开关 QA59 断开，操纵台上的控制接地故障指示灯亮		
10	TCMS 主/辅控制系统的冗余保护试验	机车 TCMS 系统分为主控系统 TCMS1 系和辅控系统 TCMS2 系。机车正常运行时，TCMS1 系执行机车全部控制，TCMS2 系为冗余热备份。 （1）TCMS 主控制系统故障保护试验：机车静态升弓合主断，将 TCMS 主机 PU1 基板上的开关 DEBUG-1 和 DEBUG-2 置于 ON 位，TCMS1 系转为故障状态，TCMS2 系自动转为主控系统，机车继续保持升弓合主断状态，操纵端微机显示屏故障履历界面提示"TCMS1 系故障"，非操纵端微机显示屏维持故障时的画面信息，并在上面提示"显示器-监视系统传输异常"。将 QA41、QA42 断开，然后同步将 QA41、QA42 闭合，TCMS1 系恢复正常		

续表

序号	试验内容	检查内容及要求	技术标准	测量结果
10	TCMS 主/辅控制系统的冗余保护试验	（2）TCMS辅控制系统故障保护试验：机车静态升弓合主断，将TCMS主机PU2基板上的开关DEBUG-1和DEBUG-2置于ON位，TCMS2系转为故障状态，TCMS1系仍为主控系统，机车继续保持升弓合主断状态，操纵端微机显示屏故障履历界面提示"TCMS2系故障"，非操纵端微机显示屏维持故障时的画面信息，并在上面提示"显示器-监视系统传输异常"。将QA41、QA42断开，然后同步将QA41、QA42闭合，TCMS2系恢复正常		
11	停放制动试验	（1）按弹停按钮，弹停上，手柄置"牵引位"，应牵引封锁，无动力输出。机车显示屏醒目显示警告 （2）确认机车110 V电源断电后，停车制动自动实施。		
12	状态指示灯自检试验	机车合主断，按自检按钮，状态指示灯各灯显示正常		
13	6A系统试验	（1）6A系统启动、运行正常、界面切换正常； （2）视频显示稳定，通道正确； （3）绝缘出库检测试验良好； （4）制动子系统参数准确；机车紧急制动，列车管压力0~4 kPa、均衡风缸压力0~4 kPa； （5）机车停放制动异常施加试验良好； （6）防折角塞门关闭试验良好； （7）随机测试防火探头，报警位置正确，反应时间符合要求		
14	牵引通风机通风量检查	在车下牵引电机出风口处检查2个风机通情况，测通风量	≥10 m/s	
15	复合冷却通风机通风量检测	当APU1频率达到50 Hz时，在车体下出风处测量2个风机通风量	≥7 m/s	1 m/s:_____ 2 m/s:_____

第三节　机车线路试运行调试与试验

机车调试试验合格后，应进行机车试运转试验，以验证试验时整定的各项参数及机车各项性能是否达标合格，保证机车正式使用时的可靠性。试运转条件应基本符合实际运用时的条件。试运转里程应按有关规定执行。

机车试运行分为厂线试运和正线试运。

厂线试运：须进行安全设备、速度调节、机车独立制动、机车自动制动等机车的控制系统、制动系统等功能试验，工作状态正常。并且机车的控制系统、制动系统及走行部等工作须正常、作用良好、安全可靠，符合运用要求。

正线试运：试运走行公里不少于 100 km；定速试验正常；其中牵引负荷运行不少于 20 km，以试运条件允许的最高速度运行不少于 45 km，但速度不允许超过 160 km/h。机车牵引性能符合相关技术要求。机车制动性能符合相关技术要求。机车运行中，各部件不许有漏油、漏气、过热、异味及异音。机车轴箱轴承、电机轴承、齿轮箱从动齿轮侧轴承温升不许超过 55K。齿轮箱主动齿轮侧轴承温升不超过 80 K，轴承绝对温度不超过 120 ℃。试运后须对机车进行全面检查，允许做必要的修理和调整；更换牵引电动机、更换转向架或轮对后须重新试运。对上述以外的质量问题和更换零部件，根据具体情况，决定机车是否重新试运。

正线调试主要试验项目及技术要求见表 7.9。

表 7.9 正线调试主要试验项目及技术要求

序号	试验内容	检查内容及要求	技术标准	试验结果（填写）
（一）	试运里程	不少于 100 km		
		TCMS、监控装置轮径按实际值更改		
（二）				
1	单机试验	① 空电制动连锁试验： a.先上自阀常用制动，后上电制动，再切除电制动：电制动后，空气制动解除（列车制动不解除）；切除电制后机车空气制动恢复。 b.先上电制动，后上自阀空气制动：列车管减压，机车无空气制动。		
		② 半自动过分相性能： 过分相前按自动过分相按钮，主断断，过分相区后（网压下降大于 16.5 kV 后恢复）主断自动合；	主断自动合	
		③ 空转保护功能：低速时手柄置高速位，有空转时牵引力自动减小。		
2	牵引试验	① 起动牵引力 机车速度 5 km/h 以下时，手柄置 8 级以上	起动牵引力≥420 kN	____ kN
		② 轴重转移功能 各轴牵引力由前向后呈顺次递增状态，启动时的最大轴重转移≤10 %		
		③ 机车功率 机车牵引满轴状态时：机车速度在 80～160 km/h 时，功率=∑各轴牵引力×V/3.6≥7200 kW	≥7200 kW	____ kW
		④ 恒力矩准恒速特性 手柄级位置实际速度 10 km/h 以上，测定牵引力匀速位置：应符合恒力矩准恒速牵引特性曲线	牵引特性曲线	

续表

序号	试验内容	检查内容及要求	技术标准	试验结果（填写）
3	电制动试验	① 制动工况准恒速特性 手柄级位置实际速度 10 km/h 以下，测定制动力匀速位置：应符合制动特性曲线	制动特性曲线	
		② 最大电制动力：机车速度在手柄置 12 级	≥250 kN	_____kN
		③ 最大制动功率 机车速度在 103.7～160 km/h，手柄置 12 级，制动功率=∑各轴制动力×V/3.6：	≥7200 kW	_____kW
4	定速试验	在机车任一目标速度时按定速按钮，机车应转入定速控制工况。① 当实际速度＞"目标速度"时，机车进入电气制动，速度偏差限制在±2.5 km/h 以内，随实际速度增加制动力增加，最大至制动曲线相应最大值		
		② 当实际速度＜"目标速度"时，机车进入牵引工况，速度偏差限制在±2.5 km/h 以内，随实际速度减小牵引力加大，最大至牵引曲线最大值		
		③ 当调速手柄变化一级以上时，定速解除		
5	通风机转速自动控制	手柄在 4 级下及 4 级上，通风机转速自动在 33、49.8 Hz 转换，两司控器手柄回零位 3 min 后风机运转停止，电制位 50 Hz 运转		
6	APU 工作状态	① APU2 的运行：APU2 输出三相定频定压交流电源 AC380 V/50 Hz，向变压器油泵、变流柜水泵、机械间风机等设备供电。 ② APU1 的运行：APU1 设为三种工作模式："正常"模式、"25 Hz"模式、"50Hz"模式，三种模式必选其一； ③ APU1 正常模式下的运行：机车升弓合主断后，TCMS 将根据变压器油温、变流器冷却液温度及牵引电机温度，决定 APU1 工作在 0Hz 或 25 Hz 或 33Hz 或 50Hz 的某一个工况，实现 APU1 的变压变频工况运行； ④ APU1 在"25Hz"模式下的运行：机车升弓合主断后，APU1 按固定频率 25 Hz 输出； ⑤ APU1 在"50Hz"模式下的运行：机车升弓合主断后，APU1 按固定频率 50 Hz 输出		
7	PSU 运转	TCMS 界面 PSU 工作状态良好，PSU 状态监控装置运行良好，PSU 开关置自动位，PSU1、PSU2 同时工作	单日 1 双日 2	
8	电度表	检查牵引和电制动状态电度表计量是否正常		
9	机组状态	检查各机组运行状态及漏泄状态是否良好		

续表

序号	试验内容	检查内容及要求	技术标准	试验结果（填写）
10	轴温	观测 6A 系统走行部监测子系统装置，走行部各监测点工作状态无异常，无温度、冲击报警		
11	机车控制	机车牵引、制动、换向装置作用正确		
12	仪表	各监控、状态显示屏及仪表机车参数显示正确，符合技术标准		
13	行车安全装置	警惕、监控、信号、无线电台工作状态良好		
14	无人警惕试验	换向手柄在非 0 位，机车速度在 3 km/h 以上时，功能被激活，系统开始计时；无任何解锁情况下 60 s 后报警，声音为"无人警惕"，10 s 后实施惩罚制动，列车管减压 170 kPa，牵引封锁，牵引力降为 0		
(三)				
1	走行部	① 牵引电机良好		
		② 闸瓦无抱死拉伤		
		③ 轴箱无渗漏油		
		④ 齿轮箱无渗漏油		
		⑤ 轮缘润滑装置作用良好		
		⑥ 走行部无相碰、接磨等异常		
2	车顶设备	受电弓、避雷器等车顶设备状态（防脱）良好		
3	重新试运	① 第二项中 1~6、12 不符合要求		
		② 机车故障诊断系统报故障		
		③ 更换牵引电动机、转向架或轮对、齿轮箱或齿轮箱窜油；更换动力装置或牵引控制装置		
4	淋雨试验	各风机全部停机状态，淋水 15 min，各部位不能向车内浸水。排水口排水状态良好	TB2054-89	
		① 车壁、焊缝、风挡玻璃等各处应无渗水		
		② 进、排风口处水的侵入不应对机车上的电气及机械设备正常带来有害影响	机车淋雨时间不小于 15 min	
		③ 孔盖内（门、窗、顶盖、砂箱、头灯罩等）无可视水滴出现		
		④ 车上的排水设备能及时将浸入的水排出		
5	限界试验	限界规油漆、标牌完好，结构无开焊，无影响限界检查的损伤及划痕，各部件状态良好，限界规符合被检机车限界状态。机车通过无刮碰，符合限度要求		

总　结

本章介绍调试试验的概念。调试试验一般是指机车的出厂试验。出厂试验是在机车组装完成之后，对机车各部件进行调整和整定的试验，检验机车结构、性能是否符合产品图样和整车系统的技术要求，以及装配质量和检修工艺是否良好。出厂试验一般包含的项目有：低压试验、空气管路系统试验、耐压试验、高压试验、试运行试验等。本章还较详细地介绍了HXD3D机车静态调试试验和试运行调试试验的工艺过程。

复习思考题

7.1　出厂试验的目的是什么？

7.2　出厂试验包括哪些内容？

7.3　调试试验前进行的绝缘电阻测量项目有哪些？

7.4　受电弓的调试试验有哪些项目？

7.5　简述机车低压试验的工艺过程。

7.6　试述制动系统关键部位漏泄检查的内容。

7.7　试述制动机调试试验时，自动制动阀在运转位、初制位、全制位、抑制位和重联位的技术要求。

7.8　试述制动机调时，实验室单独制动阀在运转位、缓解位、全制位的技术要求。

7.9　简述机车高压调试试验的工艺过程。

7.10　简述机车试运行调试试验的工艺过程。

参 考 文 献

[1] 宋永增. 动车组制造工艺[M]. 北京：中国铁道出版社，2007.

[2] 刘志明. 史红梅. 动车组装备[M]. 北京：中国铁道出版社，2007.

[3] 林建辉. 动车组检修技术与设备[M]. 北京：中国铁道出版社，2010.

[4] 大连铁道学院. 车辆制造与修理工艺[M]. 北京：人民铁道出版社，1980.

[5] 朱龙驹，等. 韶山4型电力机车[M]. 北京：中国铁道出版社，2001.

[6] 王伯铭. 动车组运用与检修[M]. 北京：中国铁道出版社，2011.

[7] 王连森，林桂清. 动车组维护与检修[M]. 成都：西南交通大学出版社，2022.

[8] 王连森. 内燃机车检修[M]. 北京：中国铁道出版社，2015.

[9] 曹炳新. 国外铁路机车车辆维修管理模式研究[J]. 价值工程.2013，（5）.

[10] 么贺新. HXN3型内燃机车检修与工艺[M]. 北京：中国铁道出版社，2011.

[11] 刘岩. 车辆修造工艺与设备. 北京：中国铁道出版社，2007.

[12] Liu Jian-Hui,Zhang Jie,Gao Yan,Li Tian-Rui.A newmethod for ride quality analysis of vchicel[J]. journal of dong University(English Edition),2006,23(6).

[13] 中国国家铁路集团有限公司总公司. 北京：HXD3D型电力机车C5级检修工艺.2023.

[14] 中国国家铁路集团有限公司总公司. 北京：HXD3B型电力机车C5级检修工艺.2023.

[15] 沈阳铁路局集团有限公司.HXD3B型电力机车C4级检修工艺.2023.

[16] 沈阳铁路局集团有限公司.HXD3D型电力机车C4级检修工艺.2023.

[17] 中国北车集团大连机车车辆有限公司. 大连：HXD3D型电力机车使用说明书.2012.

[18] 中国北车集团大连机车车辆有限公司. 大连：HXD3D型电力机车检修维护保养手册.2012.

[19] 中国北车集团大连机车车辆有限公司. 大连：HXD3型电力机车运用保养说明书.2007.

[20] 中国北车集团大连机车车辆有限公司. 大连：HXD3型电力机车检修手册.2007.